棋道再传播

李建新 著

上海书店出版社
SHANGHAI BOOKSTORE PUBLISHING HOUSE

棋道通天泽世广　理论自信建"棋学"

李建新

词曰：

> 复兴送棋归，
> 盛世迎棋到；
> 众力传承棋文化，
> 棋国分外俏。
>
> 俏因棋花放，
> 时闻棋之调；
> 待到棋学创世时，
> 棋人同欢笑！

这首"高仿"《卜算子·咏棋》的词，是我在一次比赛间隙的灵感所赐。词作句句不离一个"棋"字，对棋有一种一往情深的情愫。词作以"棋学"收后，向看官阐释了本书写作的一个重点：提出"棋学"的概念、发出创建"棋学"呼喊、迈出建构"棋学"的脚步！

有感于"棋学"初创迈出了起动的脚步，《棋道·再传播》将出，几句自序坦露心扉：

一

《棋道·再传播》有其"胞哥"《棋道·微传播》的衣钵承袭，所以在整体格局上本书与《棋道·微传播》的变化不是很大，经过上本书证明的比较好的"传统"栏目悉数保留。

中国新闻传播学泰斗、中国人民大学荣誉一级教授、国务院新闻传播学学科评议组原召集人、中国新闻史学会创会会长方汉奇先生为本书的出版惠赐了墨宝。这是方老在为《棋道·微传播》倾情作序之后，对新闻与"棋学"事业的又一次鼎力支持。一个92岁高龄的老人、我十分敬仰的前辈、能够如此为擢升一个新学科、同时为发展传统的新闻传播学科而持续足额地给力，真的使我感知到了托抚在我背后的一个温暖的手掌的存在。

"再传播"是一种接力，所以上本书中一些值得向受众和棋友们继续、持续交流和传播的内容保留了下来，就好像传家宝要一直往下传一样。在"再传播"的理念下，本书中的内容有新开掘、新探索，诸多内容是"处女身"，原因之一是我一直在坚持原创，包括微传播，我特别反感也不屑翻炒别人的东西；之二是《棋道·微传播》"投石问路"的一年多来，太多的鼓励和期待，促使我一定要拿出更多更有价值的东西来回馈社会、回馈新闻传播学界、回馈棋界，创建"棋学"是其中一个标志性的努力成果；之三是近一年来我与棋的感情更加暧昧亲密，对它的了解更为全面和深刻，所以本书也许能发现更多的棋道中的不一样的美。之四是研究棋道、棋文化竟然会对新闻传播学有巨大的滋补回补与互补的作用，对我的讲课大有助益；之五是拜当今棋类运动红红火火、有2亿人热爱和喜欢它的大背景所赐。

二

一家媒体图文并茂地报道了《棋道·微传播》，给了我很大的启发——"琴棋书画"是一家，对"琴棋书画"的传播，其实就是对传统文化和国学的传播，既然我们的先人已经把它们"组合"在一起了，我们无论如何也不应该"棒打鸳鸯散"，更何况，在融合发展的社会背景和媒介融合的传播背景下，生硬地分离它们就是一种"逆天"！所以本书中新增了"国粹聚首　书画同贺"的栏目，借"棋家"的喜事，让四大国粹欢聚一堂，给看官多一种浸淫在传统文化中的享受，也借此可以理析一下它们组合在一起的道理，它们"组合"立世的法理。

为本书惠赐作品的书画名家，他们的名气虽然响当当，但没有一个是刻意邀请，因为他们是与我有多年翰墨缘的朋友，大多是我工作、学习过的4

所大学的翰墨知己,同时,他们也是坚定地支持我的"棋学"创建,希望"琴棋书画"永远地共生共荣的艺术家。

由是,他们的作品中既有艺术的元素,也有了知己的味道,书表志向、画写春秋、翰墨传情,韵味独具。

三

"名家专论·旗舰导航"是致敬版。向建树象棋理论高峰、探求象棋文化真谛的前辈致敬,向为棋道、棋文化的发展奉献智谋和撰写了华彩篇章的名家们致敬。

在我构思《棋道·再传播》的时候有一个想法,那就是"棋学"、"棋道"、棋文化的建构和得到社会的认可,需要众人拾柴,更需要有旗舰导引,需要有后学跟进。

因此,我心存侥幸又不敢存有太多奢望地给几位名冠当代的棋界前辈求教,拿《棋道·微传播》求教他们,同时祈望他们能够赐文鼓励并增彩《棋道·再传播》。想不到石毅、徐家亮、黄少龙、季本涵等名家均予以积极响应,分别惠赐了他们的作品,使得本书从学理上提升了品位和档次。

朱鹤洲、周明华老师"援助"了他们最有感悟与心得的文章;《人民日报》体育部主任李中文先生的文章是石毅先生特别推荐的。

这些文章的视野、境界、情怀、功底、价值等等毋需我赘言,特别是三位前辈分别以88、87、80岁的高龄来亲自命笔,来为"棋学"奉献智谋,真的使人有难以言表的感动。前辈们的大师情怀让我们感知到了棋界一股生生不息的发展动力和生命力在不断的延续,这是棋道变为宽广的高速公路、甚至是联通世界的"一带一路"的前提和基础。

中国象棋的历史应该记住这些倾尽全力,把自己的一生都献给了象棋事业、且成果卓著、业绩斐然的前辈们!

四

一个新闻人没有理由炒别人的熟饭,原创而且是有价值的原创是最基本的"谱着"。

"微文'记'世、瞬间永恒",是我一年来对微传播的继续实践与探求。

新闻是历史的初稿。一个新闻学者永远的责任担当就是让我们曾经经历和感受到的可歌可泣的生活、以我们独到的发现和独家的文字表达而成为历史。

微文如何能够微言大义、能够"记"世，能够现象本质、能够启发寓意；瞬间如何能够永恒，一件微作品该怎样泼墨、怎样写实、怎样留白；笔功应该如何磨练、如何求精、如何彰显自我；心声如何体现大家的共鸣、如何喊出时代的强音、如何留下历史的对白等等，都包括在了"微文'记'世、瞬间永恒"这部分内容之中。

这是我一年的生活，也是我一年来云游的脚步、学术的思考、感悟的交汇。在这里，我已经分不清我是研究棋道，还是研究新闻传播，学术研究中能够有这样美妙的融合，或许是一个由新闻学者创建"棋学"的"天意"！

这些微传播翔实地给我的生命进行了一个备注，同时也给了一个新闻人做一个新媒体时代新闻业务精进的实践者和探路者的机会。

较之有些人靠嘴、有些人靠舌头、有些人靠爹、有些人靠身体、有些人靠钱等，我只能靠自己手中的秃笔！

不管怎么说，一个不会观察、不会聚焦、不会写、不能用笔说话的新闻人，连一个只会背谱、机械走子、赢不知赢在哪里、输不知输在何处的三流棋手也不如。

"媒体关注·大众点评"是《棋道·微传播》出版之后媒体对作品的举荐，人民网、文汇报、中国象棋大师网等媒体和方汉奇、胡荣华、石毅、徐天红等名家对《棋道·微传播》的肯定，是我续写《棋道·再传播》的"理论依据"，也是本书能够在短短的一年之后即与读者见面的最直接的"胜负手"。

五

本书最有创意的内容是"棋学"观点的提出和"论证"。

2017年6月16日，我在上海川沙古镇举行的"首届文化·传播·棋道学术研讨会"的主题演讲中，明确地提出并阐释了创立"棋学"的观点。

"棋学"不是棋的学问而是棋的学科，就是在完善了它的棋史、棋理、棋实践（一个学科的史学、原理、应用等基本要素）的整合与升变之后，让它登堂入室，真正地成为与音乐、美术、数学、物理、文学、哲学、美学、马克思主义等一样的学科，能够进入高等学校的课堂，能够有职业、本科、硕士、博士、博士后等的培养层级，能够成为"显学"。"棋道社会·学理经纶""专论新闻·广角全景"等内容就是探究这方面的问题。

创设"棋学"不可能一蹴而就，也许还比较艰苦。但既然历史把机遇赋予了我们，我们就应该责无旁贷地唱好这出"楚汉新曲"。

六

特别感谢上海世纪出版集团上海书店出版社对本书出版的支持。

我和责编柏伟先生及诸多高校和棋界人士认为，《棋道·再传播》是我们传播棋文化，创建"棋学"过程中的一个驿站。因为路途遥远，所以我们不敢滞缓前进的脚步；因为这是一场光复、弘扬与创建相结合的鏖战，所以我们在前进的过程中也需要诸位看官的掌声鼓励与喝彩加油！

李建新

2018 年 1 月 5 日　上海　一打斋

目录

◆专论新闻　广角全景◆

◆小荷尖角　接力来人◆

◆微文"记"世　瞬间永恒◆

◆媒体关注　大众点评◆

国粹聚首　名家题贺

0
翰墨雅贺　国学立魂

（一）

《棋道·再传播》"薪火相传"《棋道·微传播》，继续围绕"棋道与社会"展开多维论述，与此同时，创建"棋学"在本书中"提上了议事日程"。

"棋学"应该有自己的范式，完全可以单独"建制"。不久的将来，人们或许就可以撩开它的面纱。在创建"棋学"的过程中，需要借鉴、需要融合、需要宽广的思维和立体的视野、需要人文社会与自然科学的结合，也需要整个"国学""家族势力"的大力"帮衬"。"琴、书、画"是"棋学""家族"的"近亲"。

我认为，先哲组合"琴棋书画"为一个"联合体"，自有道理。在琴学、书学、画学早已有了独立的学科地位的情况下，"棋学"的创建理论上应该站得住脚。

为"棋学"搞一个合法的"户籍"，是"琴棋书画"家族的一大幸事，最应该为其"张罗"和站出来唱贺的，自然应该是家族成员中的"琴、书、画"三胞胎。

念及于此，在"棋学"创建的过程中，我特意邀请"琴、书、画"作为超级"外援"来为"棋学"的创建站台！

"国粹聚首、名家题贺"就是这样一个特别板块。

响当当的诗书画名家以书法、绘画、诗歌的方式对《棋道·再传播》"国学唱贺"，体现出了学者、书画家们对发展传统文化的支持，对"棋学"创建的鼓励，对人文社会科学服务于社会的初心秉持！

这是一种融合视野下的文化创造的"复读"，是对"整合"国学并擢升其学理的一种肯定，也是我的诗、书、画界的朋友们与我在这个学术问题上的神魂契合。

（二）

方汉奇教授是名满天下的新闻传播学泰斗、中国人民大学荣誉一级教授、原国务院新闻传播学学科评议组召集人、中国新闻史学会创会会长。因为研究新闻教育，在 1999 年的时候我就与方先生结下了"笔墨之缘、师生之谊"，自拜师方先生以来一直沐浴先生的教诲与泽惠到今天。方先生毫无保留、有求必应地予我以学术方面的指导近 20 年，还曾经亲自撰文《人民日报》"新闻教育的历史画卷"，对我的研究成果予以褒扬；此外，先生还曾经为我的至少 3 部专著写序，对一个"私塾弟子"的帮助"体现在了实实在在的行动上"，这其中就包括了方先生给我 2016 年底出版的《棋道·微传播》写的序"借棋道、新闻天地宽"。

我真的不忍心、也不敢再次劳驾一个九旬老者，而且是在"几年前"就表态不再为任何人写序的慈祥善良的长者（方老 2016 年给《棋道·微传播》写序，是一种破戒，详情书中有披露）。

出于一种习惯性的尊敬和请教，我把《棋道·再传播》完稿的消息告诉他的时候，我分明感知到电话那头老人家的高兴，他还饶有趣味地和我聊了 Alpha Go 与人类的对弈，并"发表了"看似电脑与人对弈，实则也是"人与人的对弈"等诸多灼见。

多年来，我一直有一个愿望，那就是收藏一幅方老的墨宝作为受教于他的一种"纪念"。这样的想法持续了将近 20 年，但一直没敢开口。这一次，借《棋道·再传播》出版之"天赐良机"，我向方老"斗"了一回胆。让我喜大普奔的是，几天之后，他的高足，中国人民大学教授，也是我的好朋友的王润泽先生打来电话，要我的邮寄地址，两天之后，方老的墨宝"顺风"抵达，顿时，我的寒舍缘此而变得生辉溢彩。

"借棋道，新闻天地宽"是先生给《棋道·微传播》写序的标题，这次老人家用书法的方式再次表达这个意思，应该说是先生的一番"煞费苦心"；"新闻棋学潮头立，方识丛中有卧虎"，其中的"方"很耐品。两幅作品中分别有"建新弟子""弟子建新"的字样，一对新闻学的师生关系就增了文化互动的版本。

（三）

石毅先生是"中国业余棋坛总司令"，他还是"中国红色书法家第一人"！在书法方面的造诣也已达到了很高的水准。

在探究棋道、棋文化以及诗词书画等诸多方面，尽管我用尽了孙猴子一样的"十八般武艺"，但就成果而论，可能还难望石老的项背。

实事求是的讲，我对棋的"入情""痴情"，于1988年创办，至今已经连续举办20届29次的"棋友杯"密不可分，而"棋友杯"的创办者，正是石毅先生。

2014年，我玩票似地写的有关象棋的文章"入了石老的法眼"，石老担任总编辑的《棋友》杂志，在上海首设记者站，我荣幸地被聘为"站长"。缘此，我与石老有了更多的交流，请教也就更便当与频繁，对棋道的理解和思考也在这一时期多了起来。深究下去，感觉其中的许多内容不仅仅适用于棋，也适用于社会，适用于新闻传播学。这一"意外的发现与收获"为我的学术研究提供了很好的理论武器。

2016年12月31日，《棋友》的一纸"红头文件"又给我戴了一顶《棋友》杂志社副总编辑"的帽子。客观的讲，无论我担任站长还是副总编辑，均没有具体的工作与任务，自由度很大，现在看来，这是石老走出的"妙手"，他借此把我拉在了棋的身边，给了我观察思考棋的条件和机会，激发出了许多我的深入论棋的灵感并鼓励我大胆的发现。《棋道·微传播》《棋道·再传播》就是一个他支持鼓励的结晶。

因此，当《棋道·微传播》出版的时候，石老写了4位写序者中最长的一篇序文"为中国棋道·微传播第一人点赞"，笔含浓情、引经据典地把我"抬举"到了一个很高的位置。不宁唯是，在那本专著中，石老就首先"翰墨大贺"，惠赐了书中唯一的一件书法作品。

对于《棋道·再传播》的出版，石老乐观厥成、诗书同贺、诗书文"三箭齐发"，再次昭示了老人家对一个后学的鼓励！

（四）

大勇先生本名张勇，是我最新结识的一位书画名家。

2017年10月14至15日，我应邀参加"第五届中国杭州国际棋文化峰会"，入住具有独特棋文化韵味的五星酒店杭州天元大厦。

大厦里有许多落款"大勇"的书画作品，很是为大厦"金壁增辉"！对书画有兴趣的人来讲，这些书画真的会勾住你的魂，在这里端详再长的时间，也总难尽兴。

巧的是，在这次峰会期间，我荣幸的认识了这位有着"中国作家书画院浙江分院副院长、中国棋院杭州分院顾问、杭州市棋类协会主席、杭州市老年书画家协会主席"等头衔的名家。

棋道、棋学与翰墨作媒，我们"一见如故"。回上海后，我寄《棋道·微传播》一书并两幅书法作品给大勇先生，并透露了《棋道·再传播》将出的消息。三天之后，大勇先生从杭州回寄了书法作品，以表对《棋道·再传播》出版的"祝贺之意"，同时寄来了《墨海文风——大勇书法精品集》一本，使我在数日之内饕餮到大勇先生的翰情墨意，奢华地享受艺术家的养眼杰作。

（五）

王巨寿先生是太原理工大学离休干部，我毕业留校的时候他是该校分管科研的领导，因为有相同的爱好，他视我为子侄，我尊他为父辈。他的狂草是我特别喜欢的一类。王老在20世纪80年代，中国书法开始勃兴的时候，创办了太原理工大学书法协会，刚刚毕业的我荣任协会秘书长。盛名之下，我的书法学习与研究由此被迫提前改道"上高速"。

宋富盛先生在中青年时代就在全国书坛崭露头角，也是在20世纪90年代，他担任山西省新闻出版局版权处处长的时候，我是太原理工大学学报主任，我们由此结缘。我特别欣赏他书法的灵秀与高雅，遂多有请教。宋先生在出版方面的造诣同样精深，在他任山西人民出版社社长的时候，是该社发展的最好时期之一，为此，作为新闻记者的我曾经在《中国改革报》用一个整版的篇幅进行过报道。我知道人们喜欢宋先生的字，而我的字自己感觉总"拿不出手"，所以，在许多时候，别人向我求字的时候，我往往"转求"宋先生，先生对此倒也豁达，能满足的总是满足，不提任何条件。当他成为书法大家，有了中国书法家协会常务理事、山西省书法家协会副主席等头衔的时候，他依然是这样对待向他求字的人。

李才旺先生是个"大官"，曾经担任山西省人民政府办公厅主任、中共山西省委办公厅主任等要职，同时是一位富有创造力的书画家、出版过诗集、画集、散文集等，是个"大秀才"。因为我早年曾经有几年《中国企业报》山西记者站新闻中心主任的挂职，因此结识了才旺主任。才旺办公室一个最显著的陈设就是一个大大的写字台，一摞宣纸，一个笔架挂满大大小小的毛笔。每次到他办公室，聊起书法的时候，他总是建言我"耍几笔"，他的学术专著《李才旺艺术论》中，还收录了我的几篇文章。

朱鹏高先生是当代知名的书画家，上海市华侨书画院、上海海上书画院院长，作品已经从上海滩走向了世界。在朱先生为上海大学的书画爱好者讲授书画的过程中我们结缘。

刘克明先生是华中科技大学的知名学者，是中国科技史研究与教学的权威专家，诗书兼工，学识渊博，有浩然正气。

1996年，我在华中科技大学攻读哲学硕士学位的时候，经常看见克明先生在办公室里写字作篆。他的博士导师，时任华中科技大学校长的杨叔子院士极力提倡在工科院校开展人物艺术教育，刘先生是拥护者、支持者、践行者。

耿直、仗义执言、眼里揉不进哪怕一粒微小的沙子、对中国传统文化的热爱等是克明先生与我的"共性"，因为性相近，很快拉近了我们的距离。在校期间，我就曾收藏了刘先生的几幅作品。

殷嘉祚、姚铭是复旦大学的书画名家。2003年我在复旦大学进行新闻传播学博士后研究的同时，开始了包括与他们两位在内的诸多复旦书画名家的书画交流。书画研究、创作、交流在复旦很有气场。书画＋象棋＋新闻是我与复旦难舍难分的"三维空间"。

黄福霆、张长虹是我的上海大学的同事。福霆先生的作品跻身国礼的行列，邀请他表演和讲学的单位和粉丝很多，长虹博士是上海大学美术学院教授，是书画经院派代表人物。

黄炜是上海大学新闻教育的创办者之一，黄渊青是上海大学新闻传播系具有极高的艺术素养的优秀青年教师，也是有专门的经纪公司经营他的作品的成功艺术家。

马殿荣先生久闻大名，季林雄（快活林）先生是活跃在上海棋坛的文人和组织家。

这些诗书画的前辈和朋友们悉获我的请求之后，纷纷及时的赏赐了作品。一时间，我的陋室被墨宝所据，馨香四溢。其中，刘克明教授在第一次寄来作品之后，自己感觉不满意，过了几天又再寄作品，电话、电子邮件交流十数次。

我突然感到，这些大师们的助力，是学术和艺术中最高境界，是学术和艺术持续发展并取得突破的巨大力量和不竭之源！

求之于术理；

痴情于艺术；

赍志于往来；

醉心于文字！

《棋道·再传播》能够有如此多的书画名家做"亲友团"，相信它会在文化与艺术中绽放不一样的芳华！

1

方汉奇 题贺

新闻棋学潮头立
方识丛中有卧虎
　　恭贺建新弟子《棋道再传播》
　　　　　　　方汉奇题

建新：

嘱题字了，已写就。字拙，难登大雅之堂，聊供郊游自娱己。才疏学浅，请查收。顺颂

撰安！

方汉奇
2017年6月27日

借棋道新闻天地宽
　　　　弟建新存念。
　　　　　方汉奇题

2
石　毅　题贺

新闻教授爱棋支屈就总编肩副

手棋道微传画未停笔耕距耆夜

闲走烂柯楼裹人推炮上海滩头

风摆柳一岁一荣业绩多弈林敬

哉醉翁酒

井贺李建斯棋道甬传扬出版

丁酉荷月诗并书于北京时年八十八岁

石毅

新闻教授爱《棋友》，
屈就总编赝副手。
棋道微传昼未停，
笔耕巨著夜开走。
烂柯楼里人推炮，
上海滩头风摆柳。
一岁一荣业绩宏，
弈林敬献醉翁酒。

七律　贺李建新《棋道再传播》出版

2017 年 5 月 27 日

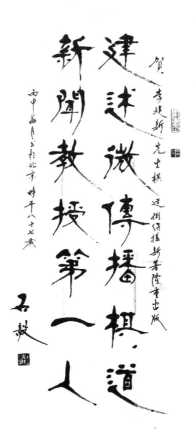

3
张　勇　题贺

真宝不尘

錦心程口
丁酉秋日
大勇

4

王巨寿　书贺

高揚肩臆
雲染翰瀚
神中從筆
行天馬揮
毫起卧龍
未書人已
醉欲醉意
方濃道遣
靈臺去茫
茫遨太空

王元寿

知人者智自知者明勝人者
有力自勝者強知足者富
強行者有志不失其所者
久死而不亡者壽 老子三十三
運城文集錦
甲午後之舞雪庵書於茂城王元壽

夏日書老子贈
鹤畔老人雅正
知足者富
黄鹭上青天
後言自勝者
川唐陰
阿房等字
夢之銅雀
海上高僧师
严冬向巨子
古柏喹仁
之外人生
唐崔顥仁
甲午庚之夏
老人书於洛城
王元壽

拜访书法名家王巨寿先生和赵彩娥师母

年过酣酒渐退场，
翰墨不输玉液香；
拜年两位老前辈，
关爱至今暖心肠；
生如书法需有道，
人求上进靠新腔；
两老喜露春风面，
敬祝长寿并安康！

2018年2月25日，正月初十，拜访当代书法名家王巨寿先生和师母赵彩娥老师。先生1929年生人，今年晋九，师母赵妈待我如子，如今也是85岁的老人，两位老人祥和慈善，身体康健，满面春风。

早年我大学刚毕业，就沐泽于他们两位的恩惠，王巨寿先生更是在书法上给予我许多指导，每次求字，总是满足。

看到他（她）们快乐的欢度晚年，真心祝福他们二老幸福芳华，长命不老！

5

宋富盛　书贺

厚德載物

歲次壬辰春月東塗人宋富盛書於嶺南沙洲蠔築之作河畔靜心堂

雅室芝蘭
氣蓄人清
蕙風

東塗人宋富盛書

思静神逸

6

李才旺　书贺

7
朱鹏高　书贺

棋道人生

建新兄正
丁酉鹏高书

黄福霆　书画同贺

敬書李建新先生詩"新文"運動

随喻新聞為新文，電旨追求大不同。傳媒時代信息多，筆有魔力字千鈞。忱"見學輩文若澀，实"是教者自拙笨。花拳繡腿使不得，千秋難改文字魂。

恭祝《棋道》再傳播而出版　丁酉年夏黄福霆拜

黄福霆作

荷棋韻

傳承文化　傳播棋道

賀《棋道》再傳播而出版　丁酉年夏黄福霆

9
刘克明　书贺

五律一首　赠李建新同学

华中科技大学哲学系 98 级李建新同学，2017 年 5 月 3 日打来电话告知近况、5 日网上又发来文函，嘱为《棋道·再传播》题写书作，丁酉立夏后二日，余以中华新韵赋五律一首赠之，即以应答，又寓胸臆。

电函情意切，
使我忆当年。
湖畔育桃李，
喻山奏管弦。
开枰各有志，
千载一局间。
棋弈争高著，
残劫出大篇。

为华中科技大学哲学系 98 级李建新同学题联

华中科技大学哲学系 98 级李建新同学 2017 年 5 月 3 日打来电话并五日网邮文函，聆悉衷切，嘱题索书，丁酉立夏后二日，余以五言一唱嵌字格篡前人名句拟联以赠。

其一
建寅回北斗，
新局养天和。

其二
建章出良策，
新弈复旧寰。

注释：

唐人刘长卿《岁日作》："建寅回北斗，看历占春风。律变沧江外，年加白发中。春衣试稚子，寿酒劝衰翁。今日阳和发，荣枯岂不同。"

宁静

刘光门

建新仁兄雅政

建事必是策

新作继大风

丁丑春月 刘光门

建寅巳水秀

新夏楼碧云

丁丑夏月 刘光门并篆

建新同志雅政

张长虹　书贺

长安一片月，万户捣衣声。秋风吹不尽，总是玉关情。何日平胡虏，良人罢远征。

建新老师雅正

乙未秋长虹书

11
姚 铭 书贺

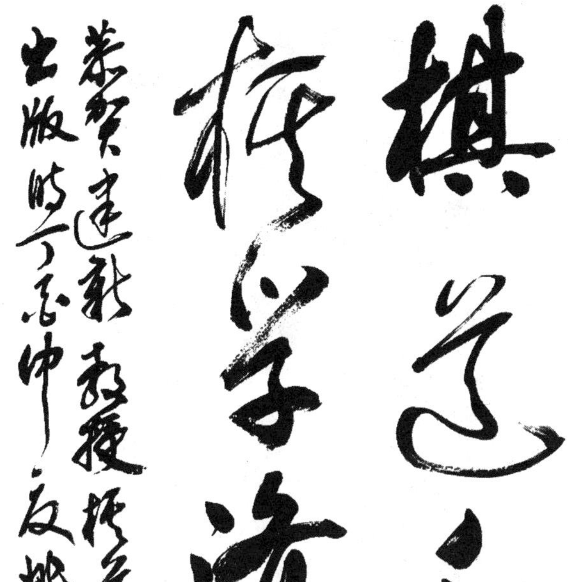

棋道子秋
�
拈以学济古

荣贺连秋雨夜振道五层楼
出版时一盂中友姚铭

12

黄渊青　书贺

13
殷嘉祚　书贺

人生易老天難老歲歲重陽今又重陽戰
地黄花分外香一年一度秋風勁不似春光勝
似春光寥廓 江天萬里霜

毛澤東詩詞 采桑子重陽 丁酉初夏殷嘉祚書時年八十九

14
黄炜 书贺

有了融洽關係
記者無所不能

甲午杏月黄煒 書

15

感怀李建新先生任《棋友》副总编

马殿荣

孜孜沪地度嘉年，
赫赫学富谱巨篇。
植根华夏开新路，
学贯中西铸大观；
杏坛论棋惊特大，
弈林布道敬英贤。
请问石老君何在，
躬耕《棋友》胜桃园！

原载《棋友》2017 年第 2 期

16

贺李建新老师任《棋友》副总编辑

季林雄

李师闻名业界红，
建言高论棋道中。
新任要职堪重担，
定海神针立巨功。
能文晓通古今事，
胜编尽显圣贤风。
此刊合与微信台，
任尔大舞东方龙。

——贺李建新老师任《棋友》副总编辑

我的棋友"任命"公示后，有许许多多的文字祝贺。快活林写的"藏头诗"便是其中的一篇。

快活林真名季林雄，是上海滩的一个文化人，也是热心象棋的组织者、活动家。他在"文化·传播·棋道研究院"微信群中经常有感而发，即兴抒怀。其文笔之快，思维之高端敏捷，让人佩服。

17
李建新　咏棋·芳华

2018年元旦，应邀到江苏海门参加一个象棋嘉年华活动，特作《咏棋》并现场词书同贺。

本书完稿之际，观看电影《芳华》，感慨之余，希望棋道传承、棋学创建、微传播等关涉内容，芳华永在。

名家专论　旗舰导航

1

已雨绸缪犹未迟

石　毅

　　我是一个象棋爱好者，从 8 岁爱到 80 岁，时间不可谓不长。新中国成立以后，国家体委 1956 年把象棋定为正式比赛项目。1956 年 5 月广州《象棋》创刊，同年 12 月在沈阳报刊亭第一次见到《象棋》12 月号，封面是一则《大空城》排局，从此对象棋排局产生了兴趣，便试着为《象棋》投稿，并在 1958 年第 9 期发表了第一则排局。同年 12 月代表丹东市棋手，出席辽宁省 1959 年首届全国运动会象棋运动员选拔赛。从此走上省、国家象棋比赛裁判员道路直到 1984 年。1962 年发起成立并任丹东市棋类协会主席直到 2005 年。1984 年作为丹东市棋类协会主席与辽宁省体工队象棋教练孟立国共同发起创办《棋友》杂志，一直办到今天。

　　中国政府 1982 年决定把象棋作为向世界推广项目，至今已有 35 年。应该说，从我们国家、从我个人，对象棋不能说不重视，不能说不热爱。遗憾的是，毋庸讳言，一个公认的事实是：一个古老的中华国粹象棋，一个爱好者上几亿人，群众基础如此雄厚的象棋，竟然沦落到被边缘化，后继乏人，没人爱学，将要退出历史舞台的悲惨境地，多么叫人伤心，多么叫人丧气！

　　为此，我在深入研究之后，早在四五年前就想到了是不是可以借用国际象棋的棋子图形、记录方法以实现"老汗王借地养民"。并和棋界名士朱鹤洲、周明华、柏瑞国等做了深入探讨，他们一致表示赞同。其中柏瑞国还提出是不是把"后"改称"卫"，不然一个王两个后不好。但因没有资金支持，就暂时停了下来。

　　苦心人天不负！感谢江苏淮安棋界前辈孟宝林，2017 年 3 月 7 日推介青年企业家杨国能来京会面。真是无心插柳柳成荫！当听完小杨的来意后，我随便提了提制作"世界象棋"的想法，竟得到了杨国能的高度支持，并慷慨承诺：把企业交给助手，全力投入人力财力制作推广世界象棋，并把它当成今生的唯一重大任务！

现在的问题是，有了世界象棋，怎样来推广、靠谁来推广？解铃还须系铃人，求人不如求己。己是谁？己就是我们这些"既得利益者"。这里所谓的"既得利益者"就是我们所有热爱象棋的领导干部、工作者、所有棋手！谁叫我们爱象棋呢？既然我们把一生为之奋斗的象棋，爱到没人爱学、后继乏人的地步，我们不挽救，还能靠谁？

怎么挽救、怎么靠？《棋友》编辑部文章：《热烈祝贺"世界象棋"光荣诞生》《就本刊着力推介"世界象棋"〈棋友〉编辑部发言人答海内外棋友读者问》已经讲得很清楚。请大家仔细看看。有不妥处，尚希教正。

这里要着重推介《棋友》、棋界老朋友——人民日报体育部主任、体育版主编李中文，2017 年 6 月 19 日在人民日报发表的一篇文章：《象棋推广宜从青少年抓起》。

这篇文章发表的日期不知是有意安排，还是无意巧合。但我认为是有意而为之。因此我在微信转发时加了一段导语："当年棋友杯的全力支持者科教文部记者老朋友李中文说得真对真好！我等老棋人应该认真反思严重注意切实对待。不能被一时的热闹繁荣冲昏了头脑"。为什么这么说呢？这是因为全国棋王赛、尤其是蒋川的 1 对 26 盲棋车轮战确实很热闹。而李中文大作所说的"能否在青少年中播下喜爱象棋的种子，决定着象棋发展的未来。不然不管现在的赛事办的多红火，都难免给人留下只顾吃老本、不懂打基础的不良观感。尽管在青少年中推广象棋并不容易，但现在不做这项着眼长远的工作，今后再做这项工作一定会更难。更何况，象棋作为国粹，有着传承传统文化、丰富群众生活的双重价值。如果任由象棋群众基础日渐萎缩，那对传统文化的传承也该说是一大损失。"这确实是点到了象棋人的致命穴，不能不让我们象棋人心灵震撼！

但愿李中文的这段话，令正浸沉在热闹气氛中的有功人员，似有大冬天泼凉水，浑身发抖的感觉。但这的的确确是实话。而我和石秋励、杨国能倡导的世界象棋，或许是一剂良药。但愿支持者众，力推者广。

2
关于象棋的起源

徐家亮

象棋历史悠久，源远流长。象棋与我国一些周边国家的民族象棋（世界棋史学家称之为远东象棋或东方象棋）以及现在流行全世界的国际象棋有许多相似之处。人们认为世界上各种各样的象棋必然存在一个共同的发源地。但是，尽管许多世纪以来，世界上已有不少史学家、考古学家、东方学家一直在进行研究，象棋的最早发源地目前仍无定论。正因为这样，关于象棋起源的研究，已经成为当前体育史研究中的一个重要课题。近二三十年来，前苏联、伊朗、前南斯拉夫、印度、乌兹别克、阿富汗、巴基斯坦、中国、英国、美国等国的棋史学家纷纷就此发表各自的见解，展开争论。世界国际象棋联合会还就此专门召开过专题会议。

一、象棋源流的论争

关于象棋的起源，无论是在我国国内，还是在国外都曾有过多种不同说法。

在我国国内，有过以下几种说法：

1. 象棋是虞舜为了教他的弟弟下棋而发明的，因他的弟弟名象，所以称之为象棋。

2. 象棋起源于周武王伐纣之时。明谢在杭《五杂俎》说："象戏，相传为周武伐纣时作，即不然，亦战国兵家者之流作，盖彼时犹重车战也"。

3. 象棋的名称来源于战国时期屈原弟子宋玉的著作《楚辞·招魂》里的"菎蔽象棋，有六博些"之句。据此，认为现代象棋是由六博逐渐演变而成。

4. 根据刘向《说苑》中所载 "孟尝君燕则斗象棋而舞郑女" 之说，认为象棋起源于战国之时。

5. 相传象棋是楚汉相争时韩信所作。

6. 象棋起源于北周武帝的时代。据《太平御览》载：北周武帝天和四年（公元 596 年），帝制《象经》，有日月星辰之象，当时称象戏。

7. 根据元代高僧念常的《续藏经·佛祖历代通载》所载，"昔神农以日月星辰为象，唐相牛僧孺以车、马、士、卒加炮，代之为机矣"，认为象棋的雏形始于唐朝。

关于象棋的名称，也有几种不同说法：有人认为象棋反映宇宙的象征，有日月星辰之象，象棋的名称由此而来；有人认为古代象棋的棋子用象牙制作，所以叫象棋。也有人认为象棋的棋子中有象，所以称为象棋。

为什么象棋起源的时间和象棋名称有这样多的不同说法？这实际上是反映了象棋起源的一种论争。不但我国国内有各种各样的争论，国外也有很大的争论。印度说象棋起源于印度，埃及说象棋是他们发明的，伊朗说古波斯是国际象棋的发源地，真是众说纷纭。直到近百年来，象棋的起源地才比较集中地认为是在中国和印度、伊朗或埃及等国，而尤以中国、印度和伊朗的可能性为最大。

在 1984 年重印的第 15 版大英百科全书关于国际象棋的条目中，关于国际象棋的起源，认为是在公元 6 世纪时或 6 世纪前起源于印度或中国，它是由一种古代棋戏演变而成的，另有一些变种如中国象棋、朝鲜象棋、日本将棋、马来象棋、缅甸象棋现仍流行于某些地区。但是条目中只介绍了印度起源的说法。这不能不说是一种偏颇。

象棋的印度起源说最早来自英国人威廉·琼斯。威廉·琼斯在他所撰写的 "印度象棋" 一文（刊于《亚洲研究》1790 年）中指出，象棋里有象，因中国古代不产象，而印度却是产象国，这是象棋发源于印度，并由印度传入中国的证据。前苏联的一些棋史学家还曾进一步认为印度四方棋是在公元 570 年左右传入中国。这些说法都是没有充分根据的。中国自古就有象，古代战争中还用过象战。且不说古时传说中国很早就有象棋，仅就确切的文字记载，2400 年以前，象棋一词就出现在《楚辞·招魂》中，怎么能说象棋是由印度传入的呢？

不久前，英国、前南斯拉夫和前苏联的棋史学家都开始对象棋的印度起源说持否定态度。早在 20 世纪 70 年代，英国著名学者李约瑟（Joseph

Needham）就在他所著的《中国科学文化史》(Science and Civilization of China）一书中指出，象棋是中国人民的创造，是古代中国人为模拟战争而创造的一种游戏。80 年代时，苏联东方学家切列夫考院士曾在《苏联国际象棋》1984 年第 1 期上著文指出，象棋是由中国古典经书《易经》中的阴阳八卦原理创造发明的。

象棋由印度传入中国论据不足，倒是中国古代棋戏传入外国确有实据。远在汉魏时，中国的围棋、六博棋、弹棋等就已传入印度。南北朝时，北周武帝制的象戏在唐代时传入日本，经日本人据以改制成今日日本的将棋。唐代时的"宝应象棋"也应传入日本，北宋的象棋在定型前后也曾传入朝鲜和日本。唐代象棋还曾由我国中原地带向北传播，发展和演变成蒙古象棋，由我国南方地区向东南亚国家传播，发展和演变成马来象棋、缅甸象棋和泰国象棋。

二、象棋的印度起源说

70 年代以前，世界上的棋史学家，主要是西方的学者，多数人倾向于印度起源说。他们都不约而同地引证缪雷（Murry）在 1913 年写成出版、1962 年又再版的两大著作：《国际象棋的历史》和《国际象棋简史》。缪雷在他这两本著作中说，公元 2 至 4 世纪时，印度有一种叫"恰图兰加"的四方棋，棋盘由 8×8 的 64 格组成，棋子分为四方分置于棋盘的四角，由四个人玩。每方有王、象、马、船各一子及兵四子。棋子的摆法是王、象、马、船摆在双方右角的底排，而四只兵则在王、象、马、船的前一排。着法是王可直或斜行一格，象斜行二格，马走日字形的格而不绊腿，船直行随意，兵只许向前行一格。走棋前要掷骰子。2 点走船；3 点走马；4 点走象；5 点走王或兵。游戏的目的不是将死对方的王，而是消灭对方全部子力。棋子中的船从着法看来相当于车。

被认为象棋原始类型的印度四方棋，在公元 6 世纪时由印度传入古波斯，即现在的伊朗。由于语音上的谬误，古波斯人把"恰图朗加"（Caturanga）误读为"恰特朗格"。后来，大约在公元 8 世纪时，古波斯国被阿拉伯人占领。因阿拉伯语的字母中没有这一词的第 1 个字母，也没有它的最后一个字母，于是"恰特朗格"就被阿拉伯人改称为"夏特朗吉"（Shatranj）。此后，"夏特朗吉"就在中亚和阿拉伯国家广泛流传。

经过波斯人改造的"夏特朗吉"已由 4 人玩改为 2 人玩，并且取消了掷骰子玩的方法，改为双方轮流走棋。开始有了现代国际象棋同样的兵种的棋子。棋子的走法与现代国际象棋大体相似。其中，车、马、王的走法基本相同，但兵在第一步只能走一格，冲到底线只能变后。象沿斜线只能跳走一格，即斜行两格，没有塞象眼的限制。游戏的目的与现代国际象棋大体相同，但也有不同之处。不仅将死对方的王为胜，而且迫使对方无子可动也为胜。另外把对方子力全部吃光即使自己一方只剩下一兵也为胜。

随着阿拉伯人攻占西班牙和意大利，原始的国际象棋传到了欧洲。大约在公元 10 世纪以后先是传到意大利，然后传到西班牙和法国，11 世纪末，遍及欧洲各国。经过欧洲人的改革，至 15 世纪末时，才定型为现代国际象棋。这时，象变成斜走无格数限制，后变成女性并拥有现代国际象棋里后的威力。而王车易位的特殊着法直到 17 世纪上半叶才开始拥有。

以威廉·琼斯为代表的印度起源说还认为，中国象棋、朝鲜象棋、日本将棋等东方象棋，也都是从印度的"四方棋"演变而来。他们认为，当"四方棋"经由波斯传入阿拉伯的同时，另一路由波斯传入中国，时间大约在公元 8 世纪。后来主张国际象棋最早发源地在印度的部分前苏联棋史学家，根据中国北周武帝于公元 569 年创制象戏，并在朝廷上召集百官进行讲解的文献记述，又把印度的"四方棋"由波斯传入中国的时间提早到公元 6 世纪（570 年）。

法国布阿叶在《国际棋话》一文中说："象棋起源于印度，大概在 570 年左右。在东方，印度棋产生了各种不同形式的棋戏，如现代印度棋、马来棋、缅甸棋、泰国棋、中国象棋。"

前苏联世界冠军鲍特维尼克在《国际象棋艺术》一书中写道，"六世纪时，象棋传到了伊朗，……这时也必然传到了中国。"

但是，以威廉·琼斯为代表的印度起源说只是根据传说而言。所谓公元 2 至 4 世纪时存在印度的"四方棋"，实际上既无实物，又无任何完整的文献记载。正如前苏联历史学博士伊·林吉尔，于 1975 年第 5 期《苏联国际象棋》杂志上刊出的文章《比鲁尼论恰图朗加》中指出的那样："有关国际象棋原始形式的证物，几乎没有保存下来，我们不能准确地判定，在印度产生的'恰图朗加'是在何时何地出现，也不知道它是如何演变成现代国际象棋以及它传播到其他国家的途径。"他指出，公元 9 世纪中叶的克什米尔史诗作品《拉特纳卡尔》中才明确地提到"恰图朗加"这种"四方棋"。他还介绍了波斯裔人比鲁尼所著《印度考》中关于"恰图朗加"的记述，说比鲁尼在公元 11 世纪时曾游历印度。他在旅途中见到印度的"四方棋"，当时，还停留在用掷骰子法决定走棋，并由 4 人玩，以吃掉棋子多少区分胜负的玩法上。

另外，印度棋中的一个子船，它的走法和古代象棋里的车一模一样。大家知道船是当时印度的主要交通工具，同时也是当时印度的一种战争工具，把它作为模拟战争的棋戏中的一个兵种，也合乎情理之中，不过从船的实际走法可明显地看出，它留有象棋里车的走法的痕迹，我们有理由推断，印度棋里的船是模仿中国古代象棋里的车而设置的。这实际上说明，中国的古代象棋诞生在前，而印度的四方棋诞生在后。

缪雷认为象棋起源于印度的另一根据是，1902 年拉佛蒂（Raverty）在孟加拉皇家亚洲学会发表的论文《国际象棋和十五子棋的历史》。文中讲到的故事说，从前在印度西北地区，有个哲人（Shashi）在一个晚上发明了象棋。他把它献给印度国王，提出的报酬是按等几何级数的要求在棋盘的 64 格上放满谷粒，暗示象棋的变化无穷无尽。但故事的年代不详，是否事实，无法断定。把这样的国际象棋盘和米粒、谷粒或麦粒的数学故事编成在古波斯国王或在古代中国皇帝那里出现也无不可。

三、象棋的中国起源说

象棋的中国起源说认为，象棋的最终源头在中国，它是由春秋战国时盛行的六博棋逐渐演变而成的。六博棋是我国古代象棋的远祖。六博棋的棋具由箸、棋、局三部分组成。箸是一根长六分，类似筷子状的东西，对局时起着相当于骰子的作用。对局时，双方根据掷出的点数行棋；"局"就是棋盘；棋是用象牙雕刻的棋子。每方有六枚棋子。这六枚棋子里有一枭、五散。五散指卢、雉、犊各一，塞二枚。行棋前要先轮流投箸，和掷骰子差不多。对局的目的以杀死对方的枭为胜。

六博棋在秦汉时期更加盛行。到了东汉时就发展成大博和小博。大博棋和上述六博棋一模一样。小博棋的棋子增加到每方 12 枚。双方棋子总数扩展为 24 枚。

关于六博棋的产生年代可能还在春秋战国以前。因为在古代小说《穆天子传》里，曾说：在公元前 970 年，周穆王满就是个六博棋迷。他跟井公下了三天的棋，才分出胜负。西汉时开始，六博棋逐渐演变成"塞戏"。塞戏和六博棋基本一样，只是行棋时不用掷骰，不用箸，而是双方轮流行棋。这样一改，六博棋里原先存在的那种侥幸取胜的成分就大为减少。

塞戏一度与六博棋同时并存，都有出土文物为证，塞戏不但有两人玩的，还有4人玩的。有一种4人玩的塞戏在西汉古墓里掘出，现存国家体育总局体育博物馆。

无论六博棋，还是塞戏，它们的面目与现代象棋不同，与古代象棋也不同，都没有车，马、将、卒、士、象等名称的棋子。但它们的棋子每方有6枚，共五个兵种，也有类似将帅或王的棋子即枭；同时，也以杀死类似将帅的棋子枭为胜。这一点却是与古代象棋及现代象棋一脉相承的。

到了魏晋、南北朝时期，象戏出现并完全取代了六博棋和塞戏：象棋的棋盘已成正方形，并有马、卒等棋子。这在北周武帝宇文邕所撰写的《象经》里有所记载，可惜北周武帝创制的象戏没有实物留传下来，没有出土文物为证，同时，北周武帝的《象经》在唐朝以后失传，这是非常遗憾的事情。不过，在北周武帝的同时代，王褒为象戏所作的《象经·序》和庾信的《进象经赋》，现尚有文献保存，可以说明北周时象戏的创制和存在以及北周武帝对象戏的重视。据史料记载，北周武帝曾在朝廷上召集文武百官讲解他的《象经》。

应该指出的是，北周王褒《象经·序》中讲到天文、地理、阴阳、时令、算数、律吕、八卦等，汉边韶的《塞赋》也提到日月、乾坤、时令、阴阳、律吕，二者内容相近，说明象戏与塞戏有一定的继承关系。

2001年在三峡施工中，在万州老棺丘墓群墓地，发现汉魏年代的一枚陶制象棋子"车"，这对研究中国象棋的起源与流布，具有十分重要意义。它把最早出现平面的中国象棋子的年代推前了700多年，那就是说在公元3世纪前就有平面象棋子。这说明在北周象戏以前出现过一种有车的原始象棋，这已有出土文物为证，这种原始象棋我们姑且叫它汉魏象棋。它与传说中韩信所发明的象棋有无传承关系有待进一步深入研究。

历史进展到唐朝，出现唐代象戏，取代北周的象戏。这有唐相牛僧孺著《玄怪录》里的传奇故事《岑顺梦》为证。在《岑顺梦》里，记载了当时唐代前期象戏的形制。棋子立体成形，金铜成形，有王、车、马、卒、士、将六个兵种，其中，王后来改为将，将改为象。从棋子看，与现代象棋已经非常相似，可以称之为古代象棋。因为故事发生在唐代宗宝应元年，后世称之为"宝应象棋"。

唐代象戏的棋盘是正方形的，8×8的64格。这从唐宋间表示琴棋书画图案的织锦可以证实。织锦上表示棋的正是8×8格黑白相间的正方形棋盘，适于立体象棋子使用。

象棋从什么时期起在棋子的组成中加入了炮这个兵种？据元代高僧念常著的《佛祖历代通载》记述，古时神农氏以日月星辰为象，唐相牛僧孺用车、马、士、卒加炮，创制了象棋这种模拟兵机的游戏。这证明象棋中加入炮，是牛僧孺的发明，或至少可以说是牛僧孺时代的创造发明。同时还指出牛僧孺在象棋的棋子中加入炮，好比古时神农氏以日月星辰为象，研究时令气象的客观规律，以指导农业耕作一样重要。

唐末至北宋是象棋的大变革时期。这期间，出现过司马光的"七国象戏"，出现过民间流传的"广象戏"和"大象戏"。无论是棋盘或棋子，都有较大的改革。棋子由立体象形改为平面图形或平面字形，或一面有汉字一面有图形的平面棋子。棋子的组成中增加了炮。棋盘不再使用64小方格黑白相间的方形棋盘。棋子由在棋盘方格上的活动改为在纵横直线的交叉点上活动。总之，几经演变，至北宋末年定型，出现了双方有棋子各16枚，棋盘纵10路横9路，有河界，有九宫，将（帅）士只许在九宫内活动的现代象棋。

以上是象棋由六博棋、塞戏、汉魏象棋、北周象戏、唐代象戏、北宋象棋直到定型象棋的大致演变过程。

四、象棋最终根苗在中国

关于象棋的起源，除了印度起源说和中国起源说以外，还有在肯定象棋最终源头是中国的前提下提出的中印文化结晶说。

中印文化结晶说肯定国际象棋和中国象棋的最终根苗在中国，但认为两项象棋之间在创制和演变过程中曾经有过交流和影响，认为印度的四方棋在古代象棋的创制过程中曾经有过影响，同时古代象棋对于原始国际象棋的形成和演变也曾经有过重要的影响。否则就很难说明为什么这两项象棋在形制、着法、规则等方面有着很多类同之处。

原苏联科学院远东研究所研究员切列夫考博士持有和英国著名学者李约瑟博士近似的观点，认为象棋的最终源头在中国：他在《苏联国际象棋》1984年第1期上发表的《关于国际象棋起源》一文中指出："国际象棋棋子分成白黑两种以及它们可能的各种组合是在64格的棋盘上形成，这不是偶然的。看来是源于公元前 4 世纪的中国古典经籍《易经》的各种象征。白棋和黑棋体现着两种宇宙力量，对应着光明、积极、善的因素和黑暗、消极、恶的因素。按照《易经》综合的所有客观情况，乃是数字 64，那里面任何一种情况都对应着自己的符号——卦，而后者乃是由六条完整的或间断的横线（指爻）所组成的，其中组成的各种组合表示情况互相联系的特征思想"。

爻音尧，是组成八卦的长短横道，"—"为阳爻。"- -"为阴爻。

切列夫考博士最后认为："现代类型的远东象棋（在日本是将棋），棋子的形式形成于公元 569 年。南北朝时代的北周鲜卑族统治者武帝（公元560—578 年在位）曾将此发明编入官方的文献。"他说"如史学家证明的那样，印度的四方棋是在公元 3 世纪初进入中国的。起初，它补充了中国的简单的象棋，然后，由于继承性，如用'象'这样的新的棋子适应了鲜卑族的中国象棋。""进一步的发展是北周时期象棋的功能与印度四方棋的有机结合，在中国演变成现代中国象棋，在日本演变成将棋，在中东某些地区，最可能是大月氏国亦即希腊化巴克特里亚第三王朝时期形成波斯象棋，然后再演变成现代国际象棋。"

我国研究印度文化的著名学者常任侠先生，早在 20 世纪 50 年代中期，在他所著的《东方艺术丛谈》中，也曾经较为深入地探讨了两项象棋的起源问题。

常任侠先生考察过印度方面的情况。他在那部著作中谈到了古印度梵文典籍中关于"四方棋"（恰图朗加）的记载，也谈到了现存巴黎卢浮宫博物馆的古印度象牙雕刻棋子。那是一个骑象的统帅，象鼻子卷起一乘马的敌人，另有四个乘马披甲执戈的士兵，围在周围。在这枚棋子的座下，有古代刻下的文字，表明它是公元 8 世纪末 9 世纪初的文物。常任侠先生从两项象棋棋子种类和数目大致相同这一点出发，认为二者"应是同出于一源的关系，想来不会是偶同的"。

常任侠先生还考查了象棋在世界上的传播情况，尤其是在印度和中国。其中详细地介绍了唐代著名政治家、文学家、丞相牛僧孺在其著作《玄怪录》中对宝应元年（公元 762 年）岑顺梦见象戏一段故事的描述。

根据他的分析，常任侠先生认为："当时唐代的象棋向东方输出，也有研究者说同时向西方输出，从波斯传播到欧洲，欧洲的象棋是源于中国的。但向东传播有历史资料可考查，向西传播，文献较少，尚不足证。不过自宋以后，西方象棋受中国影响，颇有线索可寻。现代印度象棋始于 8 世纪。现代欧洲象棋出现于公元 11 世纪中叶，棋局中有炮垒出现，与印度古象棋不同。火炮是在中国发明创造的，它使用到象棋中，更丰富了象棋的内容。由于蒙古人西征，传播到中亚、东欧和印度，这种战术反映在象棋中成为一种新的特色。"

常任侠先生最后认为两项象棋是"中印人民在古代文化合作中的产物"。他说："根据文献的记录，从三世纪魏黄初间，中国的古象棋，与印度有了传播的关系，大概是可信的。象棋在中国，由于社会的爱好，在唐、宋时丰富了它的内容，精心研究，有了很大的发展。它已与古象棋不同，增加了新的战斗力量。又随同中国文化，向东方和西方传播。"

由上可见，原苏联的东方学家切列夫考博士和我国印度文化通常任侠先生都在肯定了两项象棋的源头在中国的前提下，不同程度地谈到了印度"四方棋"在古代象棋演变过程中的一定影响。

如果说古印度"四方棋"是原始国际象棋的远祖，那么古代中国的六博棋不仅是中国象棋的远祖，而且是世界上一切有兵种棋戏包括各种不同类型象棋的老祖宗。因为六博棋的出现要比"四方棋"早得多。根据古代小说《穆天子传》的记载，在公元前 970 年的周穆王就是六博棋迷。六博棋的历史至少已有3000 年。而印度的四方棋至少在 1600 年前的印度佛经中还不见记载。

这从印度的佛经《大般涅槃经》中可以得出结论。由中天竺昙无谶（Dharmaraksa，公元 385—433 年）所译的《大般涅槃经》（Mahaparinirvana），公认为佛临灭度前所说。经文中《现病品第六》的博戏戒有："樗蒲、围棋、波罗塞戏、师子象斗、弹棋六博、拍毱掷石、投壶牵道、八道行成，一切戏笑，悉不观作。"列出的多种博戏中，有围棋、弹棋、六博、投壶等，都是古代中国传统的博戏。这证明公元 4 世纪前，围棋、六博等曾流行印度。应该特别指出的是，在古代印度流传较广的这部佛经中，在列出围棋、六博等棋戏的同时，却只字未提印度自己的"四方棋"。可见"四方棋"产生的年代远在围棋、六博之后。我国的六博棋既已证实于公元 4 世纪时即流传印度，对当时印度的文化生活不可能没有影响，因此，有理由进一步推断，印度"四方棋"的产生过程中，中国的六博棋一定起过某些积极的作用。否则，为什么在印度"四方棋"的玩法中留有"六博棋"的遗迹。

因此六博棋是世界上一切盘局棋戏的老祖宗，中国是象棋的最终源头，这是很有说服力的。

2001 年三峡考古部门在重庆市万州区老棺丘墓群发掘出一枚陶制象棋棋

子。据介绍，这是中国目前出土的最早的象棋实物。云南考古研究所考古队在对三峡地区老棺丘墓群——东汉合葬墓进行发掘时，在墓道中发现了一枚陶制象棋棋子，这枚棋子直径 2.9 厘米，厚 1.3 厘米，上面用阴文刻有"车"字样。此墓葬当属东汉早期，这说明早在约 2000 年前，象棋就成为我国三峡地区人民的娱乐器具了。

三峡出土的汉魏陶制象棋子"车"是三峡施工中的十大重要发现，对研究中国象棋的起源与流布，具有十分重要意义。它把最早出现平面的中国象棋子的年代推前了 700 多年，那就是说在公元 3 世纪前就有平面象棋子。那时候，四方棋还没有诞生。它有力地驳斥了印度起源说关于象棋是由印度棋即四方棋演变而来的谬误论点。人们探讨象棋的起源，不外乎是以传说、文献、考古、逻辑为依据，来探索进一步研究的方向，并作出各种各样的推断和结论。但文献和考古毕竟是最过硬的依据。汉魏陶制象棋子"车"的发现是象棋起源于中国的铁证。

五、关于象棋起源的进一步研究方向

1991 年在德国 Konusgen 成立了世界性的象棋历史研究组织，每隔一定时间，召开棋史研讨会。世界各国任何人都可提出论文，参与研讨。

为了使国际象棋棋史和起源的研究有成效地进行，会议提出了研究者应具备以下条件：

1. 掌握多种有关语言，主要有英、德、俄、中、梵文、波斯文。

2. 大量收集和掌握有关象棋的起源的文献资料和考古出土文物。

关于研究棋史的方法有以下几种：

1. 文献法；

2. 考古法；

3. 推理法；

4. 传说研究。

目前在世界上主张中国起源论的有以下的棋史研究家和学者：

1. 英国学者、英国皇家学院院士李约瑟（Joseph Needham）《中国科学与文化史·第四卷》(Science and Civilization of China V.4)；

2. 前南斯拉夫的学者比吉夫（Bidef）；

3. 前苏联东方学院士、将棋大师切列夫考博士；

4. 美国计算机专家沙姆·斯隆（著有：*Chinese Chess for Beginer*）；

5. 国际象棋前世界冠军国际特级大师卡尔波夫；（Karpov：《图解国际象棋入门》，世界知识出版社）

6. 美籍华人现居美国的李祥甫教授（Dr.David Li：*Genealogy of Chess*，《象棋家谱》）。

从东汉塞戏发展到北周武帝象戏这一段时期内象棋如何演变，以什么形式出现，目前的史料还不怎么明朗化。但是有一种传说值得进一步研究探讨。

这就是关于韩信发明象棋的传说。过去很早就有韩信是象棋的祖师爷的说法。在清代发现的一份史料中，曾经引证韩信发明象棋的历史资料。韩信原是项羽部下，刘邦联兵灭秦以后，韩信曾多次向项羽献策，但项羽都不予采纳，韩信认为自己不被项羽重用，就投奔刘邦。一开始，刘邦也没重用他，于是他一度曾不辞而行，结果被萧何得知，连夜追回。这就有了"萧何月下追韩信"的故事。

在萧何极力保举下，刘邦封韩信为大将军。韩信果然出手不凡，向刘邦提出军事建议，进行周密的军事部署后很快地就占领了关中一带。在楚汉战争中，韩信发挥了卓越的军事指挥才能，打胜了垓下之战，迫使项羽自刎乌江。但是，楚汉战争结束后刘邦解除了韩信的兵权，贬其为淮阴侯。

韩信被贬后，心中郁闷，托病不参加朝廷活动，这引起了刘邦及其夫人吕后的怀疑，后又因涉嫌与人（陈豨）谋反，被吕后设计逮捕，最终被吕后处死于长乐宫的钟室之中。

据传韩信在与楚军及其盟军赵军作战时，正值年终，士兵思乡厌战，于是与张良合计后，创制了一种棋戏，让士兵以棋自娱，加强争胜意识，提高战斗意志，消除思乡厌战情绪。最终在开春的决战中击败了楚军。

我曾查找国内有关资料，韩信确实喜欢玩六博和围棋，创制类似象棋的棋戏也确有可能。相传萧何月下追韩信时，曾与韩信赌棋，他们划地为棋盘，以石为棋子，约定如果萧何获胜，韩信就回汉营。结果韩信赌输了棋，因此回了汉营。韩信把六博与围棋结合起来，创制了类似象棋的棋戏合乎情理。当然，韩信的这种棋戏，不是后来北宋年代定型的象棋，也不一定是后来的北周象戏，但这种棋戏与北周象戏有无传承关系，棋子中是否已经有车有马，是否是象棋发展演变过程中的一站，不仅应该而且值得进一步研究。

3

象棋的本质与灵魂

黄少龙

第一个问题，象棋的本质是什么？

近年来，各地象棋比赛常常附加象棋文化研讨会，说明人们对象棋的认识正在深化，象棋不单具有体育竞技性，也具有科学性和艺术性。象棋的表现形式是体育竞技，但象棋的变化包含科学规律，两人下棋有各种艺术发挥，这是它的内涵。因为体育竞技、科学艺术都属文化的范畴，所以总的来说，象棋的本质是文化。

再从象棋的起源来看，象棋的前身是象戏，它承受《易经》文化而生。大家知道，我国古代文化的根是《易经》，它浓缩了宇宙和人类的哲理，是古代圣人留给我们的智慧之源。由于《易经》博大精深，凡人难以领悟，需要把它的精髓体现在一种普通的游戏中让广大民众体验感悟，这是象戏产生的文化背景。到南北朝时期，借由64卦象及《易经》的阴阳对立统一的原理，人们就创造了由64方格组成的棋盘，模拟64卦象，以两军黑白对弈的形式体现阴阳对立统一，并继承早期象戏的特点，发明了象棋。公元569年，北周武帝讲解《象经》，就是典型的划时代事件，后来象戏进一步演变成象棋，原理是一脉相传的，所以象棋来源于《易经》，象棋的本质是文化。搞象棋作为弘扬古代传统文化，相比单纯比赛而言，社会地位提高了。

第二个问题，象棋的灵魂是什么？

人下象棋有三个层次，第一是争夺输赢，这是所有棋人都能做到的。第二是探索棋理，即研究棋局的规律，找到棋局输赢的原因，这是棋手们才能做到，第三是感悟人生，即象棋的许多道理可以借鉴于人生，因为按照《易经》文化，人生与象棋都遵循64卦384爻的变化，人道与棋道是相通的。

古人发明象棋，并非仅仅为了娱乐游戏，主要是寓教于乐，启迪人的心灵，提高人的素质与思想修养。以棋为镜子，感悟人生哲理，有助于认识客观世界和认识自我，这是象棋的目的，也是象棋对人类的价值所在，是象棋对人类社会文明的重要贡献。

　　所以说，象棋的灵魂是感悟人生。下棋的每一步都是争取未来的成功，在这个意义上说，象棋是人生的未来学与成功学。人生变化莫测难以掌握，但如能借棋理感悟人生，我们还是能够大体掌握自己命运的。

4

北宋象棋新论

季本涵

大儒之诗，相国之"炮"，洛书河图，定型经纬。

"象棋"一词，首见于公元前 3 世纪楚辞《招魂》篇。汉代王逸作注云："象牙为棋，妙且好也。"马王堆出土汉代簙盒对此提供了实证。

历经 6 世纪时周武象棋使用八卦棋局，9 世纪时唐代象戏呈交战之象，直到 11 世纪北宋兴盛洛学，八卦与河图、洛书交融，终于以意化枰，将小象戏定型为现行象棋。此象棋非彼"象棋"，否定之否定，前后凡 1400 年。

关于定型时间，一般概说北宋中后期。笔者采取棋枰、棋子分曹并进，相向而行之方法推断：棋枰定型于北宋神宗在位期间，棋子定型于宋哲宗在位期间，象棋名称在神宗朝已见出现，至南宋方逐渐取代"象戏"成为通称。

神宗朝有二位名人，对于小象戏定型厥功甚伟。洛学儒宗程颢不仅有诗见证八卦九宫枰，其人很可能就是棋枰定型之舵手。司马光编著《资治通鉴》期间。撰《七国象戏》，独创有"炮"，很快成为小象戏第七兵种和棋子定型之标志。

（一）八卦九宫—大儒之诗　太极之枰

北宋是象戏发展史上广泛变革，摸石过河，终于定型的重要时期。基于圆形扁平体棋子更符合"棋圆象天""天圆主动"原则，宋代象戏皆以平面圆形子排枰对垒，不再使用立体棋子和卦格棋盘。各阶层玩象戏日益普遍，张咏（946—1015 年）戍边时作《答王观察书》云："塞外清帖，公中事稀，日与虎侯杂戏为乐。五木未止，六簙已兴，投壶，弈棋，排象，旋子。"所云

"排象"即为象戏。至 11 世纪中后期，易学中的河洛之学兴盛，为象戏变革增添活力，终于先棋枰、后棋子实现了小象戏之定型。

大儒程颢（1032—1085 年，与弟程颐同为洛学创始人，并称"二程"）《明道先生文集·象戏》是象戏枰定型于棋子之先的见证。诗云："大都博弈皆戏剧，象戏翻能学用兵。车马尚存周战法，偏裨兼备汉官名。中军八面将军重，河外尖斜步卒轻。却凭纹楸聊自笑，雄如刘项亦闲争。""河"与"九宫"为象戏枰已经定型之根本特征，"中军八面"谓"将"居九宫之"五"位作八向控制。"偏""裨"即"士""象"，司马光（1019—1086 年）生前最后 15 年长居洛阳，编著《资治通鉴》，曾创制《七国象戏》，改"象"子为"裨"，云"'象'不可用于中国"。程与其为友，效仿以"偏""裨"代称亦可理解；据此，程诗当赋于温公在洛之时，则象戏枰当定型于宋神宗赵顼在位期间（1067—1085 年）。当时"将""士""象""卒"四子，或名称或走法未曾定型，过河"卒"可"尖斜"行走，"炮"尚未进入第七兵种，象戏变革正处于新枰载旧子的过渡阶段。程诗首尾两联喻象戏可用作刘项楚汉之争的兵棋推演，对于后世以"楚河汉界"喻象棋，朝韩象棋以"楚""汉"代表双方主将，均有深远影响。诗言志，凭楸自笑句，不只陶然棋中之乐，更似亲历楸枰定型之自得。

易象八卦与河图洛书融合，是小象戏棋枰定型的沃土。定型棋枰则是太极、两仪、四象、八卦、九宫这些易象智慧的完美结晶。枰上纵横线道取洛书数"九"，河图数"十"；交会点九十，占周天三百六十度之四象之一。全枰格局为八卦为包括河图和两个九宫："河"为界，承簿桐中央之"水"，无极生太极，拟象河图、五行相生；六十四卦以"河"一分为二，又合二为一，"河"也暗含八个卦格，形成后天八卦与洛书之数"九"重合的九宫八卦图；"九宫"拟象洛书，五行相克，每个九宫、四正、四维线交叉于天数"五"位，"戴九履一，左三右七，二四为上，六八为下"，构成九宫包含八卦。枰方义圆，感官上将象棋枰思维为圆形，并作扭曲投影，即可领悟象棋枰乃是太极图，隔"河"为两仪，"九宫"为阴阳鱼双目，棋子"象"即为四象，四象中藏河图全数，"象"每步行四卦，双方六十四卦尽入象中。故而枰战衍生千变万化，五行相生相克，玄奥无比。

关于小象戏枰线道数纵横去洛书之数"九"，横取河图之数"十"，有古人伶伦造律，专美于前。至西汉末年，大学者刘歆创立了"累黍法"，纵黍横黍各以 9 分和 10 分为 1 寸，方法虽异而长度却相等，纵数之 81 适当横数之 100，而横数之广又恰当纵数之长相合，古人认为这充分体现天地自然之妙，故以其为备数、和声、审度、嘉量、权衡等事物的根本法则。将根本法则运用于棋枰定型，亦当然之事。

（二）棋之波澜—相国制"炮"庸人扰"象"

程颢《象戏》诗证实象戏枰定型，但棋子尚未有"炮"，故加"炮"实为棋子乃至整个小象戏定型之根本标志。"炮"子入棋，文字首见司马光《七国象戏》："一炮（直行无远近，前隔一棋乃可击物，前无所隔及隔两子以上则不可击飞）"。今之象棋沿袭未变。宋代东传的朝韩象棋，枰无河界，棋亦各有二"炮"，唯吃子不得以彼"炮"为架，亦不得击食彼"炮"。清康熙二十八年（1688年）徐兰记述蒙古象棋，双方棋子各有一"炮"。

宋徽宗赵佶（1100—1125年在位）御制《宣和宫词》有一首直秘阁周邦彦词云："蹉车避马寻常事，却是提防垒炮难"。词句留给后世三点信息：其一，当时小象戏已有"炮"，为时未久，对局者不甚适应；其二，此时"将"已由九宫"五位"改置"一位"，走法由"中军八面"回归为唐代的"系四方"，故畏惮叠炮杀着。其三，按"多米诺理论"，"将"收缩活动空间，势必波及其他棋子调整走法达到平衡。如："士"不出宫，"象"不过河，"卒"过河后进可平不可尖斜，绊马腿，塞象眼等。棋子走法完成系列性变革，估计晚于棋枰定型约20年即可；根据宋徽宗崇宁年间已有相当成熟的全套黄铜浇铸双面象棋子，笔者认为棋子完成定型，当发生于宋哲宗赵煦在位期间（1085—1100年）。

象戏之"炮"究竟何人发明？元僧念常《佛祖历代通载》提出唐相国牛僧儒加"炮"之说，甚不靠谱。笔者寻思：司马光创制"七国象戏"独家有"炮"，走法沿袭至今，其人完成《资治通鉴》后于生前最后数月拜相；此亦相国，彼亦相国，高僧葫芦提"马冠牛戴"莫须有乎。不论其后大、小象戏谁先加"炮"，依实据认定司马光首创最为合理。

司马光"七国象戏"用围棋盘，棋子共119枚，不适合二人对弈，但在象棋史上首创颇多。首次评判了各兵种的子力价值，南宋《事林广记·棋九十分》或因此借鉴。"七国象戏"文字说明还包括：连衡合纵办法，誓词，依次移棋，棋离故处亡得复还，误移棋，胜负和称霸，罚酒饮酒等，甚称制定棋规之先驱。

棋子"象"与象戏名称文字交集，甚显独特，易生象戏或因"象"子得名之误会。梅尧臣（1002—1060）在嘉祐四年（1059年）有《象戏》诗，尾联引新汉昆阳之战典故："直驱猛兽如寻邑，何似升平不用兵。"以兽象隐喻北宋象戏兵种有"象"，这是对"象"子的最早记述。当时"象"的走法可能为：一、斜行（"车"直行）无远近（同其后司马光"七国象戏"之"神"）；二、斜走两格，受阻不可跳跃（同定型走法）；三、斜走两格，受阻跳跃（同波斯象戏 shatranj 之"象"pil）；四、一直两斜行"用"字格（同朝韩象棋）。

晁补之（1053—1110）元丰二年（1079年）著《广象戏图序》，自述儿时即喜"局纵横十一，棋三十四（一作三十二），为两军"的通用象戏，意苦其狭而试广之，假围棋枰用棋九十八枚（图格佚，无从考证）。序云："象戏，兵戏也。黄帝之战，驱猛兽以为阵。象，兽之雄也，故戏兵而以象戏名之。"此说，偏颇轻妄，罔顾"象戏"以玄象著名之本意，抬出黄帝拉大旗，捧兽象为象戏兵种主力乃至得名由来。由兹，影响后世棋人莫辨象棋名称出处，国际上"印度起源说"数度甚嚣尘上。象棋史上，广象戏未见寸功，是非不断，诚所谓：世间本无事，庸人自扰之。

元代，棋子以"相"代"象"。或谓"相"为中军与"士"并列之文官乎？笔者认为，易学有阴阳老少四象，释教有"人我四相"，各蕴玄奥，久之乃有黑"象"红"相"，正堪匹配，始终体现两仪生四象之本义。

（三）铜质棋子—图文并茂"将"大"卒"小

小象戏定型后，棋子为平面圆形16枚，"将、士、象、车、马、炮、卒"7个兵种，与定型象棋一致。现代考古从河南开封、江西安义等地出土数批宋徽宗时象棋子，包括铜质全副正面为文字，背面为图案的棋子。铜质棋子背面图案标识分别为："将"—纱帽战袍佩剑；"士"—开封子为戎装着裙宫女，安义子为戎装甲士；"象"—披鞍驯顺，吉祥之状；"车"—一人推双轮辎车；"马"—作奔马状；"炮"—开封子以人操抛石机，安义子作圆形石炮爆射状；"卒"—武士，开封子持矛，安义子扛斧。

咸谓朝韩象棋为北宋定型象戏之活化石，开封出土黄铜棋子，"将"大达31厘米，卒小为11厘米，其他则20至30厘米不等，似宫中或豪门供多人观看枰战之用棋；安义棋子较小，大小一致。现今朝韩象棋同副棋子有三种直径,"楚"和"汉"(即"将",彼邦称"王")最大,"象""车""马""炮"次之,"士""卒"最小,依稀可见开封象戏为"象棋"。

小象戏枰在宋神宗时定型后,汴京一带已出现称象戏为"象棋"。元丰年间(1078—1085 年)在开封任职的高承,其《事物纪原集类·象戏》云:"《说苑》'雍门周谓孟尝君:足下燕则斗象棋',亦战国之事乎。故今人弈曰'象棊'。盖战国用兵争强,故时人用战争之棊势也。"这是宋人首次将象戏记述为"象棊(棊)",但此时棋子可能尚处于向定型过渡之中。

象棋名称之定型历时不下半个世纪,由于称"象戏"久称习惯,两宋之交有相当时间"象戏""象棋"混称。宋徽宗赵佶《宣和宫词》有一首云:"白檀象戏小盘枰,牙子金书字更明。"宋宫"象戏"虽用牙子,其义已与战国楚宫六簙因牙子得名"象棋",不相关矣。宋朝南渡后,女词人李清照(1084—约 1151 年)《打马图序》"大,小象戏"并称。曹勋(1098—1174 年)《北狩见闻录》和洪遵(1120—1174 年)《谱双·自序》称"象戏";而晁公武《郡斋读书志》(序成于 1151 年)暨《后志》,则将尹洙(1001—1047 年)《象戏格》(已佚)改题作《象棋》《象棋经》;僧与咸(?—1163 年)《梵网经菩萨心地品戒疏》作"象棊(棊)",洪迈(洪遵之弟,1123—1269 年)作长诗,题用"象弈",诗句用"橘中戏",表明象棋、象戏已为通称;至文天祥(1236—1282 年)只称"象弈""象棋",未称"象戏"。当代,"象棋"为正式名称,诗文中"象戏"用作雅称仍时有出现。

后　记

笔者从事棋类工作逾半个世纪,心系国粹,关注象棋探源。近年心仪国学之余,稍涉博弈文化,有所思索。窃谓非遵易学原理,由棋盘、棋子两方面相向并进,莫能偶获寸进。自知根底浅薄,涉猎未丰,对于古丝绸之路棋文化尤缺了解,深感心有所寄无从提笔之苦。此番不揣愆陋,将日常所思维堆砌与会,冀请教于方家高明。

本文引用古代棋史资料,与他著不免雷同;切入角度和论点,则纯属个人新的探究。谨此说明。

主要参考书目：

《象棋史话》(李松福编)

《中国象棋史丛考》(朱南铣著)

《中国象棋史》(张如安著)

《象棋家谱》(李祥甫著)

《中国博弈文化史》(宋会群、苗雪兰著)

《易经图典》(周春才编著)

5

点赞象棋八大家　感言排局我得益

朱鹤洲

　　象棋，作为传统文化国粹与体育竞技项目，有相当一批人士在艺术探索、两军对垒等诸多方面研究有素，卓有成就，直至成名成家，乃是客观存在的事实。但是作为专司体育竞技项目的有关部门，仅仅只在各级体育部门直接组织的竞赛活动中，根据竞赛结果和执裁水平，授予极少数部分棋人的等级称号。而对于不属于竞赛、裁判方面，特别是对于内涵极其丰富的棋文化研究等，以及非体育部门组织的竞技活动，则无暇顾及或者搁置在外，这显然与象棋在中华国粹中博大精深的艺术地位极不相称。

　　再有，我国神州大地，各种象棋人才藏龙卧虎于民间，他们由于种种原因未能展示潜能，也没有及时发挥才干。其实，他们在象棋的某一个项目或者多个项目上，其研究成果和实际水平就已经达到了相当的高度，理应得到社会的认可和相应的技术等级称号，这是广大棋友们的热切愿望。有鉴于此，高瞻远瞩的"棋坛总司令"石毅老创造性地提出了："象棋八大家"是客观存在的事实，仅仅是没有分别被授予称号的科学论断。1993年在他创立、领导和组织下，由辽宁棋友杂志社、《棋海新友》编委会、中国象棋函授学校、中国象棋文化学会、棋友象棋编著者联谊会、棋友排局研究会、棋友杯全国象棋大奖赛常设组委会七单位组成并牵头，联合国内外棋界同仁，成立了中国象棋家考评委员会。这一顺乎人心的创举，立即得到了海内外棋界的广泛拥护、足够重视和积极支持。

　　1994年初，根据申报人的申请，经评委会严格评审，60多人申报的72项称号全部通过。我国象棋史上首次出现了象棋的运动（即对局）、裁判、排局、理论、活动、评解、文艺、史学等象棋八大家的荣誉称号（其内涵几乎包含了象棋的方方面面）。并经棋界权威认可，被分别授予特级大师、大师、准大师及一、二、三级棋士（以后又经多次评选，现有 1000 多人获得这些称号），这无疑是提高棋人地位的重大措施，是象棋史上的创举，催人振奋、令人鼓舞，其意义远远超出了评审的本身，必将载入象棋事业的史册。

据悉早有一些怀有超级棋艺及渊博知识的棋人，理应得到有关部门相应的职称、加薪、福利等，因苦无凭证，只能遗憾终身。如今，幸好有了石老创办的"象棋八大家"帮了他们的大忙。《象棋世界》2011 年第 3 期齐中仁文章中列举了一些杰出的象棋精英，就是依据这"象棋八大家"称号而获得的。这篇文章中说到，如果没有《棋友》《棋海新友》《象棋世界》举办的棋友杯全国象棋大奖赛、全国象棋排局大赛、全国棋局季赛、全国优秀象棋图书展评、全国象棋八大家考评，许多业余棋手甚至某些专业棋手怎能崭露头角，得到锻炼，进而进入省级专业队，成为国家大师和特级大师？刘汉夫、任云、朱鹤洲、陈建新、解健石、蒋晓春、柏瑞国、邓伟雄等象棋排局作者就不能取得全国排局比赛冠军、全国排局王、全国象棋排局特级大师称号。杨官璘、胡荣华、王嘉良、屠景明、徐家亮、程明松、徐天利、金启昌、董志新、孟立国、言穆江、黄少龙、林洪、崔鸿传、杨典等许多象棋图书作者就不能获取各级优秀象棋图书奖项、获取象棋教授、象棋高级教练头衔等。

无数事实证明，所有申报者都为能取得"象棋八大家"中的一项或者多项称号，做一个标志着研究有素、事业有成的中国象棋家感到无比的高兴和自豪。比起一辈子碌碌无为者，甚至还有不枉此生的感慨。"象棋八大家"的荣誉称号，如同考核证书，不用则废。但如选准机会，用得合适，就是一项不可估量的无形资产，可以用来实现自己的愿望和带来实际的利益。

例如，除了上述列举那些杰出名家的事例外，有的为了确有把握，在求得国家特级大师郑重推荐后再行申报；有的多次在国赛中未获相应名次，为了心理上的平衡和工作需要，以便于从事教学和著书立说，请求授予称号；有的把被授予的称号与取得的国家大师称号和高等学府的毕业证书相提并论，视为同等重要的喜事共同庆贺；有的理直气壮地以大师身份在正规出版社著书讲课……更多的则是把取得的称号印在名片上而有利于与人交往。

再举两则经手的事例：著名排局名家万安平先生去世后，2012 年家属立碑时，万夫人问我如何在墓碑上刻他生前比较突出的表现、贡献、荣誉等，并要醒目扼要。我为万安平拟出直书四条碑文是"中国共产党党员""上海普陀区图书馆副馆长""全国棋友排局研究会副主席""中国象棋排局大师"，对此，万夫人深感满意。在碑文上刻上有关象棋排局方面的职务（排研会副主席）和荣誉称号（排局大师），这无疑为排局逝者带来了永久的福分和荣誉。

有位棋友当门卫十多年，因工作能力较强，去年领导想把他调入科室，前提是学历至少是大专，而档案中表明他是中专，领导希望他能攻读大专。棋友将近40岁，攻读大专费时费力，就想改为走捷径。他曾在《棋友》杂志社的棋局季赛征答中达到评解大师的水平，他向我咨询后，经过申请，很快收到象棋评解大师称号的证书。他不但如愿升职，还在档案中加进他荣获象棋评解大师称号的这一荣誉，并由中专升为大专。我向他祝贺时，这位能说善辩的棋友告诉我，他曾向领导据理辩解说，小学没有毕业的都能当上八级技工的不在少数；大学专业毕业后，从事的工作非本专业的却多的是；自学成才、各种培训班的证件都不是正规大学颁发的，照样能进入高档阶层的多的是。因此，获得中国象棋评解大师称号以及根据中国象棋学院有关等级条例，有什么理由不能升为大专学历？原先持否定态度的个别领导也认为他说得言之有理。他还感慨地说，石老首创的"象棋八大家"不但丰富了象棋文化，如果运用适当，用得及时，还会为相关棋人谋得福分而受益终身。最后，他又深情地说，自己应该终身铭记石老的恩情。

回想自己已六十年的象棋生涯，酸甜苦辣咸五味杂陈，但更多的是感到荣幸。少年时，先得沪上象棋名手赵俊清老师教给我象棋弈理，使我连续三年获得上海市闸北区象棋冠军和一次市赛季军。后又得象棋国手张锦荣堂侄张宝昌恩师授予我江湖排局的奥秘，这对我深入研究排局和诠注古谱大有帮助。1964年起，我专攻排局，承蒙一些出版社和多种棋刊以及各种报刊发表我很多排局作品，使我名声大振，又受惠于众多棋友对我的友谊、帮助和支持，使我受益匪浅。我要特别感恩的是，我们的棋坛总司令、我的象棋领导石毅导师对我的栽培、关爱和教诲，在他创办、领导的提高棋人地位的"象棋八大家"等一系列象棋组织和活动中，激励我勇攀排局高峰，并取得不少令人瞩目的成绩和荣誉，也由此改变了我的人生。否则，我给人印象最多的仅是一位排局家和棋谱作家。

不想当元帅的士兵不是好士兵，任何比赛谁都想争第一，那些著名棋人平时都很谦虚、低调，但在自传中的对局，几乎没有自己的败局。这些都无可非议，否则无从谈起，对此，我也难以免俗，恕我如实表述。我对排局所取得的成就和获得的荣誉，大致可以概括为"七高二多"：

一、高级职务——棋友排局研究会主席、在革命老前辈习仲勋题写《棋友》刊名的杂志社担任副总编辑兼执行总编辑、中国名人书画院（古排局）副秘书长；

二、高级职称——中国象棋学院教授、中国名人书画院（古排局）研究员；

三、高级称号——获得全国象棋排局比赛冠军最多拥有象棋排局特级大师、全国排局王称号，以及全国排局创作明星和全国象棋排局十大明星等称号；

四、最高荣誉——"中国象棋排局研究第一人"，这是排局界至今唯一最高的荣誉；

五、高级奖项——四本棋书获得全国优秀象棋图书展评一等奖以及多本棋书获得二等奖，获奖棋书达 10 本之多，是全国棋书获奖多者之一，也是排局界棋书获奖最多者；

六、高级展示——在为中央电视台、《棋海新友》杂志社等五单位联合举办的全国电视棋局征答大奖赛出题和担任主任评委。又经亚洲象棋联合会会议审定通过，中国大陆作者还须经中国棋院认可，与黄少龙、林关浩等人编著大型棋谱《象棋大全》；

七、高深排局——红方一车（加帅）弈和黑方十六子的"智斗"，其着法之多、变化之繁、难度之深、质量之高，就排局创作总的评价可谓至今"无人超越"；

八、棋作最多——出版棋书约 30 种，计 700 多万字，本数和字数总量在排局界中是最多的，刊于国内外报刊的排局作品千余篇，且创拟排局的类型最多；

九、校稿最多——曾经多年来同时接受邀请为《棋友》（或《棋海新友》《象棋世界》）《棋艺》《棋牌世界·象棋》三家象棋月刊社担任排局审校（有时还为别的棋刊编辑转来的排局稿件解难答疑），这也是全国唯一担任实审校棋稿最多者；

如以排局获取较高资质和层次来讲，在当下似乎不会超出这"七高二多"的范畴，至目前如以这几项比较，那么其中任何一项都无人超越。由于我对排局事业作出了有目共睹的成就和业绩，所以受到了国内其他业界的关注，本人的传略被入选《世界名人录》《中国人才辞典》《世界文艺名家大辞典》等 70 多部辞书之中，事迹亦被多家媒体报道。

我曾经多次撰文指出，我也有不如人处，并且成绩只能说明过去，我国排局界人才辈出，"长江后浪推前浪，一代更比一代强"，我真诚地希望有人超越我，如同象棋对局那样，不同时期就会产生新的"象棋对局第一人"，排局界也要产生新的"中国象棋排局研究第一人"。

6

象棋推广宜从青少年抓起

李中文

同为益智项目，象棋、围棋、国际象棋的发展境遇各不相同。相比较而言，在如何吸引更多爱好者积极参与方面，象棋无疑要承受更大压力。

象棋推广贵在固本强基，在这一过程中既要巩固存量，更应拓展增量。尤其是能否做到吸纳青少年加入象棋爱好者队伍，已经成为象棋能否可持续发展的关键。

客观而言，虽然同为益智项目，象棋在同围棋、国际象棋争夺青少年爱好者时非但不占上风，反倒有越来越被动的迹象。一边是必须吸纳更多青少年加入爱好者队伍的硬任务，一边是象棋对青少年的吸引力已经大不如前的尴尬处境，如何做到在青少年群众中扩大象棋影响力，已经成为检验中国象棋协会工作能力与水平的现实考题。

在青少年中推广象棋，仅靠棋类项目进校园的常规做法已经远远不够。推动棋类项目进校园当然很有必要，但好不容易走进校园的棋类项目能否为青少年真心接纳，则要看每个棋类项目是否愿意拿出时间和精力耐心推进这项工作。近两年，中国象棋协会先后为全国各地 70 多所学校授予全国象棋特色学校称号。这 70 多所学校的共同特点是有开展象棋教学的传统，也有继续做好以棋育人、以棋促教工作的意愿。而给象棋传统校授予全国象棋特色学校称号仅仅是第一步，中国象棋协会还通过召开全国象棋特色学校工作会议、举办全国象棋特色学校比赛等方式将象棋在青少年中的普及推广夯实做细。

能否在青少年中播下喜爱象棋的种子，决定着象棋发展的未来。不然，不管现在的赛事办得多红火，都难免给人留下只顾吃老本、不懂打基础的不良观感。尽管在青少年中推广象棋并不容易，但现在不做这项着眼长远的工作，今后再做这项工作一定会更难。更何况，象棋作为国粹，有着传承传统文化、丰富群众生活的双重价值。如果任由象棋群众基础日渐萎缩，那对传统文化的传承也该说是一大损失。

越是传统项目，越是群众基础有流失危险的项目，越要注重从青少年抓起，越要未雨绸缪为长远发展打好基础。惟其如此，传统项目才有可能焕发生机、持续发展。

（原文发人民日报 2017 年 6 月 19 日）

7

名家题签象棋谱拾遗

周明华

棋

友

曾仲鸣

新编象棋谱

谢侠遜自署

国耻纪念象棋新局

象棋世界

界

胡荣华妙局精华

吕欽棋路

梁任公题

象棋大全

江蒋

棋艺

陈松庆

上海

棋象

马文瑞题

象罗残局新谱

狮岛棋心

象棋争雄著

马炮

海志

象棋中局与棋话

任政题

现代象棋谱

李济深

　　琴棋书画是中华民族传统文化中的四大高雅艺术，其中既酷嗜象棋，又擅长书法的弈人墨客大有人在，古有"虽不工弈，楸枰不可不备；虽不善书，笔砚不可不精"之类的说法，弈书国粹，交相辉映，皆为文化艺术宝库中的璀璨明珠。

　　中国象棋，源远流长，棋谱出版，繁花似锦。由名家题签象棋谱名，一般而言，它能起到弘扬国粹、美化弈谱、促进发行、利于收藏的作用。如用"画龙点睛""珠联璧合"来形容亦恰如其分，它是"百花丛中最鲜艳"的谱中精品。

　　名家题签象棋谱最早可追溯到20世纪20年代的一段棋坛逸事，"百岁棋王"谢侠逊编辑《象棋谱大全》，共分三集十二册，因出版这部集古今棋局之大成的巨著，对当时的社会影响较大，不少名家纷纷挥毫题词。曾任国务总理的段祺瑞提倡围棋甚力，对象棋亦颇爱好，遂委托围棋名手刘棣怀送来了其亲笔题写的"象棋大全"手迹，谢老斟酌再三，在初集、二集中选用了梁启超题写的"象棋大全"手迹，三集则选用了民国大律师董康题写的"象棋大全"手迹，有意把段的题签搁置一边，以示冷落。直至1934年谢老出版了自署题签的《新编象棋谱》，才将段的题签放在扉页上，总算给了他一点面子。

　　笔者不才，余生也晚。虽书盈四壁，然所憾古旧棋谱尚缺，收集资料有限，对名家题签的象棋谱难免挂一漏万，未及细考，故以拾遗为题，敬祈方家指正。愚以为，名家题签象棋谱大致可分为五类，其代表作品如下：

一、政界要人题签的象棋谱

　　1. 原中华民国国民政府主席林森题签、谢侠逊编著，于1945年出版的《海内外象棋新谱》；

　　2. 原中国国民党革命委员会主席李济深题签、萧光敏编著，于1950年出版的《现代象棋谱》；

　　3. 国民党元老于右任题签、沧浪客编著，于1952年出版的《象棋谈座初集》；

　　4. 国民党元老陈立夫题签、吴怀洁著，于1975年出版的《象棋残局七子谱》；

　　5. 原广东省委书记吴南生题签、褚石编著，于1987年出版的《棋城外史》；

6. 原全国人大常委会副委员长习仲勋于 1989 年为石毅主编的《棋友》杂志题签刊名；

7. 原全国政协委员会副主席马文瑞于 1991 年为石毅主编的《棋海新友》杂志题签刊名；

8. 原南京军区副司令员郭化若为《北京象棋》《上海象棋》《鹿城棋苑》杂志题签刊名等。

二、作者自署题签的象棋谱

1. 曾任江苏省财政厅秘书长的潘定思自署题签于 1916 年（与谢侠逊合著）出版的《国耻纪念象棋新局》；

2. "百岁棋王"谢侠逊自署题签于 1934 年出版的《新编象棋谱》；

3. "百岁棋王"谢侠逊自署题签于 1950 年出版的《象棋新谱》；

4. 香港著名棋手李志海自署题签于 1951 年出版的《炮马争雄》和于 1952 年出版的（与杨官璘合编）《弈林秘笈》；

5.《象棋世界》杂志社长石毅于 1998 年自署题签《象棋世界》杂志刊名；

6. 国际象棋大师李中健自署题签于 2011 年（与李品纯合著）出版的《诗棋妙韵》等。

三、著名棋手题签的象棋谱

1. "百岁棋王"谢侠逊题签、屠景明编著，于 1950 年出版的《象棋集锦》；

2. "百岁棋王"谢侠逊题签、吴文英编著，于 1951 年出版的《象棋宝筏》；

3. "百岁棋王"谢侠逊题签、何顺安编著，于 1953 年出版的《弈径》；

4. "百岁棋王"谢侠逊题签、谢小然编著，于 1953 年出版的《象棋精编》；

5. 特级大师赵国荣题签、孔广锡编著，于 1994 年出版的《上涌杯过宫炮王棋王邀请赛专集（第一届）》；

6. 特级大师许银川题签、孔广锡编著，于 1995 年出版的《上涌杯过宫炮王棋王邀请赛专集（第二届）》；

7. 特级大师胡荣华题签、孔广锡编著，于 1996 年出版的《上涌杯过宫炮王棋王邀请赛专集（第三届）》；

8. 原中国棋院院长、围棋九段陈祖德题签、胡荣华著，于 1997 年出版的《胡荣华妙局精萃》；

9. "华南神龙"陈松顺题签、吕钦著，于 2002 年出版的《吕钦棋路》；

10. 特级大师吕钦题签、孔广锡编著，于 2005 年出版的《顺德棋王赛专集》等。

四、著名书法家题签的象棋谱

1. 马公愚题签、傅荣年著，于 1940 年出版的《象棋残局新谱》；

2. 黄维琚题签、吴文英著，于 1952 年出版的《象国秘辛》；

3. 张信题签、胡荣华著，于 1984 年出版的《反宫马专集》；

4. 任政题签、居荣鑫著，于 1986 年出版的《象棋中局与棋话》；

5. 李铎题签、柳玉栋著，于 1989 年出版的《中国象棋教科书》；

6. 石毅题签、白宏宽主编，于 2004 年出版的《百花齐放象棋谱》（第十九集）和石秋励主编，2013 年出版的新中国 60 年《棋坛功勋人物志》（第一辑）；

7. 苏适题签、许家威主编，于 2006 年出版的《银荔弈谱》；

8. 赵寿祺题签、言穆江著，于 2006 年出版的《狮岛棋风》；

9. 费仲光题签、言穆江著，于 2012 年出版的《象棋实战新得》；

10. 黄若舟为《上海象棋》杂志题签刊名；武中奇为《江苏棋艺》杂志题签刊名；启功为《棋友》杂志题签刊名等。

五、其他名家题签的象棋谱

1. 近代著名政治家、思想家梁启超题签、谢侠逊编辑，于 1927 年、1928 年出版的《象棋谱大全》初集、二集；

2. 民国藏书家、法律家、大律师董康题签、谢侠逊编辑，于 1929 年出版的《象棋谱大全》三集；

3. 袁世凯的次子袁寒云题签、胡士源编辑，于 1930 年出版的《橘中新趣》；

4. 现代历史学家、国学大师钱穆题签、贾题韬著，于 1941 年出版的《象棋指归》；

5. 香港《星岛日报》社长林霭民题签、董文渊主编，于 1950 年出版的《中国弈苑》；

6. 新加坡中华商会会长高德根题签、李志海编著，于 1953 年出版的《李志海南游象棋谱》；

7. 象棋大师黄少龙的叔父、业余高手黄国钟题签、徐骥、褚石编著，于 1980 年出版的《广州棋坛六十年史》；

8. 著名电影导演艺术家凌子风于 1987 年为《棋友》杂志题签刊名；

9. 亚洲象棋联合会永远名誉会长彭彪题签、林关浩著，于 2014 年出版的《南洋象棋战记》；

10. 前北京棋院院长宋汝棼题签、傅光明著，于 2016 年出版的《象棋往事》等。

综观名家题签的象棋谱，鉴赏品味，引人入胜。如梁启超的书法苍劲古朴，谢侠逊的书法端庄刚毅，陈松顺的书法飘逸通达，陈祖德的书法遒劲有力，石毅的书法洗练洒脱，简淡静穆，众书法大家的题签宛如行云流水，别具一格。总之，题签设计美观得体，棋书和谐，浑然天成，具有很高的艺术欣赏价值和收藏价值。

有诗为证：

名家题签象棋谱，
《国耻》《大全》皆名书。
《棋友》《人物》[1] 添墨宝，
鉴赏典藏似珍珠。

---

1 《人物》即新中国 60 年《棋坛功勋人物志》。

特别关注　勠力同心

1
上海大学工会：鼓励支持"棋学"研究、助力研究型大学的创建

上海大学是教育部与上海市人民政府共建的国家"211"高校。目前全校上下正协力同心，向着国际一流、特色鲜明的综合性研究型大学的目标奋进。

其中，创建一流学科、拥有一流的学者和师资、输出一流的学术研究成果、为社会提供一流的服务等，是学校工作的重点，也把它视为能否"达标"的一个"硬杠杠"和评价指标。

上海大学工会的各项工作，都在主动积极地对接和服从、服务于学校的总体发展战略，在学校的大棋局中寻找工会工作定位、以效益最大化为目标来满足所有教职工的要求。

为了丰富广大教职工的校园业余文化生活，推动教职工群众性文体活动的开展，促进和谐校园建设，上海大学工会大力倡导组建各类教职工文体社团并在校工会的指导下开展丰富多彩的活动。上海大学工会根据学校和工会工作的需要，制定了"文体协会管理办法"，对乒乓球、网球、象棋、摄影、茶艺、健身舞等19个教职工协会给予总体、宏观指导并给出了具体要求。工会同时也要求各协会既能够为广大教职工服务，同时结合自身的特点，在"研究型大学"的创建中寻找使命和担当。

近年来，上海大学象棋协会的工作"有声有色"，产生了全国性的影响，其中尤以棋道、棋文化的研究和"棋学"的创建而为全国同行侧目。协会负责人李建新教授的《棋道·微传播》的出版引发了方汉奇、胡荣华等专家的赞赏，《人民日报》《文汇报》、中国象棋大师网等进行了报道，彰显了我们在"棋学"这个"学科"建构中已经掌握了"先手"，如果"棋学"能够在我们

的努力之下得以"创建",它应该是一种"从无到有"的创造,其价值和意义不亚于建设一个"一流学科"。

《棋道·再传播》正是向着这个目标的继续努力,也是"棋学"创建之中的阶段性成果的集中展示,从内容、范围、深度、体系等方面看,本书较之《棋道·微传播》有了进一步的升变,学科和学术的味道浓烈,服务性指向性也更加明晰,"棋学"的轮廓特征开始显现,这是值得期待的研究成果。

上海大学工会大力支持教职工文体协会进行这样有益的探索和努力,让广大教职工的兴趣爱好得到充分的展示,从而进一步促进教职工间的交流与沟通,陶冶教职工的情操,增强教职工的身心健康,增进教职工的认同感、归属感,进而增强学校的凝聚力和向心力,做到健康生活,快乐工作,为学校建设和发展作出更大的努力。

如果其他文体协会也能够像象棋协会一样,在尽职本协会工作的同时,也能有"研究"成果出来并领先全国,那就更是我们上海大学工会所倡导并期待的理想结果。

故此,上海大学工会特别祝贺并全力支持《棋道·再传播》的出版。

2

中国新闻史学会新闻传播教育史研究委员会：全力支持"棋学"创建、拓展新闻传播教育的课堂

国家人文社会科学发展规划及战略的一个重点就是"人文社会科学要服务于社会"！也就是说，社会的需求，社会的需要，社会的关注，就是人文社会科学应该着眼、着力的地方。

据统计，当今中国象棋的人口超过 2 亿，如果再加上围棋、国际象棋、国际跳棋、五子棋等"涉棋"人口，会超过 4 亿。4 亿多人的需求和需要，既是一个大市场，也是一个大课题、大挑战。

2016 年 12 月，我会副会长，上海大学新闻传播学教授李建新应邀观摩全国最高等级的"碧桂园杯全国象棋冠军邀请赛"，并为所有参赛的 15 位全国冠军，特级大师进行了"非完胜、复何求"的专题讲座。这一为"万千人所羡慕和赞叹"的举动，昭示了新闻传播教育有了新的作为，新闻传播教育的课堂大大地向外延伸了。

在讲座的同一时刻，李建新教授探讨棋学、棋道、棋文化以及新媒体微传播的专著《棋道·微传播》首发出版，这部"近 20 年国内没有过的作品"不仅赢得了 15 位特级大师的高度称赞，也得到了第一时间看到专著的碧桂园比赛的组织者、观赛者、从全国各地赶来的棋友和媒体人的认可，很快，这本书第一版售罄，主流媒体和权威专家积极地向社会举荐。

近年来，李建新教授在新华社、《人民日报》、中国象棋大师网、广东象棋网等发表的有关棋学、棋文化的文章也为数以亿计的棋友们提供了"服务"，围绕"棋学"进行了有的放矢的研究，进行了最为基础且是核心内容

的研究，夯实了"棋学"创建的基础。

要知道，在棋道、棋文化这一为许多人所熟知的领域，有许许多多的人在进行着这方面的"研究"：包括专业的棋类工作者、媒体人、文化学者、体育专家、以及散布在社会所有领域的棋友、棋迷等，而李建新教授的成果能够在这一领域占有一席之地，这的的确确是新闻人的一种荣耀，是新闻传播教育工作者的一种荣耀，是我们中国新闻史学会新闻传播教育史研究委员会的一种荣耀。

借着《棋道·微传播》出版的东风，李建新教授再鼓勇气，不仅在棋道研究的道路上"执迷不悟""越走越远"，而且还提出了创建"棋学"的设想，并已经开始为之进行了卓有成效的工作。

这是人文社会科学"服务社会"的新境界、新探索、新使命。因此也有人戏称：李建新教授是新闻传播学科"租借"给棋界的专家！

《棋道·再传播》将会展示这方面的研究成果。我们将乐观其成！

李建新教授从 2008 年 10 月 24 日中国新闻史学会新闻传播教育史研究委员会创会之时，就担任学会副会长，为学会的创建和发展奉献了智慧，到现在可以说是四朝元老了。

中国新闻史学会新闻传播教育史研究委员会赞赏李建新教授在"棋学"创建方面的努力，希望他和他的团队能够在传承、创新中华文化方面高擎旗帜、独辟蹊径、阔步前进。也特别希望他借此为中国新闻传播教育寻找出拓展舞台的道路并把这个舞台拓展到社会和人民群众所需要的每一个角落。

中国新闻史学会新闻传播教育史研究委员会，是中国境内唯一一家专门研究中外新闻传播教育历史与现状的全国性学术团体，由单位和个人自愿结成，属于非营利性社会组织。它是中国新闻史学会下辖的第一个二级学会，正式成立于 2008 年 10 月 24 日。学会首任会长为吴廷俊教授，继任会长石长顺教授，现任会长为张昆教授。

学会以团结全国新闻传播教育史专家，推动新闻传播教育研究、促进新闻传播教育的发展为主要宗旨。目前，已吸纳团体会员六十多家、个人会员百余人，遍布中国主要的新闻传播院系。

学会自成立以来，一直特别重视集结对新闻传播教育有兴趣、有经验、有思考的各方同仁，通过专题研讨会的形式，就新闻传播教育领域的重大研究课题展开深入探讨，以切实推动中国新闻传播教育的变革与进步。研讨会一般每年召开一次，到目前为止，已经召开过七次全国性的学术会议。历次会议都注重做到三个结合：一是理论与实际相结合，注重依据各校的不同情况具体分析。二是理想与现实相结合，除了新闻传播教育本身，也对中国高等教育乃至中国教育整体进行追问深思。三是境内与境外相结合，除了国内情况，始终密切关注新闻传播教育较为发达的国家和地区的发展动态。

当前，学会的中心工作是编辑出版中国新闻传播教育年鉴。2015年，学会确定将集全体会员之力、共同编写中国新闻传播教育领域的第一本年鉴，对中国新闻传播教育的历史与现状进行系统梳理与深入研究。2016年10月，经全国新闻传播院系100多位教师共同努力，《中国新闻传播教育年鉴2016》正式出版。全书分为总论篇、平台与人物篇、成果与政策篇三大部分，共十二章，总计126万字。作为中国新闻传播教育年鉴系列里的第一本，它不只记录当年的新闻教育活动，还要"还历史欠账"。这本年鉴既梳理了中国新闻传播教育从创办到发展的历史，追述了已故著名教育家的新闻教育活动和新闻教育思想，对著名新闻院校的老院长进行了口述史研究；也记录了中国新闻传播教育的发展现状，力求全面、系统、客观地记述其发展中的新变化、新问题、新成就、新经验。《中国新闻传播教育年鉴2017》2017年8月正式出版。两本以新闻传播教育为主题的年鉴的出版，为中国新闻传播教育做了实实在在的事情，得到了社会、学界、特别是新闻传播教育界的高度好评。

3
《棋友》杂志社："棋学"应该成为一门"显学"

《棋友》是当今我国唯一的国际大 16 开本象棋期刊，1984 年 7 月 5 日创刊于沈阳。1989 年 1 月 24 日由老一辈无产阶级革命家习仲勋亲笔题写刊名，并审定了"发展象棋，以棋会友，开展海内外联谊活动，为促进实现祖国统一大业和经济振兴做贡献"的 36 字办刊宗旨，迄今已历时 30 余年。

《棋友》由中国名人书画院院长，著名书法篆刻家、诗词楹联家、棋艺理论家、社会活动家石毅任总编辑，众多的棋坛知名教授、学者、专家、大师任副总编辑、编委、专栏作者。辟有"对局评注""开中残局研究""排局创作""马路棋摊""海峡两岸""五洲弈林"等 60 多个栏目。发行遍及全国各省区市，乃至港澳台、东南亚、法国、意大利、英国、德国、美国等 20 多个国家和地区，深受海内外各界人士和广大象棋爱好者欢迎。

棋友杯全国象棋大奖赛，是经辽宁省体育运动委员会和国家体委运动四司批准，由《棋友》杂志社 1988 年在丹东创办的全国性群众业余象棋运动赛会，从中央到地方的各级新闻单位做了广泛报道，在全国产生重大影响，认为是创群众性全国象棋赛事的先河，弥补了国家和省、市体育部门的人力、财力不足，从而推动了象棋运动的发展，受到了国家体委主要领导的充分肯定。

棋友杯全国象棋大奖赛其后又在山西、湖北、吉林、山东、上海、福建、北京、天津等地相继举行。其间，党和国家领导人丁关根、李铁映，全国人大常委会副委员长、中国象棋协会名誉主席秦基伟，全国政协副主席杨成武、屈武、马文瑞、霍英东、王文元，老一辈无产阶级革命家宋任穷、何长工、江华、伍修权，国家体委主任李梦华、伍绍祖、袁伟民以及棋牌管理中心主任、中国棋院院长陈祖德、王汝南等均曾题辞、题字、来电、来信或亲自到会祝贺。新华通讯社、《人民日报》、中央电视台、《光明日报》、中央人民广播电台、《中国体育报》《中国青年报》等中央级新闻单位和所在省、市新闻媒体都曾做了广泛报道，并将棋友杯赛誉为通向省级棋队的阶梯、锻造特级大师的摇篮。从而大大鼓舞了广大象棋爱好者参加棋友杯赛的高昂热情，推动了象棋运动在我国的蓬勃发展。

李建新教授与《棋友》有缘，他因许多文章在《棋友》发表而受到石毅总编辑的"特别关注"。2014 至 2016 年，他应聘担任《棋友》杂志社上海记者站站长，2017 年再上层楼，担任《棋友》副总编辑。

他对棋的研究以及在棋文化方面的探索和取得的成绩，为助推象棋事业的发展做出了贡献。他自己坦言，"能够为 2 亿 2 千万的棋友服务是天底下最开心的事"，"如果'棋学'学科能够建立，我宁可当一个棋学的教授"。为此，近年来，他进行了"棋学"创建方面的实践，取得的业绩也得到了社会的认可。他的研究专著《棋道·微传播》出版之后，《人民日报》《文汇报》等主流媒体进行报道，广大棋友响应热烈，棋界高度支持等，彰显了他在这方面的实力和权威。

他提出了创建"棋学"的设想并有了论证的成果，是非常值得棋界和人文社会科学界重视的，"棋学"应该成为一门"显学"是核心的观点，对此，《棋友》杂志社高度认可和赞赏，希望能够有更多的研究者加入到"棋学"的创建中来，为中国象棋事业的发展，为民族文化的发展，为百姓的需求奉献智谋。

4

中青旅集团上海控股有限公司：以高度的文化自信支持"棋学创建"

习近平总书记在党的十九大报告中以"坚定文化自信，推动社会主义文化繁荣兴盛"为一个核心论题，论述了发展社会主义文化的有关问题，认为"文化是一个国家、一个民族的灵魂。文化兴国运兴，文化强民族强。没有高度的文化自信，没有文化的繁荣兴盛，就没有中华民族伟大复兴。要坚持中国特色社会主义文化发展道路，激发全民族文化创新创造活力，建设社会主义文化强国"。

象棋是带有典型特色的中国文化符号，而且它承载了太多的国学与传统文化，而且是有 2 亿多受众的一个深植人民群众心中的大的运动和智力项目。对这样泽惠百姓的项目，中青旅集团上海控股有限公司坚定不移的支持。

近年来，我们悉知上海大学新闻传播学教授李建新在棋道传播方面做了不少有益的探索，在棋文化方面多有文章发表，在"棋学"创建方面也迈出了实质性的步伐。

2016 年，李建新教授的文章获得了"碧桂园杯"第二届象棋征文比赛一等奖；2018 年，他的专著《棋道·微传播》获得了"碧桂园杯"优秀象棋文化传承评选"优秀象棋教材"，体现出了他在棋文化、棋学创建方面的优势。

中青旅集团上海控股有限公司对此非常欣赏和高度认可，认为这是传承、弘扬、光大中国优秀文化的脚踏实地的行动，包括《棋道·再传播》这部书的出版，都将会是载入史册的，是体现"文化自信""学术自信""创造自信"的"大手笔"，这样的创举对我们公司也有启发与借鉴作用，因此，我们大力支持。

中青旅集团上海控股有限公司 公司自 1992 年成立以来一直遵循稳健经营、积极稳妥的经营方针，非常注重公众形象和社会效益，近年来我司以房地产开发经营为基础，发展旅游业、酒店服务业、装潢建筑业和建筑材料以及设备贸易的经营策略，已先后组建了多个子公司，形成了多元化经营的格局，在业内取得了良好的业绩，具有优良的商业信誉。

公司正在兴建和已建成的主要房地产项目有上海淮海国际广场、泰德花苑、青之杰花园、青之旅酒店、苏州吴江静思园酒店、嘉定右岸嘉园小区、嘉定嘉豪大酒店、武汉汉口大饭店改扩建、海口财富中心大厦项目、庐山白云山庄项目、天汽科技发展大厦项目、山东泰安龙曦酒店等地产项目。其中上海淮海国际广场项目位于上海市徐汇区淮海中路 1045 号，近汾阳路口，主要包括一幢 37 层国际甲级智能化写字楼、一幢 14 层精品商务酒店、4 层商业裙房，占地面积 8400 平方米，总建筑面积约 8 万平方米。工程于 2004 年 1 月 18 日开工，已于 2006 年 4 月交付客户装修。项目地理位置优越，人文历史环境浓郁，项目定位和设计规划符合客户需求，市场租售前景非常看好。目前淮海国际广场已经吸引了许多国际跨国公司前来洽谈签约，其中不乏世界 500 强的著名企业，目前项目租赁签约率已超过 98%，已签约的包括美国 IPG 集团、资生堂、罗氏诊断、甫翰投资、奥雅纳工程咨询、巴固德格、日本航空等一批国际著名企业。

2015 年我司成功引进了战略合作伙伴"中国青旅实业发展有限公司"，是一个强强联合、互补性合作，新任总裁赵宗辉先生结合公司重资产、流动性差、流动慢、回报慢的特点，高瞻远瞩，提出了资产金融化，运营资本化的战略构想，向公司管理层明确阐述了无处不金融、无处不风控、无处不资本、无处不科技、无处不创收的五个无不的经营思路，要求公司管理层解放思想，与时俱进，进一步优化公司的组织架构，明确职责，制定科学合理、高效的工作制度与流程，充分利用集团的资金优势及金融手段，盘活现有资产，把物业公司智能化，提高含金量，大胆走向资本市场，将公司努力打造成一个有实力、有话语权、有尊严的公司，实现新的飞跃！

章亚南：精于布局、善于用兵

象棋决胜有两个主要的方面：首先是要会"布局"，能够针对最后的胜利而进行科学合理的谋划，其次是在有了好的谋划之后，还要善于用兵，组织力量把谋划好的事情靠坚强而有力的执行来保证战略的实施，直至夺取最后的胜利。

中青旅集团上海控股有限公司执行总裁章亚南就是这样一位熟稔象棋与兵战之韬略，在自己的行业屡屡走出"妙手"的"大师"。

"一带一路，旅游先行"

章亚南是中青旅集团上海控股有限公司的执行总裁，他于 2015 年 7 月加入中青旅集团上海控股有限公司并主持工作。虽已是"五十而知天命"的年纪，但眼前的章总依然年富力强，眉宇间透出一丝刚毅和稳重。

章亚南来到中青旅集团上海控股有限公司已有两年多的时间。他学过医，也进过部队，如今却选择了旅游业，这既是挑战也是机遇。目前，中国旅游业已进入大众旅游时代，旅游潜力正在逐步释放，旅游业还有很大的发展空间。随着全域旅游的不断推进，中国旅游业将逐步实现转型升级，不断提升自身综合实力。

"一带一路，旅游先行。互联互通，旅游先通。"据悉，国家旅游局新闻发言人曾表示，推动"一带"旅游向特色旅游转型，大力发展文化体验、探险旅游、商务旅游等旅游新业态；推动"一路"旅游向休闲度假升级，稳步推进邮轮母港、游艇码头和海洋主题公园建设。自"一带一路"倡议提出以来，如何积极配合，更好地推动旅游业的发展，已成为章亚南目前最为关注的话题之一。

自参与工作以来，章亚南便开始积极开展对外业务考察及拓展。2017 年，他来到新疆伊犁州和霍尔果斯口岸进行实地考察，并在霍尔果斯市成立了中青旅（霍尔果斯）投资发展有限公司，对中青旅未来在中国西部"一带一路"重要节点上的投资发展奠定了重要基础。今年是霍尔果斯市设市 3 周年，这里曾是古丝绸之路北道的重要驿站。如今，已成为丝绸之路经济带上的重要节点，这座年轻的边境城市正焕发出勃勃生机。

走在耕耘特色小镇的路上

你知道吗，在台州湾南岸，有一个特别的"小镇"。

它总规划面积 3.42 平方公里，建设面积 0.93 平方公里；它拥有太和山、腾云山、台州湾、椒江等自然山海资源和人文景观资源；它集聚了海正、海翔、九洲药业、新东港等 4 家著名医药企业。

　　它就是椒江绿色药都小镇，此前，浙江省公布了第三批特色小镇创建名单，绿色药都名列其中。这个创建于 2015 年的特色小镇，经过两年的精心培育，逐渐从规划迈向创建，接下来，它还将走向未来，成为椒江特色小镇建设的鲜活样板。

　　特色小镇的建设，不光是政府单方面的事情，也需要社会各界的集思广益。就在今年，章亚南应邀前往台州椒江，对该市预建设绿色药都小镇 PPP 项目进行了实地考察，并与该项目总负责人热烈交流 2 小时。围绕着小镇建设，他积极献计献策。药都小镇是以医药产业为核心的，这里将汇集数十家医药企业，其中不乏海正药业、海翔药业、九洲药业、新东港药业等上市药企。这些企业的总部基地、厂房、研发中心，都将在药都小镇里一一矗立起来。不过，要想把特色小镇做出生命力，做出活力，可不只是把企业聚集起来那么简单。据了解，"中药谷"、医药博物馆，还有企业园区、主题商街等，未来都将作为工业旅游的产品来吸引游客。在小镇生态建设上，将引入海绵城市理念，突出绿色循环主题。文旅活镇、生态美镇、社区乐镇，也属于规划之中。

　　2017 年，或许是章亚南在特色小镇的道路上，行走地最为频繁的一年。在 2017 年，由国家旅游局主办、浙江省旅游局协办的舟山国际海岛旅游大会上，他出席了大会，并在大会圆桌论坛上分享了旅游特色小镇和民宿酒店的经验。普陀山、朱家尖、桃花岛……除了这些众所周知的热门景点之外，今后，舟山还将全面提升普陀山景区，全力打造一批新兴景区景点。例如，加快沈家门渔港小镇、朱家尖禅意小镇、定海远洋渔业小镇等省级特色小镇的建设，推进嵊泗十里金滩小镇、岱山海岬小镇、集聚区冰雪小镇等市级旅游特色小镇的建设，重点打造嵊泗五龙，定海马岙、普陀东极、桃花、岱山东沙、岱东等省级旅游风情小镇和定海南洞省级慢生活休闲示范村。同年，章总还应邀会同集团公司领导前往浙江天台县，与天台县县长及各分管单位领导座谈关于天台县中心城区建设旅游特色小镇项目，该项目还牵涉到棚户区改造等。

点亮百年淮海路

　　宏伟壮观的大厦外观，45 层全玻璃幕墙塔楼，豪华气派的内部装修，专业贴心的物业管理……自 2006 年 6 月 28 日，淮海国际广场盛大揭幕以来，这幢国际 5A 品质甲级写字楼也在不知不觉间走过了十个年头。

中青旅集团上海控股有限公司是由中国青旅集团控股，中国青旅集团是团中央直属企业，拥有上市公司背景，在全国经营房地产、酒店管理、旅游和投资等相关产业。近年来，中青旅集团上海控股有限公司以房地产开发经营为基础，发展旅游业、酒店服务业、装潢建筑业和建筑材料以及设备贸易的经营策略，已先后组建了多个子公司，包括上海平安欣仑物业发展有限公司、中青旅集团庐山白云山庄有限公司、中青旅集团山东投资发展有限公司、上海嘉豪淮海商务酒店有限公司、上海淮海国际广场物业管理有限公司、上海右岸置业有限公司、中青旅（上海）能源化工有限公司、上海浦东国际文化产业投资控股有限公司，形成了多元化经营的格局。

目前，淮海国际广场已经引进了许多优质的公司进驻，其中不乏世界500强的著名企业，当前出租率已超过95%，租户包括美国 IPG 集团、汇加投资、奥雅纳工程咨询、巴固德格、日本航空、美国航空、光大证券等一批国际、国内著名企业。

就在去年，章亚南主抓稳定主业，规范公司治理，健全内控体系，提升管理，提高效率：对写字楼内的一批设施、设备进行管理维护；清除了过去入驻的所有娱乐业公司，维护了楼内品质，同时引进一批高端企业、跨国公司；加强保安巡逻；重新粉刷停车场；加强避难层的管理等，在维护大楼的安全上时刻敲响着警钟。

同时，章亚南还大力推进了公司信息化建设，领导并推进建立了公司对外信息窗口，领导并推进了公司整体信息化审批办公系统。针对公司情况，他制定成立了各职能共享服务中心的组织架构，实现控股公司及下属子公司的垂直管理，进一步提高工作效率，并有效降低了公司运营成本。

皓月当空，华灯初上。当这栋通体光明的淮海国际广场点亮了上海夜空的同时，也点亮了人们的期待。淮海路，在这条百年老街上，一个新的篇章就此开启。

5

肖福根：十年"车马"为"棋学"

　　长三角象棋联谊会主席肖福根的微信"艺名"——棋友情——上海肖福根。肖福根本人特别看重"棋友情"这三个字。在他看来，棋友是他最为珍视、珍惜的朋友，也是最为可亲、可敬的朋友，更是值得为他们服务，为他们寻找机会、快乐、健康的朋友——因为在与象棋结缘以来，肖福根与象棋、与棋友，有了深深的、大大的、浓浓的、了不断的"情"！

　　2008年新年的钟声响过之后，功成名就的肖福根开始涉足象棋。如果说此前他也参与、主办过一些象棋比赛而为大家所了解的话，那么这一次的涉足则是一种全身心、全天候、全情感的投入，是真真切切的"撸起袖子加油干"！

　　从2008年到现在，时间过去了10年，肖福根也用10年的"车马"功夫和成绩证明了自己，体现出了他在象棋领域的价值。

　　10年来，他每年都要组织5—6次大型的比赛，策划组织规模不等的中小型比赛10—15次，参加各种各样的象棋活动15次左右，到基层开展各种交流数十次。

　　其中，他策划组织的"上海·川沙业余棋王公开赛"有全国的影响力，"川沙争棋王"成为了全国棋迷津津乐道的话题；"上海·南汇新城镇杯"长三角地区象棋团体赛，成为了近年来沪、苏、浙、皖地区间高水平的团体对抗，也成为了该地区棋友们每年一次的特别期待；浦东新区的"群联杯"比赛，满足的数十万浦东棋迷的"精神和心理"上对棋的需求；而长三角地区的传统赛事，更是在他的全力组织、推动之下，"棋漫长三角"。

　　10年来，他的身影出现在"世界智力运动精英赛""碧桂园杯全国冠军邀请赛""全国业余棋王赛"等国内外顶级赛事的现场，广结棋缘，为象棋运动的普及、提高而不断的奔波，并为之付出了辛劳和许多钱财。

2012年，他与上海大学新闻传播学教授李建新"邂逅"。李建新教授也是一个象棋爱好者，有着创建"棋学"的想法。两人交流之后发现，肖的实践可以为"棋学"创建提供大量翔实的一线资料与素材，李的理论总结借助这些实践可以更精准，更深入棋的核心深处，也可以激发研究的灵感。于是，两人联手，"合演"了一出创建"棋学"的"双簧"——几年来，他们组织比赛与"棋道"研究、"棋学"创建相结合，走出了一条新颖独特的道路。2017年6月，川沙象棋公开赛与棋道、棋学学术研讨会同时举行，并正式论及的创设"棋学"的问题，昭示了他们在这个领域的"与众不同"。

目前，"棋学"的创建，已经进入了"深水区"和攻坚区，突破最艰难的瓶颈之后，一个崭新的学科，或许就会在不久的将来面世。

肖福根也意识到，策划、组织再多的比赛，如果象棋的地位没有一个大的、质的提升，"棋学"不能够像"音乐""美术"等"国粹"一样成为一个独立的学科，象棋的"饭"注定不会像其他学科一样好吃。

于是，肖福根经过了10年"车马"的实践、积累之后，希望在今后的工作中把策划、组织与"创建"结合起来，为象棋事业、象棋运动做更多的、更有意义的"留存"。

（附表，肖福根2017年象棋活动纪实表。他近年来每年的活动基本如此）

肖福根2017年参与的象棋赛事活动一览表

序号	日 期	活动名称、内容	参与方式	活动地址
1	2017.1.7—8	第六届"小丽杯"象棋公开赛	协办	马桥小学
2	2017.1.17	2017年春节团拜会	主办	川沙文化活动中心
3	2017.2.11	惠南群兴元宵节俱乐部比赛	主办	惠南古钟园
4	2017.2.12	浦东新区川沙群友俱乐部元宵联谊活动	主办	川沙文化活动中心
5	2017.3.11	浦东新区第七届"群联·川沙杯"象棋团体赛	主办	川沙文化活动中心
6	2017.4.15—16	"石泉杯"第九届长三角城市象棋团体赛	协办、裁判长	普陀区北海中学

（续表）

序号	日　　期	活动名称、内容	参与方式	活动地址
7	2017.4.20—21	上海浦东—浙江宁波象棋对口交流赛	应邀	宁波
8	2017.4.22	浦东新区合庆镇非公企业职工象棋赛	承办	合庆友谊村
9	2017.5.10—12	江苏"高港杯"第四届全国象棋青年大师赛	应邀观摩	高港
10	2017.5.12—13	天津南开大学黄少龙推广棋文化活动	应邀	南开大学
11	2017.5.14	上海市浦东新区第四届残疾人运动会	参与	宝山区长江路
12	2017.5.15	上海市宝山区第五届"联合杯"团体赛	嘉宾	大场镇
13	2017.5.30—6.3	福建省"石狮杯"象棋国际城市邀请赛	应邀观赛	石狮
14	2017.6.17—18	上海第四届"川沙杯"象棋国际公开赛	主办、执行主任	川沙文化活动中心
15	2017.7.8	全国业余棋王赛"精福杯"上海赛区川沙站	主办、执行主任	川沙文化活动中心
16	2017.7.13	上海市第九届残疾人运动会象棋赛	嘉宾	上海主题创意会馆
17	2017.7.29	第五届"上海·川沙杯"市区、局、行团体赛	主办、秘书长	川沙文化活动中心
18	2017.8.12	浦东新区第八届"群联·三林杯"象棋团体赛	承办、竞赛组主任	三林文化活动中心
19	2017.8.26—27	上海市浦东新区第六届运动会街镇团体赛	主办、仲裁	川沙文化活动中心
20	2017.9.22—24	第九届长三角城市象棋大联赛"淮阴杯"	主办、主任	淮阴体育场
21	2017.9.29—30	上海"临港·南汇新城杯"象棋公开赛	主办、执行主任	临港政府多功能厅
22	2017.10.14—15	上海市象棋锦标赛	委员	嘉定国金体育中心

（续表）

序号	日　期	活动名称、内容	参与方式	活动地址
23	2017.10.26—28	全国象棋之乡工作会议	应邀学习	苏州吴中区罗浮山庄
24	2017.10.29	浦东新区惠南镇"重阳杯"象棋赛	主任	惠南古钟园
25	2017.11.3—5	全国业余棋王赛江阴总决赛	应邀观摩	江阴周庄
26	2017.11.11—13	江苏昆山"周庄杯"全国象棋公开赛	应邀观摩	昆山周庄
27	2017.11.10	上海浦东新区"幸福惠南杯"象棋团体赛	仲裁	惠南
28	2017.12.1	中国棋院杭州分院全国业余棋王争霸赛	应邀、仲裁	杭州棋院
29	2017.12.8	广州"碧桂园杯"全国象棋冠军赛	应邀观摩	广州碧桂园
30	2017.12.20	上海市浦东新区"群联东明杯"象棋团体赛	主办	东明文化活动中心

6

海门市棋类协会

——创办县级棋类联赛，扎根基层弘扬棋道

著名象棋古谱《梅花泉》的作者落款：海门童圣公，是否江苏海门人氏尚待考证。海门古称东洲，滨江临海，地理位置独特，是清末状元张謇故里。海门民风淳朴，经济发达，享有"金三角上小浦东"的美誉。海门文化氛围浓郁，棋类活动丰富，由上海崇明、江苏启东、江苏海门三个县市区轮流主办的"江海杯"象棋比赛成功举办了二十多届。

海门市棋类协会成立于2010年，首届会长朱永炎，秘书长施伟峰。协会每年组织"状元杯""元宵杯""海天杯""麒麟红木杯"等棋类比赛。2016年协会进行换届，由施伟峰（象棋一级棋士）担任会长。海门棋协贯彻"以棋会友、弘扬棋道"的宗旨，承办了全国男子围甲、女子围甲江苏队主场比赛，邀请国家围棋队总教练俞斌九段、原江苏象棋队主教练季本涵大师等职业选手来海讲棋，营造良好的棋类活动氛围。建立海门棋协微信群和海门棋协微信公众号，每年组织"建新杯"象棋月赛、精英赛、总决赛和"乘鹰杯"长三角围棋城际赛，普及棋类活动，发展会员数量，扩大活动影响力。

海门棋协积极探索县市区级棋类联赛活动机制。2016年，棋协组织六支围棋队进行"首开紫郡杯"海门市首届围棋联赛。2017年，棋协组织八支象棋队进行"首开紫郡杯"海门市首届象棋联赛，采用双循环赛制，每个棋队承办一个专场比赛，每轮每队上场5名队员（包括1名少儿选手），共进行三个双循环42轮比赛。2017年还组织十六支围棋队进行海门市"紫宸江湾杯"围棋超级联赛，八支成年队和八支少年队分别进行双循环比赛。海门棋协响亮喊出"海围联，海象联，一起嗨起来！"的宣传口号，广泛联系和组织海门市内外棋类爱好者，开展棋类嘉年华活动，共享智力运动带来的友谊

和欢乐。

丰富多彩的棋类比赛促进了棋友间的交流，也带动了棋艺水平的提升。海门籍象棋选手王建中获 2017 年江苏省棋王赛亚军，吴进军荣膺南通棋王称号，海门市象棋队获南通市象棋团体赛冠军。海门与上海、南京等地的棋类交流互动活动日益频繁，请进来，走出去，扎根基层，服务棋友，弘扬棋道，培育英才，海门棋协任重道远，海门棋协的未来一定更加美好灿烂！

海门棋协及棋类活动的开展，不仅使得兼具智力、体育、文化等综合特质于一体的棋类运动，深植基层，广播民间，而且体现了基层群众的意愿和渴望开展这类活动的心声，同时，也为"棋学"的创建积累的丰富的素材。

海门市棋类协会响应和支持"棋学"的创建，也希望借此机会，进一步提升和传播我们的传统文化，以我们的努力工作为时代喝彩，为历史存证。

7

湖州棋类协会：乐见"棋学"入湖州

以棋类运动为核心内容的、世界性的"智力运动"，目前正在全世界展开。国际智力运动联盟组织的、世界性的比赛，每年都有，而且它的影响力越来越大。2016年2月26日，江苏淮安在中国大陆第一次主办了"世界智力运动精英赛"，在新的层面推动了智力运动在中国各地向广深发展。

湖州市委、市政府、市体育局等高度重视这一"新情况""新动态""新趋势"，顺应世界潮流，体察民意需求，全力支持棋类运动在湖州的开展。

湖州市棋类协会成立于2008年5月，成立以来，棋协作为湖州棋类活动的发起者和组织者，不仅组织市级的、每年固定的赛事和活动，还指导湖州下属的棋类协会，积极参与省级及周边地区的棋类活动和赛事。2010年湖州安吉县丰食溪中学被授予"全国中小学生棋类教学课题研究实验基地"，2012年湖州安吉被授予"全国象棋基地"，2015年被浙江省评选为先进社团。

湖州棋类协会每年组织的棋类赛事涵括了象棋、国际象棋、五子棋、国际跳棋，参赛交流地区涵括了周边省市，参赛运动员涵括了各个阶层和各个年龄段。棋类活动蓬勃发展，在全国甚至国际赛事中都颇有斩获，女子象棋大师万春、唐思楠、黄蕾蕾也成为湖州棋类运动的标志性人物。

棋类文化悠远流长，棋类运动已经普及到来社会各个层次，深植民间。

棋之美，美在静中之动态，于无声处听惊雷。以象棋为例，32个棋子，7个兵种，9纵10横，无不显示古代的战争文化。而作为中国古老文化继承者的我们，棋不仅是一个对弈交流的工具，更重要的是他已经成为我们生活中的一部分。

许多人都有这样的感受：通过对弈，不打不相识，经过一次手谈就可以结识到真心的朋友，成为人生一大快事。识辨人难，然而在棋中识辨人却是方便法门，棋品如人品，观其弈棋之风骨，可知其人品高下，而棋友之间无功利性，以娱乐与艺术为主，因此容易结成淡淡如水的君子之交，淡水人人不可少，故而棋友之间的友谊可以多年不渝。对弈的过程，跌宕起伏，许多时候是孤独绝望中的抗争，是错失时机的悔悟，是"骄兵必败""哀兵必胜"的战场谚语，是"临杀勿急""多算胜少算"的枰场心经。一次次弈斗增长着我们的才识与经验，一次次探索绚烂了我们心灵的花园。象棋之美，言语无法穷尽。

湖州棋协大力推进棋类运动走进校园，并把它与中华优秀文化的传承结合起来，以提高中小学生的智力水平，陶冶他们的情操为主要内容。比如，菱湖小学的象棋走廊，诸多经过棋的学习的、棋文化的领悟之后的一张张稚嫩的面孔，显示出了特别的容貌和智慧。棋类的学习不仅带给他们更多的思维开放性，还有抗挫折能力的提高，逻辑思维的严密，纵观全局的能力。相信象棋能不仅带给他们童年时代美好的回忆，还可以为他们的将来的发展提供不小的启发和帮助。

会下棋易，下好棋难。电脑科技发展到了今天，穷极各种演算的电脑，给人类智力发展提供了新的参考和机遇。一个优秀的棋手，一定是一个思维严谨，因势利导的高手。不管从大局观审棋，还是细节中着手，每一次的选择都可以拥有一个不一样的结局，同一个人很难下出一模一样的两盘棋。这让我们不得不赞叹棋海之辽阔。

棋带给我们的不仅仅是娱乐，更多的是一种人生的思考，当两人棋逢对手，在相互思维的碰撞中，不亚于两只军队互搏，针锋相对、只子必争，还是风平浪静、握手言和，很多时候只在一念之间。当人生出现选择，和棋局出现选择何其相似，没有审核全局，可能拿到的机会和优势都是暂时的；没有详细的计算，凭感觉的选择可能刚好进入对手的陷阱；没有一个良好的心态，可能在对弈中一输再输。

湖州棋协的领导把他们对棋的理解，把他们对棋魂的感悟"传授"给所有学棋的孩子们，通过棋的"教化"，使他们懂得如何做人，如何做事，如何在激烈的竞争中发挥自己的优势，靠智慧战胜对手。

我们让"棋学"进校园、入课堂，就是要让孩子们不仅会下棋，还要明白棋是一种文化，是中华民族传承了几千年，泽惠了我们几千年的优秀文化。

现如今，棋类活动，已经在湖州大地蔚然成风地展开，当我们在学校里看着一个个的幼苗在棋海中遨游，有笑声、有泪水，真的为孩子们通过棋而寻找到智慧与快乐而高兴；当我们组织夕阳红老年象棋赛、少儿象棋等级赛，环太湖城市象棋邀请赛，全国象棋棋王赛湖州赛区选拔赛等比赛的时候，我们真的感知到了湖州人民热爱棋类运动，喜欢智力运动，也善于把这项运动推广到深远，并使之成为湖州的"一道风景线"。

目前，以上海大学教授李建新为代表的"文化人士"提出了创建"棋学"的概念并进行了实践，社会反响相当热烈。其实，湖州棋协近年来的工作，也是在践行着"棋学"的实践，我们的许多做法也为"棋学"的创建者们提供了直接的、第一手的资料。

文化自信求发展，乐见"棋学"入湖州。

（朱电章：浙江省象棋协会副秘书长、长三角象棋联谊会副主席、湖州市棋类协会常务副主席兼秘书长、湖州市唯尔教育培训中心主任）

8
昆山市象棋协会

——高度认知象棋魔力，实践助力"棋学"创建

象棋是中华民族古老的文化遗产，具有广泛而深厚的群众基础。特别是1956 年象棋被正式列入全国性体育比赛项目以后，更有了前所未有的发展。江苏昆山紧邻上海，且两地的象棋交流颇多。能够"贴身紧随"上海这样一个国际化大都市的发展，是昆山人的机遇所在，也是昆山人的命运所在。

2017 年 11 月 11 至 13 日三天，"周庄杯"全国象棋公开赛在昆山周庄古镇举办，我们特邀了上海大学新闻传播学教授、博士生导师李建新前来。期间，比较系统地聆听了他关于创建"棋学"的想法和构思，深为这个新闻界"借给"棋界的"象棋理论家"的精神所折服，更是感慨于他的"理论自信""学术自信""创新自信"等。我们认为"棋学"的创建其实早应该完成，现在"启动"也是正当其时，所以我们特别期待也乐意以我们的丰富多样的象棋实践助力"棋学"的创建。

在昆山各界的支持和努力下，中断活动近二十年的昆山市象棋协会于2010 年 7 月重新注册成立，与中共十九大报告"满足人民过上美好生活的新期待，必须提供丰富的精神食粮"不谋而合。昆山市象棋协会于 2014 年末顺利进行换届，充实了协会领导层的力量，并做了明确的分工合作。在换届后的三年时间里，协会在昆山市体育局和体育总会的关心指导下，秉承"以棋会友，弘扬国粹文化，切磋棋艺，丰富市民生活"的宗旨，积极组织和指导全市各级各类的象棋活动，取得了一系列的新成果，呈现出一系列的新气象。2015 和 2016 年度蝉联昆山市体育先进单位，2016 年度成功创建 3A 级社会组织，2015 年起协会新增会员单位 20 家，光 2017 年度协会就发展了昆山市实验小学、昆山市新城域小学、昆山市巴城小学、昆山市陆家小学、昆

山市国际商务城花溪小学等为会员单位，使学校会员单位累计达到12家。并协助昆山市朝阳小学成功创建全国特色象棋学校，协助周庄小学和中华园小学成功创建江苏省省级特色象棋学校。

2017年，我协会承办的国家级赛事有：2017"周庄杯"全国象棋公开赛，2017年全国象棋甲级联赛江苏队昆山开发区主场，我们在认真做好2017年度象棋比赛工作的同时，重点突出抓好"周庄杯"的品牌赛事，确保全年工作有亮点。"周庄杯"汇聚了全国各省市20多位象棋专业选手和近百名业余高手，业余枭雄挑战象棋大师是本届"周庄杯"的靓丽看点，也填补了苏南及沿沪线无全国象棋公开赛的空白。在比赛期间，还安排了象棋大师进校园等系列活动，邀请了棋坛名宿嘉宾助阵，既宣传了水乡周庄，又扩大了社会影响面，受到了各级部门和广大棋迷的一致好评。

昆山市象棋协会与昆山本土最具知名度，最接地气的老牌商场——昆山商厦从2015年开始携手，每年定期在六一儿童节期间举办"玩转六一，老少对弈"象棋公益推广活动，邀请江苏棋院名家大师与小棋手进行1对20的车轮指导棋，还会邀请我市10位老冠军棋手与优秀小棋手进行互动对弈，着力培养小学生认真拼搏的象棋博弈精神。

2017年暑假，昆山市象棋协会再次携手城北街道办事处及长荣社区居委会开展象棋公益活动，聘请了上海胡荣华象棋学校的专职象棋教练授课。近百名青少年儿童接受了共12课时的免费启蒙培训，受到了街道、社区和家长们的欢迎和好评。让街道和社区的孩子们从不知道象棋到认识象棋、了解象棋并学会了下象棋，引导学生感受中华传统文化的博大精深，促进学生多元发展，快乐成长。

2017年7月，应马来西亚象棋总会的邀请，昆山市象棋协会组队走出国门，出发马来西亚。访问了吉隆坡象棋队，槟城胜记象棋社，并进行了友谊赛，增进了与马来西亚棋界的友谊，同时也提高了昆山象棋的知名度。

2017年，昆山市象棋协会协助昆山市体育局做好"昆山市第十一届运动会象棋比赛""2017年昆山市金秋杯象棋比赛""2017年昆山市小学生象棋比赛"等象棋赛事工作。另外昆山市象棋协会主办的象棋赛事活动还有：昆山象棋群第二季总决赛，昆山象棋群第十二届和第十三届群赛、昆山市第三届和第四届小学生象棋定级升级比赛、江苏象棋女队昆山集训等，确保昆山象棋爱好者能够月月有活动，季季有比赛，有力的促进了昆山象棋活动的发展。

昆山市象棋选手在 2017 年度的获奖情况大致如下：

1. 我市象棋选手赵纯代表苏州吴中区象棋二队参加了 2017 全国象棋之乡团体比赛获得团体冠军。

2. 2017 年苏州市小学生象棋比赛，小棋手李欣颖获一年级组女子冠军、丁晨风获三年级组男子冠军。

3. 我市小棋手贺子璐在 2017 年全国象棋业余棋王赛苏州分站赛上，蝉联女子儿童组冠军，在 2017 年全国象棋业余棋王赛江苏赛区荣获女子儿童组季军。

4. 2017 年全国象棋业余棋王赛苏州分站赛中，青年棋手郭根生和王征荣获公开组冠亚军，老棋手殷长关再次获得老年组亚军。

5. 昆山市中华园小学参加 2017 年苏州市特色象棋项目学校比赛，在总计 6 个组别获得 3 个组别第一，并荣获团体总分第一名。

6. 六龄童朱伊万在 2018 年江苏省"小太阳杯"儿童棋类比赛中荣获象棋少儿组冠军。

以上选手们获得的好成绩，既是个人努力奋斗的结果，同时也是我们昆山市象棋协会扎实工作取得的成果。

棋道社会　　学理经纶

1

《棋道与社会》之一：棋道与社会生存

> 繁锦盛世，棋运旺达。长三角象棋联谊会成立，是棋界新事，是棋友的福音。草拟"棋道与社会生存""棋理与艺术创造""棋规与自我约束""棋战与兵家智慧""棋友与天下一家"等五篇，冠之以《棋道与社会》，以为庆——题记。

象棋存之于世，它自然与社会的生存有某些关联。说棋之道就是社会生存之道可能有点偏大，但在某种程度上也可以这么认为。

每一个喜欢象棋的人都是出于自愿，没有人是被强迫的。正因为是一种无怨无悔的自我选择，所以喜欢象棋的人对象棋的热爱是执着的、是没有任何附加条件的，他们对象棋的投入也是心甘情愿的。

经常可以看到，棋迷利用一切时间打谱、不分上下班地习读棋书，在街头公园长时间地酣斗、通宵达旦地在网络上练手，有的棋迷甚至千里迢迢地拜高手、访名师，条件好的可以倾其所有为象棋"交学费"，有些赚了钱的棋友，通过赞助棋赛反哺社会，做与象棋有关的公益。对一些棋迷来讲，"学会下棋，不嫌饭迟"已经是一个初级阶段了，把终身托付给象棋的也大有人在。钟情一世、钟爱一世、忠诚一世、舍棋而无它，这可能就是热爱象棋的"棋道"。

这就让人联想到，任何人在社会生活中的谋生都不是一件容易的事。没有"棋道"的精神，要想生活乃至生存的好一点，是相当难以企及的一个奢望。

可惜的是，"棋道"在很大程度上没有成为我们这个社会诸多领域的普适之道。

不少从事某项职业的人并不是像棋友喜欢棋一样钟情于某一件事或某一项事业，没有对自己所从事的工作的由衷喜欢，他们在感情、用情、专注、专心、投入等方面必然会有"折扣"存在。殊不知,在当今任何行业都充满了高度的专业化竞争的情况下,一个全身心投入的人都不一定有取胜别人的把握,分心以后的结局自然不难想象。

就棋迷而言,他们对棋艺的追求完全是自觉自愿的,是一种超越了组织的自我管理,在没有任何外力或者纪律约束的情况下,他们总是心不旁骛地潜心在棋艺的世界里,也惟其如此,他们也才能够不断地前进、不断地提高、不断地实现对自我的超越。而在社会生活中,特别是在一些能够吃几口"皇粮"的单位,有些人的工作态度可能就不是那么自觉自愿,各种各样的约束可能也无法阻止他开小差,出工了以后,出力与否,出力大小如何,都有商榷之处,可以肯定的是,不会像棋迷之于棋艺的追求那般卖力。如是,工作的绩效自然也就会"开小差"。

再者,棋道依赖的是公开透明的法则,棋赛比的是硬实力。32 枚棋子清晰无误地摆在那里,行棋规则和违规的判罚与惩处等都清清楚楚,所以棋手比赛比的是在公开透明的情况下,在同一规则情况下的胜负,无论结局如何,双方都是认可的。与此形成对照的是,在当今的社会生活中,有许多本可以透明的不透明,暗箱操作成为了一些人不当获益的手段,规则不是等同地适用于相同的竞技者;潜规则盛行,靠硬实力不一定能够"赢下比赛",而各种各样的"和珅"得势,奴才受宠,阿谀奉承者获益,溜须拍马者如愿,等等。这些不一而足的为人所恨、为人所唾弃的行为的存在,是污染、侵蚀、毒害社会的恶性肿瘤,完全走向了公开透明、靠实力说话的"棋道"的反面。

人们看到了社会生活中如果背离了"棋道"的恶果,也就更能够体会到"棋道"在当今社会生存中的重要性。

悟道者当择其善者而从之,恶其不善者而鄙弃之。

中国象棋大师网　发布时间:2015-8-28

2

《棋道与社会》之二：棋理与艺术创造

凡事皆有其"理"，凡事应循其"理"。

贵就国粹之列的象棋，因为它兼具了哲学、思辨、兵争、竞技、娱乐、健身、联众等方面的元素而成为了大众的情人。正因为象棋的信徒众，自然它的"理"也就被诸多的热爱它的人们集集体智慧而更加深广、翔实、全面地理析和总结出来，成为了让万众接受、信服、践行的"理"。

棋理有很多，可以在大学或者研究所进行分门别类的专题研究。仅就对弈而言，棋理就是探求赢棋的道理，其中，把握好开局、中局、残局的每一个阶段，走好每一步，把每个棋子都协调调动起来，使它们的功效最大化是努力的方向和目标。在这个过程中，追求并实现艺术创造是一个必然的选择。

棋界有"精雕细刻一盘棋"之说。雕刻的过程就是艺术家对一件艺术品的加工过程！艺术创造就是深究棋理并把它用在实战上。为了取胜对方，你没有比对手更多的创造性的布局、创造性的运兵、创造性的谋篇与夺势，焉能胜之？棋手喜欢"飞刀"，其实"飞刀"就是一个由棋手独家打造的带有秘笈性质的"艺术品"。当然，"艺术品"特别是好的"艺术品"问世以后因为它的价值大而广为他人所仿制，那是另外一回事。

纵观象棋发展的历史，前人给我们留下的"艺术品"不计其数，不全面细究那些有代表性的"艺术品"，仅看其名称，如《橘中秘》《梅花谱》《适情雅趣》以及"七星聚会""四郎探母""燕子摆尾""马跳檀溪""仙人指路""双鹤亮翅"等等这些开、残、对局的名字，就会知道前人们在棋理棋外的"艺术思维与创造"，就可以感知道他们不仅仅是为了胜负、为了娱乐，他们对象棋倾注的心血和在象棋方面的再造，是一座又一座的艺术高峰。

遍观当今的棋界，不仅是职业棋手，代表省市等参加全国比赛的准职业棋手，棋协大师和一级棋士等有点名气的棋手，就连参加各种杯赛、大奖赛、邀请赛等比赛的业余选手，甚至是参加全国中小学生比赛的娃娃棋手，在比赛之前大多也是以创造性的精品意识来练"飞刀"，来准备每一盘棋、下每一盘棋，把一局棋当做一次艺术的创造，力求按"艺术"的规律办事，做到特点鲜明、独具匠心、谋划合理、精益求精，寻求以最经济的步数，以最精彩的杀法入局。其中的简洁、实用、佳构等，不也是一种艺术性的最直观的呈现吗？

有人直言，当今中国象棋的水平目前已经达到了一个很高的高度，再加上有各种象棋软件可以"借助"，国内一流棋手之间的水平与差距越来越不明显，因此在比赛中和棋的概率越来越大，取胜的几率越来越低。但 2015 年象甲联赛到目前为止出场 16 次，取得 11 胜 5 和战绩的王天一，缘何能够取得如此高的胜率？答案是在于他对象棋的艺术性的领悟，在于他每每在关键时刻能够使出置对手于死地的"飞刀"。没有匠心独具的艺术构思，没有创新求变的战术素养，没有不落窠臼的艺术思维，没有妙至玄密的深谋远虑，没有大气开阔的宏观把握等等，是难成其就的。"世事如棋局局新"，新字当头，可能就是胜利之门开启的重要而关键的一步。

人生如棋，需要的是精彩！芸芸众生如何才能走赢人生的棋局？不妨借助一下棋道的法则，信心满满地对人生进行一个美好的设计和并展开一次富有个性化色彩的艺术创造之旅！

中国象棋大师网　发布时间：2015-8-29

3

《棋道与社会》之三：棋规与自我约束

　　人类社会的发展离不开法则，象棋比赛要遵循相应的规则，这是铁律。

　　就象棋竞技层面看，伴随它成长、发展、完善起来的、保证它可以公平竞技的是棋规。因此，有不少甚至是绝大多数的棋迷，在下棋或者参加比赛的过程中都在主动的了解棋规，了解棋规中可以体现的棋手的权益，通过棋规比照对弈中可行的着法和禁止的招法等等。棋手以棋规为约束，在楚汉两岸进退有据，攻防有序，争棋而从规。

　　比较起来，社会上生活的自然人似乎也应该了解、执行一些相应的"规则"，要在"规则"允许的范围内生活，在法律与法规健全与完善的今天更应如此。但是，当今的老百姓有几个人去主动的了解法律、法规，有多少人主动的读解有关政策？又有多少人在知道了社会上生存的规则之后而主动的践行之？

　　在象棋这项颇接地气的运动中，棋规不仅是比赛的法则，也升华成了人们日常生活的圭臬，如人人都知道"观棋不语"的道理，知道"一着不慎、满盘皆输"的教训，知道"棋虽小道、品德最尊"的训诫，也晓得"摸子走子""落子无悔""超时判负"的棋规。在象棋之外，在一些适宜的其他场合，人们往往也用"观棋不语""落子无悔"等棋规作为一种生活的守则。

　　在所有的体育比赛中，象棋比赛的裁判可能是最省心、最好当的一种。无论大小的比赛，一个象棋比赛的裁判可以盯 5 到 6 个台子，有的可能更多，遇到一些争执，裁判经过处理也能够很快的消除纷争。这除了象棋的棋规定的明了，大多数棋手对棋规吃得透，对局过程中有儒雅之风、大将风度之外，棋手的自我约束也是一个重要的因素。

　　棋手的自我约束除了体现在比赛之中外，还体现在了他们对待与棋相关的一系列事情上，如告诉棋手比赛的时间、地点，他们会准时出现在赛场而不用三番五次的通知和召唤，比赛明确了要交的费用他们会在规定的时间交付而不会有半点的拖延，特殊情况下要办理的一些事情，如需要某些棋手购买保险等，他们也会按照要求认真办理。类似这样的做法还有很多。由此我很有感慨：假如我们的社会成员都像棋手那样以了解棋规、以自我约束的方式来遵守社会规则，以自我约束为主而不是靠外在的力量来管制，那该是一个多么邻人满意的境况？

为了提高比赛成绩，棋手除了要了解棋规、遵守棋规之外，大多数的棋手也在合理地"利用"棋规。半壁江山半攻守，半争胜负半悟道——在攻守与悟道的过程中棋手也认识到，利用棋规也是比赛的一部分，只要利用的有理有据，合情合理！下手方一般会利用棋规中变与不变的规则来实现自己的利益。在 2015 年前半年的一次比较高规格的比赛中，笔者目睹了一个业余棋手利用规则逼一个大师变招，大师如变，明显吃亏甚至可能输棋，如不变则双方作和。这样一个利用规则，逼和一个大师的场面，感慨之余，为业余棋手敢于向大师级别的棋手挑战而赞叹，更为他熟悉规则、在关键时刻能够利用规则而叫好。

还有一个对局：两个旗鼓相当的棋手在比赛，盘面胶着，在一方还有 10 多分钟的时候，另一方的时间却只剩下了不到 2 分钟。这时，多时的一方主动提和，双方最终以和局告终。按照比赛章程，也就是那个比赛的棋规，如果双方纠缠下去的话，那个时间不到 2 分钟的棋手输棋的概率是很大的，但多时方主动"提和"，他说"在棋赢不到的情况下，不想用时间赢棋"——虽然棋规规定是可以的。他的这一举动为看似无情公正的棋规进行了一次有情而温馨的注解！

有时候，赢得人的尊重比赢一两盘棋更有价值和意义！

中国象棋大师网　发布时间：2015-8-30

4

《棋道与社会》之四：棋战与兵家智慧

一位哲人说过：一部人类的历史，就是一部战争与杀戮的历史，和平是战争的"暂停"或者是"中场休息"。

纹枰上的隔河对战，明显地带有"战争"的意味。把从象棋的发明到现在的历史理解为延绵几千年的战争，是棋手间的战争，是智力的比拼，是兵战的沙盘路演是一点也不为过的。棋战接受、借鉴了兵战的智慧与谋略并在一定程度上光大了它，形成了对世界智力运动的贡献。

象棋十诀"不得贪胜、入界宜缓、攻彼顾我、弃子争先、舍小就大、逢危须弃、慎勿轻速、动须相应、彼强自保、势孤取和"等，明显是汲取了中国兵战的至高宝典《孙子兵法》的精髓；而在此基础上发展起来的"新十诀""持重勿贪、入界宜缓、相机而攻、扼要而据、弃子取势、舍小就大、动须相应、慎勿轻速、彼强自保、先势后地"等的最大特质就是把孙子的思想"象棋化""实战化"了，是历代棋界人士对兵战智慧的感悟和转化。

当代研究《孙子兵法》最权威的学者周培玉教授在其新著《穿越时空的孙子思想》一书中，把孙子的思想概括成了"立于不败的智慧工程"，并用穿越历史、勾兑现实的笔法，从"五事七计的决策思想""知己知彼的先胜思想""不战而胜的全胜思想""正合奇胜的融会思想""避实击虚的易胜思想""求势任势的倍增思想"等 6 个方面予以诠释和论证，把兵家的法则活脱脱地展现给了棋手，为丰富象棋的战略战术、指导棋手提高对棋战的高端谋略等起到了醍醐灌顶的作用。

兵战与棋战的最终目的是取得胜利。为了取得胜利，兵战思想认为"知胜有五：知可以战与不可以战者胜，识寡众之用者胜，上下同欲者胜，以虞待不虞者胜，将能而君不御者胜。此五者，知胜知道也。"而在具体的操持过程中应该秉持"先为不可胜，以待敌之可胜。不可胜在己，可胜在敌。故善战者，能为不可胜，不能使敌之可胜。故曰：胜可知而不可为。"

棋的最高境界不是冲突而是和谐，中国文化也是以和谐为最高宗旨的。棋战在经过对局者先与后、攻与守、弃与取、局部与整体等若干环节的比拼之后，能够"和为贵"，是双赢，是大家乐见的局面，这个"和"是双方都达到了一种高水平、高竞技之后的一种平衡，是双方激战而难分轩轾之后的"高度妥协"，并不是讲情面、搞交易、分赃式的"你好我好"。为了战时的"和"，棋手需要在平时的训练中付出非常大的努力，要把自己的功力提升至能够和对方提和的水平。"和"之"贵"大概也是倡导为了某种事业而全身心的投入和全力以赴的追求。

军事家孙子认为，兵战的最高标准是"立于不败"！这个标准和股神巴菲特的投资秘诀"第一是保住本金，第二是保住本金，第三还是保住本金"如出一辙。为了能够保住"本金"，可以选择的方略是"胜兵先胜而后求战，败兵先战而后求胜"，就是说，胜兵是确保有了胜利的把握、胜利的准备、胜利的资本、胜利的信心等之后才去战斗，而败兵则是在不考虑能否胜利的情况下去贸然地开战。特级大师刘殿中认为，比赛就是在完成一次又一次的"家庭作业"，"临时抱佛脚"是无助临场比赛的，体现的也是"胜兵先胜而后求战"的思想。

兵战中也讲不少"诡道"，采用离间、引诱、佯攻、佯败、暗袭等，这是"奇正"的认知，但棋战上基本扬弃了一些非"正"的着数，认为靠"小动作""盘外招"等取胜对方是不义之举，是为大多数棋手所鄙夷的。那种为了胜利或者获益而置正义、正道、正理、正行等不顾的人，纵是赢得比赛，也赢不了对手，更赢不了棋道。

这也算是棋道给社会、给世人的一个明示与警告。

中国象棋大师网　发布时间：2015-8-31

5

《棋道与社会》之五：棋友与天下一家

棋友是一个在大热天住进了空调房、在饥饿中来了个肉夹馍、吃饺子配上了山西醋、旅游时徜徉在西湖边的感觉的词汇。

棋友也许是天底下最好结交的一类，不论你的年龄、职业、贫富、尊卑、相貌，也不问你的姓氏、籍贯、入出等，只要在公园里、马路边、火车上或者在田间地头下上一盘棋且双方投缘，彼此就会成为棋友，没有附加条件。

千百年来，棋界一直秉持"天下棋友是一家"的理念。有人的地方就有江湖，有江湖的地方就有棋友，有棋友的地方就没有孤单、没有寂寞。

"棋友是一家"可能包括下面三层意思：

第一，棋友认为，普天之下就是棋友的家。所以，诸多棋友用尽平生努力、花尽所有积蓄来惠顾这个"家"、钟情这个"家"、投资这个"家"，在"自家的院子里"四处奔走，走到哪里都是主人的感觉。一副棋子、两双布鞋、三天的盘缠就是棋友所有的行囊，弹尽粮绝之际，肯定会有棋友来招待、帮忙或者赏赐。

早些年，在那个没有电脑、没有互联网、没有远程通信的年代，棋友为了找高手、会名家，四海为家，四处云游。一些棋坛高手为了确立江湖地位，南北约战、东西打擂、华山论剑、五峰煮酒。谢侠逊、周德裕、孟文轩等等前辈以他们的足迹诠释了"宇宙即是吾心、吾心即是宇宙"的"天下是家"的说辞。

第二，棋友要"天下一家亲"。有非专业棋手"司令"之谓的象棋活动家石毅先生于1988年首创"棋友杯"，此后又举办了二十多届，以棋会友把全国各地的棋友们联系在了一起，大家天南地北、不分昼夜地赶到棋友杯的举办地，既是为了展示自己的棋艺，同时也是为了棋友的相聚和棋友的叙旧；中国象棋大师网的杨书权，只是一个通过笔墨结缘，至今也只是通过话而还没有见面的"棋友"，但他为把象棋文化传播好，为把这个专业的网站办好的职业精神让我感动，对我的有求必应让我心暖；长三角象棋联谊会的掌门人、《棋友》杂志社副社长肖福根以及沪上的棋界名家尹钟佐、涂福强、邵福荣、蒋恕忠、李雪幼（小丽姐）、朱鹤洲、孙尔康、陈日旭、邵伟民、李祖齐、贾应山、季刚、葛宝成、钱松等，厚待棋友，不仅为棋友考虑，组织了像"川沙杯""小丽杯""同峰杯""联盟杯""共建杯"等棋友热捧的比赛，而且只要有外地棋友来沪，他们必尽地主之谊，颇有棋友自它方来，我很乐乎的亲善景象；早年在山西太原参加了一次比赛，结识了张致忠大师以及任建平、郭三喜、牛保明、白晋良、梁辉远、刘晋玉等棋友，虽然只是一次比赛的缘分，但这些棋友的表态是：只要有需要，尽管吩咐，一定随叫随到；近年来在与棋友们的交往以及在筹备长三角象棋联谊会的过程中我也再次真切地感受到了长三角地区棋友们之间的一份份真挚的情感和浓浓的情愫。棋友使这个世界变得温馨、亲切、快乐。

第三，棋友可以"创造"一个更大的家。象棋尊至国粹，与国学、艺术、哲学、军事、经济、文化、教育、统战、旅游、娱乐、服务、竞技等紧密的联系在了一起，使象棋世界的拓展，具有了质的内涵保证。棋界人士大多与笔墨结缘、与歌赋热络，于是棋友往往会延伸拓展成为笔友、书友、画友，还有的在更广的社会层面发展成为战友、学友、商友、股友、票友、驴友，自然，也有的发展成为了酒友、牌友等等。在某种程度上，棋友及其"衍生产品"涵盖了社会生活中的所有领域，使得棋友的元素在社会生活中无处不在，这就是棋友创造的更大的"家"。

石毅"司令"善歌赋、工书画、精金石、乐施舍，就是一个兼具了棋友、诗友、书友、画友、挚友等多种成分的典型代表。

长三角象棋联谊会的成立，实际上也是营造长三角地区为广大棋友服务的更大的"家"。

在当今，中国文化软实力的向外输出已经成为了国家战略，全世界400多家孔子学院的教学中已经有不少有关中国象棋的内容。它是我们的老祖宗聪明智慧的体现，也是中华民族对全世界的文化馈赠。棋友们没有理由不把它推广到全世界，让地球村、太阳部落、银河小镇乃至宇宙花园都成为棋友们的"宜居之家"。

中国象棋大师网　发布时间：2015-9-1

6

《棋道与社会》之六：棋运与家国荣辱

棋运联系着国运、关联着家运。相信每个稍有棋理常识的人都知道这个道理。

象棋的发明源于兵战以及对兵战的模拟、总结、提高和仿真。当对局双方是以国家的形式出现的时候，战争胜负的结果会给交战国双方未来的发展带来不一样的运气，当博弈的两军是以家庭出现的时候，交手成败的结果很可能对两个家庭的荣辱有具体而直接的影响。

看看当今象棋水平，再比照一下早前、更早前的象棋水平你会发现，基本不在一个档次了，原因就是社会发展了，家国强大了，科技、智慧以及支持象棋发展的物质条件、文化环境、社会氛围等均有了明显的提升。

如果国家处于动荡、贫困的状况，人们的生活水平每况愈下，相信像今天一样能够悠闲自得地下象棋的人会在为温饱而奔波，象棋或许就是少数几个衣食无忧者的玩具，是一种高端娱乐，群众性差，哪里还有众人划桨开大船的蓬勃发展呢？

想当年，象棋真的是沿街摆摊者居多，难上大雅之堂，现如今，棋手有尊严了，专业棋手可以有正式的国家编制，可以获得国家发的薪水，享受比较好的各种待遇和福利，虽然这是少数的一部分人，但也体现了国运兴盛了之后棋运的昌盛。想当年国内顶级棋手，包括谢侠逊、周德裕等名满天下的棋手，他们的生活也基本上不过是"自给自足"的。

随着国运的提升，象棋受到社会的重视、得到社会的支持也越来越多。下棋好的人被认为智商高，取得优异成绩的适龄青年，还可以直接上北大、清华这样的名校。这要感谢我们的时代，感谢国运的昌盛。

看到当今棋类的普及，青少年的培养和棋手研修的机会增多，你就真的会为因为我国国运之昌、棋运之隆而击节赞叹。

如今的青少年培训机构，基本普及到了区县，荷包鼓起来的老板会花数目不菲的钱为其孩子请高手授棋，弄得不仅是特级大师、大师等有名气的棋手成为了抢手货，就是一些在江湖上有比较好的成绩，混出点名气的棋手，也是一些人聘请的对象，据说费用"比上班强"。

再看看如今如火如荼的、遍及全国各地的、各种各样的象棋比赛，几乎贯穿于全年，职业、业余、区域性、系统性、行业性、各个年龄段等等类型的象棋比赛，乱花已经迷人眼了。而比赛的奖金，高的超过了百万之巨，奖励范围则是个人"前32"、团体"前8"，诱人的奖金吸引了更多的棋手来靠智力求生存、求发展，而对胜负已经淡然的诸多棋友，能够有棋下，能够以棋会友，能够享受对弈带给他们的快感，这样的大好局面也真的要感谢国运兴盛带来的棋运兴盛。

因为我们的国运兴盛了，我们的民族在世界上的地位提高了，我们的国粹自然也就得到了世界各国的认可、重视和欢迎。近年来，除了有世界性的象棋比赛之外，各大洲也有洲际的比赛，还有世界智力运动会的比赛、世界智力运动精英赛等，把中国象棋提升到了一个新高度。

伴随象棋运动对外传播的还有中华文化、中国人的思维方式和行为习惯、中国人的处世之道和办事准则、中国人的价值标准和是非原则等。在平等对话的过程中，以大家普遍接受并可以行之于世的方式"推广""营销"我们的标准与法则，这是棋运与家国荣辱的一个表现。

一个国家的强盛，不仅仅是看你在国际上的地位、你的坚船利炮、你的政治制度、你的经济总量、你的外汇储备等，还应该看你在世界上的话语权，以及你能否为世界制定游戏规则。

在这一点上，象棋做到了。在我们强大国运之下，象棋运动的生命力在世界范围爆发，世界上象棋比赛的规则，基本参考或者稍加改动中国规则。这就是话语权。

如果我们的其他行业也能够拥有这样的话语权，相信我们的国运会更让世人侧目。

中国象棋大师网　发布时间：2016-7-14

7

《棋道与社会》之七：棋品与人生修养

棋虽小道，品德最尊！

棋盘分楚汉，棋子三十二。较之社会其他行业，象棋是一种公开透明直接明了的"对话"。如果象棋运动或者象棋比赛都无法做到公开透明直接明了，那一定是棋手的棋品出了问题了，推而广之，就可能联想是我们的社会出了问题了，在这种情况下，需要检讨、提升修养的就不仅仅是棋手。

象棋是个胜负的世界，是个名利的世界，是个人人都希望踩着对手的肩膀往上爬而永远的把竞争对手踩在脚下的世界，是个冠军的荣誉至尊而其他所有的名次都不易被人记起的世界。

在这样一个世界里，如果没有一个好的品性与修养，很可能会导致寸步难行的尴尬局面出现，也可能因为个人的不干净而影响破坏整个棋界的祥和、稳定与健康发展。棋品问题有许多，举棋大者如下：

自恃为大：这样的棋手以不谦虚为特征，认为"老子天下第一"，时时以高手自居，赢棋之后自我吹嘘，输棋之后找各种理由，喜欢他人的恭维与夸赞；稍有点成绩就摆谱，要参加一个比赛，别人需对其"三请六唤"，"勉强"答应出战了，还要"谈点条件"，条件不好不参加比赛，俨然王者。

精于"算计"："算计"不是体现在棋路上，而是体现在盘外，体现在对待棋友方面。事事考虑自身的利益，人人为我我为我。棋事需要大家的共同努力与担当，不能只想金牌，不顾及其他。殊不知，只想要成绩而不为棋界奉献，老是希望别人搭台、自己做舞台的主角，天下难道真有这样的好事？从小的方面讲，善于"算计"的棋手，都把其他人视为"傻瓜"，视为是可以"算计"和"愚弄"的对象。到头来，"机关算尽太聪明，反误了卿卿性命"。

精于"算计"的另外一种体现是讨价还价。把棋、棋赛、棋文化等商品化，罔顾棋的高雅和纯洁，把棋变成了"摇钱树"。纹枰之上，一股一股的铜臭味。

阴险狡诈：为了比赛获益，会用尽各种招数。赛前放烟雾弹，对局时频使"盘外招"：走出好棋却不断的唉声叹气，捶胸顿足；时不时的看表，棋钟拍得震天响；不断的敲打棋子，弄出各种声响；如果遇到女棋手，会用特别的眼光紧盯对方，仿佛要吃掉对方一样；在允许抽烟的时候大口大口地吸烟并把烟吹到女棋手的脸上。曲解棋规和比赛规则为自己谋利益、给对手各种干扰，甚至从扰乱对手的生活等入手来影响竞争对手的比赛；当面恭维的话一大堆，背后诋毁的话数箩筐；一旦拥有一点点的权力便会利用到极致甚至还想方设法的"寻租"，进行利益交换；在棋界搞小团伙，利用象棋创造其他机会等；有的棋手利用棋赛为自己的企业、产品做广告，利用棋友的善良为其做事，而事后连句感谢的话都不会说。

坑蒙拐骗：几个人结伙游走于江湖，一个角落、一张棋盘、几个棋子、几个放风、几个忽悠、几个保护，就是一个引诱人上当、骗人钱财的疆场，成员们竭尽所能地猎捕善良的棋友，利用对手水平不高、不服输、经不起激将等心理，反复使诈，直至榨干棋友的口袋；下彩棋，赌注小的时候故意输给你，一旦赌注大了，必然会痛下杀手；几个人设局合伙蒙骗他人等。

趋炎附势：作为一个棋手，不敢赢自己的上级、不敢赢掌握自己命运的人，在观棋的时候，总是偏向于有权势的一方。人们往往会看到这样的情景：一个局长与一个普通人对弈，几乎是清一色的为局长支招：各种腔调的"局长""局长""局长"的声音充斥于世界。局长赢了，万众一心地开心叫好，好像局长的棋艺比胡荣华、杨官璘、柳大华、李来群、徐天红、吕钦、王天一等人还要高；一旦局长输了，有为局长惋惜的、有为局长承担责任的、有提出局长是"谦让，不信看下一盘"的观点的，有引经据典地拿出"好汉不赢头一盘""好汉不赢第二盘""好汉不赢第三盘"等观点的，有信誓旦旦地表述"亲眼看见局长今天开了整整一天的会，水平发挥不到1%"的，有说"老虎也有打盹的时候"的，有说局长是擅长"番棋"的等。如此等等不一而足，趋炎附势的奴才嘴脸一幅幅、一张张地活脱脱地现形，彰显了某些棋人精神世界的肮脏与龌龊。

信口雌黄："观棋不语"是下棋人的基本要求。可偏就有那么一些人，在别人下棋的时候，不停地"发表高见"，动情之时还广邀周围的人互动。因为谈的基本是别人或者半数以上的人不爱听的话，所以信口雌黄往往会发展为斗嘴、再升级为斗气、再发展为斗殴等。有的棋手，在对弈甚至比赛的时候，也是"口不闲"和"口无遮拦"，让对手忍无可忍，让裁判反复警告，棋手还以"与对手认识""与裁判是朋友"等托词寻求开脱。

象棋是社会存在之一种，棋手的品性修养当以符合社会的要求为圭臬，再兼顾到棋的特质。这是千百年来象棋运动能够发展传承到今天的一个主要原因。一个品性不好的人，既不会融入社会，也肯定难融入棋界。

棋如人生，需要全面兼修、需要堂堂正正的布局、需要较智、较力、较劲于公开透明的纹枰之上。

棋手对弈，需要的是棋胜、需要的是品胜，需要的是让对手无话可说的胜利。否则，任何一种能够让对手提出非议的胜利，都有胜之不武的嫌疑，都不是一个聪明的棋手所应该采取的取胜之道。

（本文系上海市新闻传播学高原学科项目："新媒体时代职业新闻人才培养机理探讨及新闻业务法则研究"的成果。）

中国象棋大师网　发布时间：2016-7-14

8

《棋道与社会》之八：棋赛与联通天下

社会是变化的社会、流动的社会，也是需要联通的社会。当今的互联网时代或者媒介化时代，全球性的联通必要而且成为了常态、行业系统的联通不仅意义重大，而且有决定行业盛衰的功效。其实，闭门造车在远古的时候就是行不通的。

棋赛的组织可以很好地达成联通天下的目标。

一方面，在棋的精神的感召下，四面八方的朋友在相同的时间相聚于相同的地点，把手话桑麻、寒暄忆往昔。除了满足他们交流棋艺的目的之外，更多的是给他们提供了相互联通的机会，好让相识不相识的朋友能够进行心灵的对话，用相互的问候、祝福、交流等给对方带来情感上的满足与快乐。这在社会变得越来越无情、越来越功利、越来越金钱化、越来越权力化、越来越世俗化的背景下显得尤为重要。

另一方面，棋赛就是一个联络中心，什么地方有棋赛，什么地方就会成为联络中心。

棋赛的组织者为棋友们提供比赛的环境、服务等，棋友们展示各自的棋艺。此外，棋友们的聚会，也是体现各个地方文化的聚会、习俗的聚会、地方土特产的聚会，很类似于似乎已经失传了的赶集或者庙会。大家互通有无，又相互借鉴，为社会的和谐与稳定提供了保证。试想，数量蔚为可观的棋友群体，没有一个个比赛的组织和凝聚，这些以棋为生或者各自为战的棋友们可能就没有了"组织"，没有了归属，就可能引发一些意想不到的社会问题。

保守的估计，每天会有至少10万以上的棋友奔波在"联通"的路上，他们关涉的人群至少乘以三，这是个不小的数字，这些并不富裕的棋友们不仅痴迷于棋道而给社会带来了稳定，也在以他们自己的力量在为航空、铁路、公路等交通运输、为酒店餐饮等第三产业做着贡献。

有时候，人们喜欢把棋运与国运联系起来。这样的宏观论题可以做很大的文章。聚焦起来看，棋运兴盛了，棋赛热络了，棋的凝聚力和组织力就增强了，能够为社会提供的服务就更多了。

1989年1月24日，时任全国人大常委会副委员长的习仲勋同志为《棋友》题写刊名，并帮助《棋友》制定了"发展象棋、以棋会友，开展海内外联谊活动，为促进实现祖国统一大业和经济振兴做贡献"的办刊方针。

通过研习习老的指导意见可以发现，"联通天下"是其非常重要的一个要旨。"开展海内外联谊活动"应该就是广泛性地、有效地联系海内外的棋友。当一个国家、一个民族、一个家庭足够强大了，有了足够的自信了，才有勇气广发英雄帖和邀请函。这也就暗示着或者倒逼着我们把应该做的事情做好，在提升我们的实力的基础上打开我们对外交流与合作的门。

棋界如此，社会当中的其他领域不也相同或者类似吗？

"为促进实现祖国统一大业和经济振兴做贡献"，是习老题词与办刊指示精神的另外一个重要的要旨。国家领导人从来是从国家的大政出发，从推动国家和社会的文明与进步来考虑与决策问题的。棋赛如果能够达成联通天下的愿景，自然是把多方诸侯召集到一起了，是大家在遵循普遍认知规律与法则的前提下"统一"在了一起。这样的统一，不也是具有很好的示范效应的吗？

再者，棋赛实现了联通天下的目的之后，就把整个天下盘活了，人流、物流、信息流、资金流等主导棋类、主导社会发展的诸多要素就基本齐备了，为"经济振兴做贡献"就是一个可以捉摸、可以感知的实实在在存在。

2016年7月9日至11日举办的"上海·川沙杯"象棋国际公开赛，开启了民间办赛的大门向国际敞开的尝试，大赛组委会"联通"了部分国外、海外的棋手，产生了非常好的影响和效果。

相信国外、海外棋手的到来，会进一步理解、感知象棋的博大精深，体会到它的魅力，同时，也会感同身受地体会到中国人的热情好客、当代中国人的精神风貌、会亲眼看到中国社会所发生的变化，会于实实在在的生活中认识到"中国的发展与强大是世界的机遇而不是危险"，可以消弭"中国威胁论"的杂音。

这些国外、境外运动员们会像友好使者一样，带着他们的幸福回去，在更广的范围"传播"中国，经由友好使者的途径，中国的"朋友圈"会不断扩大。

这样的收获，绝对是超越了象棋比赛本身的。

所以，棋赛，要联通天下。

（本文系上海市新闻传播学高原学科项目："新媒体时代职业新闻人才培养机理探讨及新闻业务法则研究"的成果。）

中国象棋大师网　发布时间：2016-7-17

9

《棋道与社会》之九：棋风与融合之道

当今社会对媒介的依赖和使用越来越强烈。而媒介自身的发展正在突破媒介之间的壁垒而走向融合。

媒介融合，最简单的定义是将原先属于不同类型的媒介结合在一起。美国马萨诸塞州理工大学教授Ｉ·浦尔认为，媒介融合就是指各种媒介呈现出多功能一体化的发展趋势，是指报刊、广播电视、互联网所依赖的技术越来越趋同，以信息技术为中介，以卫星、电缆、计算机技术等为传输手段，数字技术改变了获得数据、现象和语言三种基本信息的时间、空间及成本，各种信息在同一个平台上得到了整合，不同形式的媒介彼此之间的互换性与互联性得到了加强，媒介一体化的趋势日趋明显。

媒介融合，是包括一切媒介及其有关要素的结合、汇聚甚至融合，不仅包括媒介形态的融合，还包括媒介功能、传播手段、所有权、组织结构等要素的融合。媒介融合是一个不断发展的过程。

分析近几年媒体攻防的成败得失可以发现，在媒体竞争中取得优势的媒介大多是实施了媒介融合的战略并实实在在地做媒介融合文章的媒体。世界知名的媒介集团不说，单就国内媒介集团的领军代表来讲，大多数也已经在社会、市场、受众等的要求之下步入了"融合"的时代了。

媒介融合其实就是可以利用的资源最大限度地相互利用和高度整合，就是发挥综合的优势。

"融合"在媒体竞争中可以体现优势，在其他领域同样如此。如上海大学的教育中就有一个"拆墙"理论：即拆掉教师与学科之间的墙、拆掉学与教之间的墙、拆掉学科之间的墙、拆掉校内与校外的墙。拆墙之后做什么？其实就是走"融合"发展的道路——用更广的视野、更大的胸襟、更主动的态度去汲取诸多领域的养分，靠综合能力、综合实力的提升来实现教育的改革与发展。

近年来，棋界、当然包括象棋界，利用电脑软件的人越来越多，顶级高手、经常参加商业比赛的业余高手、也包括职业棋手，都在利用电脑备课和训练甚至比赛。其实这也可以视为是"融合"的一种体现。高科技可以给人提供帮助，我们为什么不去"融合"它呢？

也就是在电脑可以帮助人脑的时代，要成为一个优秀选手的道路似乎也只有一条了，那就是"融合之道"。

过去，以独家秘笈雄霸棋界的大有人在：什么"刘仙人""韦单提""李列炮""赵三兵""胡飞象"等等，这些人就是靠研究、吃准一个布局和套路而行走于江湖之上，并取得了不错的战绩。

现在，如果棋手欲以此法来展开象棋的旅程，肯定不会做得很好，不会走得很远。

王天一、孙勇征、赵鑫鑫、蒋川、郑惟桐等当今棋界的代表人物，都是"融合"性的代表人物，在他们的身上看不到明显的短板，他们在棋的方面"融合"了各种各样的优秀的开、中、残局，"融合"了先进的象棋理论，在棋外则"融合"当今社会的诸多社会科学、自然科学的理论，他们接受大学的教育，知识面较之前辈更加宽泛，"融合"了当代青年人敢于畅想、不喜欢循规蹈矩的特点，所以他们经常会走出一些让一般人感觉到"匪夷所思"的棋。在实战中要全面的时候，他们有胡荣华般的全面；要刚硬的时候，有柳大华式的刚硬；要绵密的时候，有李来群式的绵密；要快捷的时候，有吕钦般的快捷；要"维稳"的时候，有徐天红式的稳定。他们成功的实践告诉人们：要成为有作为的棋手，"融合之道"是正道。

细究王天一等人的棋艺风格之后也会发现，顶级高手经过了"融合"发展之后的面貌呈现是各不相同的，这就提醒我们，"融合"之后要形成自己的风格，形成自己独有的弈理与弈术，这个特质要与自己的性格、喜好、修养、人生观等结合起来，成为排他性的"注册商标"。那种呆滞的、机械的、教条的、不加选择的"融合"是不现实的，也是不会形成独门秘诀而体现战斗功力的。

因为借助外力的是人，消化各种秘笈的也是人，在比赛中驱动车马炮的还是人。

　　否则，人人都将变成"阿尔法狗"，象棋比赛在那个时候将失去任何意义。

　　（本文系上海市新闻传播学高原学科项目："新媒体时代职业新闻人才培养机理探讨及新闻业务法则研究"的成果。）

中国象棋大师网　发布时间：2016-7-19

10

《棋道与社会》之十：棋赋与烘云托月

象棋是一座高山，是一条大河；是一个健硕无比的壮汉，是一个娇媚万千的新娘；是吐鲁番的葡萄园，是黄果树的水帘洞；是胡荣华的旷世传奇，是石毅"棋友杯"的历史书写；是川沙古镇国际风云的际会，是吕梁山巅名家高手的谋篇；是许多人的生活，是部分人的一切……

正因为象棋有如此多的"精灵"在其间，所以它总是摇曳着人们的心旌，给棋内外的文人骚客提供了高吟浅唱的机会。

胜负是高潮之后的快慰，言和是讨价之余的妥协，运子是工于心计的玄妙，取势是大气磅礴的张阖……如此不一而足的象棋题材，怎么能够不触动艺术家甚至芸芸众生握笔的神经，使他们慨当以慷地为象棋而歌赋、为棋道作礼赞呢？

狂放、悲悯、大悟、溢情、观天、动地、演世、析人、自然、人文、伦理、责任、大小、高深、看淡、放纵……这些都有可能是缘棋而发的东西，为象棋注入了国粹的灵魂，毫不夸张的说，是"棋赋"之缘。

借棋而"赋"以成名，借棋而"赋"留下历史佳话的不胜枚举：

纪晓岚是象棋爱好者，他的借棋而"赋"是：

> 局中局外两沉吟，犹是人间胜负心。
> 哪似顽仙痴不省，春风蝴蝶睡乡深。

明太祖的孙子朱高炽经常和内侍们下棋，也附庸诗赋。一次，他出命题作文，让状元以棋为主题进行咏和。状元曾子启交出的答卷是：

> 两军对垒立双营，坐运神机决死生。
> 千里封疆驰铁马，一川波浪动金兵。

虞姬歌舞悲垓下，汉将旌旗逼楚城。

兴尽技穷征战罢，松荫花影满棋枰。

　　状元的诗没有离开棋，但意境和寓意已经远远地超越了棋的范畴，完全是借棋而"赋"的烘云托月，是诸多咏棋佳句中的一种，流传千古。

　　曾子启的诗激发了朱太子的灵感和诗兴，于是随和了一首：

二国争雄各用兵，摆成队伍定输赢。

马行曲路当先道，将守深宫戒远征。

乘险出车收败卒，隔河飞炮下重城。

等闲识得军情重，一着功成见太平。

　　"一着功成见太平"成为了棋手刻意追求的目标，也是苦练苦学的动力，"见太平"是主观的愿望，是棋手自己希望达成和把握的结果。不见得"和棋"就是太平，取胜对方，是自己希望的"太平"，征服对方，让对手心服口服，是高境界的"太平"。为了"一着"，往往会搭上一个棋手的一生。

　　陈毅元帅喜欢棋，他的借棋而"赋"是：

九牛一毫莫自夸，骄傲自满必翻车。

历览古今多少事，成由谦虚败由奢。

　　这首诗是由棋的触景生情或者是触景伤情而写的，是棋道，也是规劝世人的诤语良言。

　　棋手、文人、雅士、官员等之所以能够借棋而"赋"，挥写出诸多让人拍案叫绝的诗词来，大概离不开棋的强烈刺激：一旦入了"棋道"，便会被棋所包含的一切所俘获，心悦诚服地成为棋的追随者，一生不离不弃。

　　再者，棋的胜负由心血凝结而成。当经过绞尽脑汁的运筹和倾尽全力的谋算，带给人的是大悲大喜，甚至是超大悲与超大喜，这种情景之下，人的艺术细胞会被强烈的激活，在此基础上发出平常人不能够发出的声音，应该是情理之中的。

　　大的比赛，比如决定一个棋手命运的比赛，关键的对局，比如决定一个棋手能否夺取冠军的比赛，既是万人瞩目的博弈，也是冰火两重天的胜负。

弈者、观者、盼者、赏者、习者、赌者等，随着棋手的每一步棋的落下，他们的心都会上上下下地起伏，动辄几个小时，面对这样的场面，小心脏要换成大心脏才能够承受得起那种强烈的刺激。

剧烈的狂风骤雨之后，酣畅淋漓的大彻大悟或许随之而来，这正是佳句名篇孕育的最好时机。

数千年来，棋道给了棋友们精神的给养和生活的甘露，也在一定程度上为整个社会烘云托月，使得因为有了棋道、棋文化的社会体现出了不一般的特质。

棋道中之以小见大，渊渟岳峙、抽丝剥茧、双马饮泉、炮碾丹砂、丹凤朝阳、五子夺魁、渭滨垂钓、秦琼卖马、隔河救主、两仙传道、三战吕布、蚯蚓降龙、七星聚会、解甲归田、河清海晏、野马操田、四出祁山、狸猫捕鼠、白鹤亮翅、风云际会、五霸尊周等等，不仅成就了独特的棋文化并经过持续的开掘和发扬光大之后成为了我们的国粹，也成为了社会中许多领域、社会中许多人的行为圭臬和思维法则。我们经常可以在生活中发现棋道的影子，并很欣赏在生活中走出漂亮着法的强者。

棋赋与烘云托月，"赋"的是千秋过往，"托"的是美好未来！

借中国象棋大师网这块"风水宝地"，以"长三角象棋联谊会"的成立和"上海川沙杯象棋国际公开赛"的成功举办等为直接的诱因而创作的《棋道与社会》10篇，到此打住。

祈望专家、同仁和朋友们不吝赐教，渴望众人拾柴火焰高，在大家的继续努力之下，求棋道以更加广泛的纵深。

正是：

> 棋道社会万万千，烘云托月瀚无边。
> 十论全是门外语，臻善还赖众士贤。
> 楚汉不是指尖艺，胸广能容大世界。
> 胜人一筹非易事，成败功名淡如烟。

（本文系上海市新闻传播学高原学科项目："新媒体时代职业新闻人才培养机理探讨及新闻业务法则研究"的成果。）

中国象棋大师网　发布时间：2016-7-21

11

《棋道与社会》之十一：棋赛与"主办"经营

　　现在是一个离了钱万万不能的社会。因此，现在社会办棋赛，费用是决定性的因素。

　　2016年上海"南汇新城杯"华东六省一市城市象棋团体赛，给当下"主办"比赛的"定式"一个有力的"打脸"，使前来参赛和悉知本次比赛组织的棋友们无不拍手叫好。

　　首先，本次比赛在主办方力所能及的范围内邀请28个队参赛，把服务拓展到了极限，但"主办方"不收取任何报名费以及其他费用，而且，主办方还举行盛大的欢迎晚宴，为参赛代表等接风洗尘，免费为所有参赛人员、工作人员、媒体记者等提供比赛期间的午餐。不仅如此，凡是本次比赛的参与者，都会得到主办方赠送的价值不菲的纪念品一份。应该说，抛开比赛的成绩和名次，所有参赛者都是满意而归的。

　　据了解，本次比赛结束之后，总的经费情况是比赛的组织者将要自己承担比赛计划中可以使用费用额度之外的大约4万元左右的费用。而且这还不包括将近2个多月来筹备比赛期间所产生的费用。

　　比赛组织者"脑子进水了"？

　　"为了棋，我们出钱、出力，认了！"

　　"比赛从计划开始就想到了要贴钱，组织象棋比赛，我们已经贴了无数次的钱，为这样规模大的比赛贴点钱，不是很正常吗？"

　　这是主办方给出的回答。回答中透出了自豪！

　　这样的行为是在服务象棋，是在体察象棋界、体恤棋友们的情况下而为发展、推广、提高象棋做"正能量"的精彩表演。

遗憾的是，这样的"主办方"不是很多。

有一些象棋比赛的组织方，从计划组织比赛开始，就是想着法子"赚钱"。

近年来，一些人，包括所谓的"企业家"，他们办比赛是在消费象棋，消费传统文化，消费象棋大师和特级大师，是在消费象棋名人，是在牟利和损毁象棋。

也就是前不久举行的还算比较有名气、有影响的一个比赛，比赛的收费好几千，特殊的可能上万甚至更多，比赛的安排像是"旅行社"安排的一样，参加的人说，几乎每个环节都有主办方盈利的空间，比赛的整个过程充斥着浓浓的商业味。这样的比赛，就是借比赛敛财，借比赛搞利益交换，借比赛寻找商机。这不是发展象棋，而是在消费象棋，是将象棋推向一个万劫不复的可怕的"不归路"！

试想，你开了巨额收费的先河，别人就会效仿，你认钱不认棋地邀请棋手，别人也会效仿，你把一大堆商业项目移植在象棋比赛中，别人也会效仿，如此等等，象棋会成为商业活动，会成为"企业家""投资"的项目，它的文化性、群众性、娱乐性、服务性等如何体现呢？

企业家爱好象棋，为象棋运动的发展慷慨解囊，我们举手欢迎。但一些企业家以"商人式"的聪明而混迹棋界，靠消费老祖先留下的文化遗产而赚取绝大多数都不富裕的棋友的钱，把铜臭味带到棋界来，棋界人士是颇为不齿的。

在许多领域已经被以"官员""老板"等为代表的暴富阶层和有"原罪"的金钱所攻陷的情况下，请"爱好"象棋的"老板"们手下留情，不要打"经营"象棋的主意了。

不知从什么时候开始，学术界有了一些非常让人愤怒的做法，"版面费""枪手""加急费"等，一些期刊利用作者有"需求"的心理，明码标价的"叫卖"版面，比医生要红包的可恶度是有过之而无不及。作为一个学者，我当然无比坚决地抵制了这样的"叫卖"，抵制就是保护学术的纯洁和维护一个学者的尊严！

象棋的纯洁和尊严同样需要维护和尊重，因此我希望，棋界也应该有抵制等这样的义举，而且应该是大义凛然，铿锵有力！

中国象棋大师网　发布时间：2016-10-26

12

《棋道与社会》之十二：棋人与"九友"合体

　　石毅老被称为"业余棋界总司令"！"司令"应该是军中级别最高的首长，是旗帜和标志性的人物。

　　知道石毅老的人都知道，这个"红二代"统领的不止是"业余棋界"，其实是"九友"合体。

　　"九友"是石毅 1999 年七十岁生日时在丹东首创的提法。当时的横幅即为"石毅先生七十大寿九友会"。另外写了一个"酒"字、一个"久"字，宴会开始时把酒字盖在九字之上，成为"酒友会"；宴会结束时把久字盖在酒字之上，成为"久友会"，意思不言自明。

　　在石毅的人生履历中，以自己的所擅所长和自己在某些方面的成就，在九个领域拥有了许多朋友或者挚友，概括起来有：战友、棋友、诗友、书友、歌友、曲友、学友、政友、文友、编友、医友、企友、亲友……

　　友甚众、多领域、普天下。在诸多朋友罗列不过来的时候，石毅老取数字中最大的"9"为指代，概称"九友"。他的一生，有不少的精力来用心的"经营"和发展这些"九友"，并与"九友"一起，为事业谋力。

　　在石老纵横捭阖的诸多领域中，有几个领域是独善或者是拥有"领先"优势的，全国"九友"在其八十大寿时赠予他的金匾可以窥知一二：核心内容是：

　　九友之骄：如先生棋，不如先生办棋刊。如先生办棋刊，不如先生棋友杯赛连办二十番。如先生棋友杯赛连办二十番，不如先生书法功力到高端。如先生书法功力到高端，不如先生先烈父亲血洒瑞金铜钵山！

　　由是，我们可以知道，石毅老在棋、棋赛、书法方面的高端造诣和成就是可以载入史册的。

棋界的"司令"在如此众多的领域广泛涉猎，汲取养分，博得各方支持，是一条成功之道。这也昭示，一个棋手的成功，有太多太多的内容在棋外。

一个棋手要立足社会，要懂得社会生存的法则，要悉知社会的需求与禁忌，要能够融入社会。

同时，棋是社会"搏击"的"路演"，在一定程度上是人与人对弈、人与社会对弈、人与自然对弈的现实版。不懂得进退，不懂得攻守平衡，不懂得输赢的道理，是断难取得成就的。所谓"道法自然"的"道"，当然也包括了棋道。因此，"转益多师是汝师"不仅是言给学者的诤语，也是写给棋手的座右铭。

"九友"组成的是一个丰富多彩的世界，是现实社会的多维立体呈现。"九友"大军的力量不在于掌控一个领域或者行业，而在于把控导引社会的发展，始终保持自己立于时代潮头。

"九友"还是一种选择。在石毅老的"九友"中，没有以教师为代表的"师友"，是担心怕教不好而误人子弟，还是因为教师天然的有一种"好为人师"的情怀，喜欢给别人"辅导"，这与一个棋手的"低调""谦虚"是否有点不匹配？

"九友"中文化的元素比较多，没有以商人为代表的"商友"、或者"板友"。大概是因为棋道、棋人归属于文人范畴，讲究的是雅、淡、儒，与商人的唯利是图和一切以赚钱谋利为目的的商道有所不同。商业元素的介入有可能使棋人、棋道变味，所以对其不屑一顾。

推动棋类运动的发展，需要经济支持，但一旦具有国粹之雅谓的象棋等"为五斗米折腰"，失去自己"贵妇人"的身份，就很有可能遭受金钱的摆布和蹂躏。故此，"九友"的选择还是很"负责任"的。

"九友"中应该包括"难友"！"难友"不一定就是遭遇灾难或者磨难时的朋友，但一定是患难与共的朋友，能够为了共同的事业兄弟携手，共同赴汤蹈火的朋友。

"九友"中还应该包括"智友"，能够经常保持"头脑风暴"，进行事业发展的谋划，为未来的发展寻找坦途。

棋人，如果真的能够"九友"合体，那么棋人就会成为大写的有作为的棋人，棋运，也会随着诸多棋人的出现而变的万般亨通。

中国象棋大师网   发布时间：2016-10-31

13

《棋道与社会》之十三：棋艺与"野马操田"

存目，全文参见本书146至147页《象棋文化的个例挖掘》之二"野马操田"讲究艺与道的结合。

中国象棋大师网　发布时间：2017-4-20

《棋道与社会》之十四：棋技与"蚯蚓降龙"

存目，全文参见本书 148 至 149 页《象棋文化的个例挖掘》之三 "蚯蚓降龙" 阐释胆与战的关系。

中国象棋大师网　发布时间：2017-4-24

15

《棋道与社会》之十五：棋趣与"七星聚会"

存目，全文参见本书 149 至 150 页《象棋文化的个例挖掘》之四 "七星聚会" 勾勒文明交流的重要。

中国象棋大师网　发布时间：2017-4-26

16

《棋道与社会》之十六：棋修与千里独行

存目，全文参见本书150至152页《象棋文化的个例挖掘》之五"千里独行"昭示个人奋斗的价值。

中国象棋大师网　发布时间：2017-4-27

17

《棋道与社会》之十七：棋胜与秘笈套路

2017 年 5 月间，棋界关注的一个话题是"世界围棋等级分第一"的中国柯洁九段与 AlphaGo 的"人机大战"，结果是 0∶3，柯洁完败。

对于这样的结果，整个人类都"哭泣"了。

象棋、围棋、国际象棋、国际跳棋等棋类项目，双方展开对弈，一是为了求道、二是为了求胜，三是为了求友。消遣娱乐性只能算是对弈的"副产品"。

那么，棋胜的秘笈套路在哪里呢？

象棋运动发展到今天，已经不是《梅花谱》《橘中秘》《适情雅趣》《百变象棋谱》等的时代了，循规蹈矩在过去成不了大师，在今天更是难有作为。模仿照用过去成名棋手的方法来"依样画葫芦"，也不是具有好的实战效果的棋胜方法。

5 月 30 日，农历端午节。笔者给新闻学泰斗方汉奇教授打电话，有意无意地谈到了这个问题。方老认为，柯洁与 AlphaGo 的比赛，看似"人机大战"，实际上还是人与人的比拼，因为电脑也是人类发明，人类操控的。方老认为，AlphaGo 的可怕之处就是它的"信息库存"太多，人类棋库中的经典对局它都有，它见过的"世面"太多。比赛中的 AlphaGo"只需做选择"，即从"人类"的招法中选择最好的即可，如是，它的招法中没有软着、没有疑问手，更没有所谓的昏招、败招，所以它是可以"立于不败"的。和一个不会败的对手过招，最理想的结果也只能是求个不败而已。

如此看来，AlphaGo 的取胜之道，在于它的巨大的信息存储以及它在每一个过程中的正确选择。人类和上天所赐，都能够悉数接纳，而且还会机动应用，这算不算是一个棋胜的秘笈？

我曾经和一位特级大师聊天，他说他学棋的时候，老师让"背谱"，背各种各样的谱，当然，名家的谱是一定要背的。但这样的死记硬背，可能有机械之嫌。因为下棋的人都知道棋手是要背谱的，因此，在比赛的时候，高手就不会配合你走"谱招"，一旦"脱谱"了，"机械系"的学生就不会下棋了。

再者，人脑不是电脑，能够输入的有限，能够记住的更有限，而要在诸多的"数码"中做最优的选择，也是难度不小的。

由是可以给出的判断是：伴随着电脑等高科技的发展，棋手们过去曾经采用过的"磨炼""修造""秘笈"的方法，它的合理性还是存在的，但已经不是全部了。棋手们应该借助科技的力量来提高自己的棋艺水平，是新时期棋手"秘笈"的"梦工厂"！

相应的，棋手的头脑也应该尽可能的向电脑学习，效法电脑的特质与运行模式，并将这种模式无限靠近电脑。只有这样，人类才有可能拉近与电脑的距离，并寻找到伺机战而胜之的机会。

早年，国际象棋的顶级棋手，曾经和电脑更深的蓝进行过对局，是以失败告终的，围棋高手经过实战证明，也不是电脑的对手。象棋，会有例外吗？

在没有交手之前做出武断的结论可能会伤象棋的"自尊"，但许许多多的象棋高手已经臣服于电脑，在一些网站上，象棋高手已经无法对抗电脑的事实也证明，象棋高手与电脑如果进行人机大战，输得"不要太难看"，恐怕是目前比较"现实"的选择。

再者，几乎所有的人都认为，电脑是"没有情绪"的，是不会受各种外在因素影响的，也不会因为棋的好坏而产生"心理""情绪"的波动从而影响到"正常水平的发挥"。

前些年，韩国的李昌镐被人称为"石佛"，他的"心静如水"的心态在一定程度上转化为了他的棋艺水平，帮助他取得了非常好的成绩。在象棋比赛中，你你我我的许多人，都看中比赛的成绩，都在寻找克敌的"秘笈"，也就有了许许多多的"心理战"的"招法"，无论棋手大小、水平高低，都在尝试这样的秘笈。许多棋手在比赛中，就经常"遭遇"对手敲棋子、叹气、哼曲、肢体干扰等"盘外招"，在天天象棋的网络对弈中，明明是有时间限制的，有的对手还是连续的不停地给你发"阁下请神速些吧"等这样的文字，有时候还真的干扰了你的思维和情绪。

这样的"招法"用在"有情绪"的人身上奏效，用在"石佛"或者电脑上就不会显灵了，退一步讲，就算以这样的方法取胜，也有胜之不武之嫌。加之，有了电脑的"模子"，人人会在比赛的时候把自己调整到电脑般的状态，这样的"盘外招"自然也就失去的存在的价值。

能够认识到这样一个道理，是不是也算掌握了一个秘笈？

（以此文祝贺首届"文化—传播—棋道学术研讨会"暨 2017 年"上海川沙杯"象棋公开赛圆满成功）

中国象棋大师网　发布时间：2017-6-10

《棋道与社会》之十八：棋败与轻敌随手

古语云：行成于思毁于随！

一个"随"字，道出了成败的奥妙。

在棋战中，有许多棋是不经意间走出来的，基于想当然或者直观的感觉和判断而"随手"，有的时候是因为对盘面的认识过于乐观或者过于悲观，失去了对弈中的认真和一丝不苟。"随手"棋是毁掉一盘对局的"恶手"。

细究起来，"随手"其实是对对局的不负责任，是对自己、对对手、对棋赛的组织者和现场观棋的观众的不负责任。因为"随手"，连带的结果可能就是应付，草草而战，草草而败。寻求实战锻炼的对手会认为"随手"是对自己的一种敷衍，观众会认为是"看了一场假球"，对其他参加比赛的选手而言，他们会认为"随手"是一种"送分"行为，可能导致比赛的真实性会受到影响。

"随手"的毛病不改正，棋手的水平难以提高，如果"随手"事情发生在生活当中，"随手"别人的东西，是一种犯禁甚至是犯罪的行为，是应当坚决杜绝的。

棋赛中的"随手"与社会生活中的"随口""随意""随便"等属于一个类型，都是一种对自己、对社会、对别人不负责任的表现，都有不良后果产生，都应严加抵制。

如生活中的"随口"，在很多情况下导致误会、误解、误伤事情的发生，也会引发涉事人的猜忌，所谓"祸从口出"大概就是这一类。不仅如此，一个"满嘴跑火车"的人，人们对他的信任度会大大降低，对他的人品和个人信誉也会产生大大的怀疑。

如果"随口"发生在政府官员、社会知名人士身上，那它产生的后果就更为严重了。比如，政府官员的"随口"，老百姓会认为政府是在"忽悠"

他们，甚至是欺骗他们，从而影响政府在人民群众心目中的形象和地位。当下一些领导"随口"表态、"随口"承诺、"随口"定性，极不严肃，也不妥当，是政治素质低下和行为能力不足的体现，与棋手的"随手"一样，为最终的失败留下了隐患，埋下了伏笔。

"随意"用在"劝酒"方面，应该算是一个中性偏褒的词，因为他在"劝"别人喝酒的同时，还给了人自我做主的机会。在"酒场"之外，"随意"就不是那么的可褒了。因为"随意"是放大了的个人行为，很有可能与社会生活中的公约、守则、制度、纪律、道德、法律等相左，是"随意"不得的。

如中国公民在国外旅行时在公共场合"随意"的大声喧哗，在旅游景点"随意"的涂鸦，很"随意"的横穿马路等等，把中国人的脸丢到了国外；在国内，一些不良商贩"随意"的涨价，上班族、公务员等"随意"的迟到早退、名家大腕"随意"的"包"，"随意"的化公为私、执法人员"随意"的抓扣人等，把正常的秩序搞乱、把理性的逻辑打破，是文明社会"不文明"的表现，这种恶习的积累和发展，是社会这个棋局走向失败的祸乱之源。

"随便"不"随便"！如果一个人被冠以"随便"，那么这个人就是大家摒弃和远离的对象了。女人最怕别人说她"随便"，那是关乎自己的贞洁的大问题。有的时候，一方对另一方讲"你随便"的时候，在许多情况下是一种无奈的抉择——天要下雨，娘要嫁人，奈我何？

与"随"字"媾合"的还有"随时随地""随心所欲而不逾矩"。当我们认识到"随手"可以葬送一局棋，"随口""随意""随便"能够从诸多方面给我们带来负面影响的时候，我们就应该"随时随地"地警惕这些"随类事件"的发生，并"随时随地"地改正。

"随心所欲而不逾矩"是一种高度修炼之后的化境，需要为之而付出长时间的努力。不仅时间要长，而且要有恒心与定力。过程虽苦，但它的结果是香甜的，我们应该为了实现这个目标而有"随时"行动的准备。

（以此文祝贺首届"文化—传播—棋道学术研讨会"暨 2017 年"上海川沙杯"象棋公开赛圆满成功）

中国象棋大师网　发布时间：2017-6-10

19

《棋道与社会》之十九：棋权与政治映像

中国历来有尊官、敬官、求官、畏官等现象存在，个人奋斗为的是加官晋爵，只要官帽戴在头上，就可以享受俸禄，接受崇拜恭维，在钵满盆满之后，还能够光宗耀祖，历史留名，等等。

官场的历史，也可以视为是中国历史或者是中国社会发展史的一个独特版本，不仅玄妙而且深不可测。

正因为如此，"官学"就是许多人心目中的显学，官场秘笈就是一些人的圣经和行为宝典。

因为"官"是如此的重要与抢手，中国历史的发展中也就诞生了许许多多的官场文化、官场规则与潜规则等等，比如学而优则仕；官大一级压死人；当官不为民做主、不如回家卖红薯；伴君如伴虎、伴官如伴狗；厚黑学；君臣之道，等等。

在一个社会趋于灭亡的时候，一定是官场腐败、官民对立势不两立、大批的官员欲壑难填、禽兽不如的时候。

其实，这些问题，通过象棋也可以活灵活现地体现出来。象棋，通过棋局在人脑中感悟棋理棋道，人通过社会生活把这些棋理棋道与社会关联起来，映像到官场，再通过官场的检验与纠偏，又回馈到棋道中来，发展完善棋道，然后再不断地进行无休止的循环……官场上的红白黑道，其实就是棋道中的三种类型而已。

在官场讲究一个"混"字，但"混"的学问与门道太大，至今没有人能够给出正解。

在当今的棋坛，因为杰出的棋艺与高尚的棋德而获得官衔的大有人在，而且是以一种正常的"行棋方式"；因为棋高者能够服众，能够得到大家的认可，而大多数棋人从政，也基本离不开棋，他们所担当的官位在棋的领域，属知里知外的范围，因为业务熟悉，故是内行领导，领导与群众的共同语言多，沟通容易，在大多数情况下，领导与群众的诉求、愿景一致或者接近，这样就能够"上下同欲"，这是好的官场规则。即便棋高者到人大、政协等担任"三手代表"，也因为他们有实打实的业绩，甚至有过为国争光、为市争光、为区争光的彪炳战绩而为大家信服。这样的官，官出有据，官出有名，老百姓是认可的。

官者讲究政绩，要求绩效。为了实现这个目标，"一盘棋思想"很重要。

"一盘棋思想"首先要确立将帅的至尊地位，任何一枚棋子都要服从帅生死的需要，要有为将帅尽忠的思想和行动，这也是非常吻合中国传统的君臣思想的。即便是价值非常巨大的车，在需要舍车保帅的时候，车是一定要牺牲的；

"一盘棋思想"讲究整体与协同作战，单打独斗和散兵游勇是战胜不了对方的，分开了的五指，无法与攥紧了的拳头相抗衡，道理是一样的；

"一盘棋思想"要求"各兵种"相互支持，失去任何一方，它们自身的实力将会大大的受损，兵种之间不可托大，只有"岗位责任"，没有森严的等级，比如卧槽的马，炮在铁门栓的位置，兵卒逼近对方九宫、在多一士或者一象就可以改变对局结果的时候的士象等等，它们的价值不一定比"一车十子寒"的车的价值小，甚至更大。这样，将帅就不能偏心或者分等级、论感情、凭嗜好地对自己的"手下"有疏远。

官场的法则似乎也应该如此。但历史上出现了许许多多的明君与昏君。明君是"一盘棋思想"的践行者，昏君则肯定是反其道者。

"一盘棋思想"追求的是效率最大化。在对局中要力争走出"阿尔法狗"的精准，要三军用命，以最简单明了的招数在最短的步数中擒获对方。这里势必涉及全局和局部的关系。局部利益应该永远都服从全局利益。

有人说象棋是韩信发明的，是韩信把他带兵打仗时的种种心得与体会在狱中给狱卒讲解后，慢慢推演出来的。

也有的说，象棋是中原人根据《易经》演变而来，还有的说是根据印度等国的一些模拟战争的游戏发展而来。

但不管怎么说，象棋的兵战思想和兵战要素是非常丰富的。其中，《孙子兵法》等"理论基础"，是棋手克敌制胜的法宝。

细细想来，各种各样的兵战思想，在我们的政治生活中不是都可以找到它的对应"象棋套路"吗？

据说一些中外知名的政治家，都很推崇《孙子兵法》，有的还照方开药，刻意效法，这与象棋弈者研习《孙子兵法》殊途同归！

象棋有鲜明的政治映像！不仅如此，如果与许许多多的行业与职业比照关联起来研究分析，你会发现象棋都与这些"学科"有映像关系。象棋理论或者更高层级的"棋学"有放之四海而皆准的普适性。

因此有人说：象棋是社会上最好的、最综合、应用面最广深的教材！

（以此文祝贺首届"文化—传播—棋道学术研讨会"暨2017年"上海川沙杯"象棋公开赛圆满成功）

中国象棋大师网：发布时间：2017-6-11

20

《棋道与社会》之二十："棋学"与登堂入室

　　基于"棋道与社会"19篇的论述以及在这些论述基础上形成和凝聚的更多的学理支持和专家们的共识，应该有建立一门"棋学"的"理论自信"！

　　"国粹"一词包含有丰富的内容。就象棋而言，如果仅仅从它具有的游戏功能、竞技功能、娱乐功能、甚至博彩功能等方面来"考核认证"之后就赋予它"国粹"的"牌照"，无疑是对"国粹"的误读和曲解。

　　"国粹"应该具有"国"之等级的"大局观"和"实用性"，要能够成为国民普遍接受、喜欢并能够从中受教、收益，同时也能够为治国理政、国泰民安提供服务。

　　细究象棋的"肌体"上所禀赋的文化、精神等方面的内容你会发现，象棋的许许多多的法则、规则等是可以应用在生活之中且是具有正确的"指导性"的；由象棋及象棋对弈所衍生出来的诸多的警句、习语等，成为了人们的行为准则和圭臬。有关象棋的哲理和文化不胜枚举：如，"兵贵神速，抢先入局"；"弃子争先"；"宁失一马，不失一先"；"临杀勿急，稳中取胜"；"一招不慎，满盘皆输"；"炮勿轻发"；"臭棋乱飞象"；"无事不支士"；"将忌暴露"；"观棋不语真君子"；"举棋不悔大丈夫"；"胜败乃兵家常事"；"当局者迷，旁观者清"；"一招不慎，满盘皆输"；"卒坐宫心，老帅发昏"；"老将出马，一个顶俩"；"死子不急吃"；"棋优不顾家，好比睁眼瞎"；"当断不断，反受其乱"；"下棋最忌随手"如此等等，不一而足。从社会学的角度看，这些哲理名言在社会生活中的作用和指导性、启发性、规劝性等早已超出了象棋的范畴而成为了公民的一则精神选择。在老百姓看来，这些东西是"好东西"，特别的容易接受而且受用。

在"棋道与社会"的系列论述中，我们已经探究了象棋与社会的诸多关联及相互的作用，这些论述远不是全部，却已经看到了象棋的元素渗透到许多社会领域的事实，"国"之范围的要素具备，"国"之层面的需要具备，"国"之层面的普及推广有可能，国民之受其给养是不争的事实。这就隐隐约约地露出了象棋之为"国粹"之理由的"冰山一角"。

象棋的兵家思想的"路演"，"象棋是社会的稳定器"的论述，不啻是给治国者开出了执政良方；如果把"借棋道，新闻天地宽"推而广之到"借棋道、**天地宽"，其中的**可以做随意的替换，那么象棋的功效就更具有普适性了，就更是一种"万金油"，国之粹就不是一句空洞的口号。

然而平心而论，在"琴棋书画"四大艺术，四大"国粹"竞相绽蕊吐艳的情况下，象棋因为没有能够"登堂入室"，在高等学校里占有一席之地，在我们没有完全给出象棋是"国粹"的正解、细解的情况下，我们坚持认为象棋是"国粹"就只不过是自抒己怀。

琴棋书画四大艺术发展至今，出现了"流变"：音乐学院、美术学院等早已是高等学校的学科和专业"配置"，他们把"琴书画"揽入怀中，培养从最初学历开始一直到本科生、硕士生、博士生、博士后等学历学位的学生，有系统的培养计划、有招生计划、有师资有教材有费用保证等，而且它们也拥有了比较大的市场，社会认可度较高，它们的"国粹"称谓有理有据。

象棋呢？

尽管目前已有一些高校开设了象棋课，在进行有关的教学，但毕竟还没有"建制"，是边缘化的角色或者是基于某个领导喜好的"钟点工"，它的学科系统还没有完善起来，"官方"认可的学位培养模式还没有论证出来，正大光明的"象棋学院"还没有"户籍"，这就是象棋之为"国粹"的尴尬。

其实，在"琴棋书画"四大艺术中，他们的共同点是非常多的，比如：都是要动手的；都是先有技后有艺再有理；都是耕植于民间乐土上的为劳动人民喜欢的艺术；都是与老百姓的生活紧密相关的；都是可以老少咸宜、雅俗共赏的等等。

如此看来，比照音乐学院、美术学院的登堂入室，"象棋学院"大摇大摆地进入高等学校，在文化或者学术的层面赋予象棋以"学"的身份，建立"棋学"，让它登堂入室，不仅应该，而且可能。

关键是象棋中人能够给出"充分且必要"的理由。

　　一个没有文化的棋手，是不会取得好成绩的：前苏联棋手鲍特维尼克是世界冠军，又是一位科技博士；早期的世界冠军拉斯克，是德国的哲学家和数学家，曾在著名的剑桥大学、柏林大学担任教授；在英国，利维大师是爱丁堡大学的电脑教授；在荷兰，世界冠军尤伟是数学博士；在美国，赫斯蒂大师是一位大学教授；在中国，特级大师王天一、许银川、赵鑫鑫等都在名校就读过。如是，无论从象棋应该得到的"待遇"讲，还是从艺术本身的特质看，或是从全面提升国家的文化软实力的层面考虑，象棋进入高等学校，早日"登堂入室"，是所有象棋人应该努力争取并早日实现的"历史伟业"！

　　（以此文祝贺首届"文化—传播—棋道学术研讨会"暨2017年"上海川沙杯"象棋公开赛圆满成功）

中国象棋大师网　　发布时间：2017-6-11

专论新闻　广角全景

1
创设"棋学"的三点思考

近两年有关棋道、棋文化的研究特别的热,这是世盛棋盛的一个体现,也是发展传统文化的一个好兆头。

在日前举行的"文化·传播·棋道学术研讨会"上,我进行了创设"棋学"的主题演讲,认为是到了给"棋学"立名,并让其登堂入室的时候了。几点思考如下:

第一,理论自信。任何学科,都是经过实践、总结、思考,然后进行理论的构建而发展起来的。"棋学"作为一个"学科"的存在,是"事实",问题是对这样一个"事实",我们还没有予以关注和研究,还没有发现这个"存在",但这并不等于这个"存在"不"存在"。正像许多社会科学、应用科学,也包括自然科学中的许多原理、规律等是一种"存在",对其中的许许多多的"存在",人类尚没有发现它一样。

因此,对于"棋学"的存在,我们不仅要能够感知到它的存在,而且要有基于实践、积淀基础之上深度开掘的信念和勇气。这就是理论自信。近年来,我们围绕"棋道与社会"展开系列研究,已经公开发表的20篇"棋道与社会"的系列文章,以及《棋道·微传播》《象棋文化艺术之谜》等专著的出版,已经在学理上寻找到了"棋学"的一些本质要义,如果再把象棋等棋类发展的历史以史学的方式整理出来,并把这个历史糅合在中华文明发展的历史之中,棋史就会很丰满。

这样,围绕"棋学"的"理论""史"和"实践"等三个方面的要素都具备了。而这三个要素正是构建一门学科的基础和必要条件。

第二,补全"国粹"。"琴棋书画"四大艺术被称之为国粹。为什么会把这四者组合在一起,没有结论性的答案,但分析之后发现,它们有诸多的共性,比如:都是要而且是特别的讲究动手的;小众人群开展比较适宜;静心和意念在先；都是先有技后有艺再有理；都是耕植于民间乐土上的为劳动人民喜欢的艺术；都是与老百姓的生活紧密相关的；都是可以老少咸宜、雅俗共赏的等等。

因为有了这些"共性"，把它们"组合"在一起，无论是"捆绑销售"还是"融合发展"都具有了"团队"的力量，这也从一个侧面证明，"棋学"是与"琴学"（音乐）、"书画学"（美术）等是等量齐观的。

现实的问题是，"琴学"（音乐）、"书画学"（美术）等早已是完善的学科，而且已经进入了高等学校的课堂，有职业教育、专科、本科、硕士、博士、博士后等系列教育层次，国家对此比较重视也有投入，有相当一群人可以靠此发展和谋生。

比较之下，"棋学"目前还在"学科"的门外徘徊，在诸多的音乐学院、美术学院成为教育中的热学、许许多多的学生对它们趋之若鹜的背景之下，本是同根生的"棋学"没有"户籍"，显得很"落寞"。这应该是不太正常的一种情况，就文化而言，它是一种遗漏，就"国粹"而论，它是一种"阉割"，是非常不利于我们的文化的健康发展的。

因此，我们需要补全"棋学"，并借此补全"国粹"，使我们的"国粹"真正的具有它的意涵和价值，使得每一个艺术都具有并能够体现出巨大的文化张力，并助推中华文明的发展。

第三，服务社会。"国粹"不是信口而定的"存在"。它应该是一种优中选优的代表，应该在"国"的级别和"国"的层面具有普适性和崇尚价值。

通过对"琴棋书画"等"国粹"的分析，我认为它们共同体现出了以下几个方面的特征：

1. 为大多数人喜欢并泽惠他们；
2. 能够寓教于乐、寓教于艺；
3. 能够为统治阶级服务；
4. 民族性与唯一性的完美结合；
5. 深植民间、受众群体大。

据报道，目前中国的象棋人口是2亿，而且有着世界范围的影响力，在东南亚、越南、北美洲等地开展的尤甚。也就是说，象棋有巨大的市场，同样有巨大的社会需求。如果能够把象棋的大餐烹制好，以"棋学"作为招牌菜，以文化、国学、哲学、艺术、科学、兵战等作为调味品，那么它就可以满足许多人的胃口，就能够满足各种各样的人之对于社会、人生等迷惑问题求解的需求，就可以成为人们的教化而变成高大上的"学科"。

"棋学"应该与其他社会科学、人文艺术科学一样，能够为人们的生活提供有益健康的指导。古人发明象棋，并非仅仅为了娱乐游戏，主要是寓教于乐，启迪人的心灵，提高人的素质与思想修养，以棋为镜子，感悟人生哲理，有助于认识客观世界和认识自我，这是象棋的目的，也是象棋对人类的价值所在，是象棋对人类社会文明的重要贡献。

事实上，"棋学"存在中的许多宝典，已经成为了它服务社会，指导人们生活的"秘笈"，如"兵贵神速，抢先入局"；"弃子争先"；"临杀勿急，稳中取胜"；"一招不慎，满盘皆输"；"观棋不语真君子"；"举棋不悔大丈夫"；"胜败乃兵家常事"；"当局者迷，旁观者清"；"一招不慎，满盘皆输"；"下棋最忌随手"等等；这些司空见惯的东西，不仅朴实易懂，而且朗朗上口，很容易为各行各业的人所接受而不仅仅限于棋的圈子里。如是，"棋学"就具有了更大范围、更广层面的指导性和实用性。而且，它的"学理"所包含的内容，几乎囊括了中国传统文化的全部，这是一种非常了不起的"综合"，"综合"优势的凸显，正是当今社会融合发展所需要和可以依赖的。

2

象棋文化的个例挖掘

　　摘　要：传统艺术、包括象棋这样的国粹，需要从文化的角度来读解它所具有的文化内涵和所禀赋的普世价值，才有时代意义，才能够"匹配""国学与国粹"。在中国象棋的宝典中，有"四大名局"。从实战、竞技等方面看，这"四大名局"成为了所有爱好棋艺、希望提供棋艺水平的"必修课"。但对"四大名局"的读解如果仅仅停留在就棋论棋的阶段，我们很可能有愧前人。

　　本文从"野马操田"讲究艺与道的结合、"蚯蚓降龙"阐释胆与战的关系、"七星聚会"勾勒文明交流的重要、"千里独行"昭示个人奋斗的价值等四个方面梳理了"四大名局"，给出了它的文化读解，寻找到了棋道中丰富而多彩的文化元素，并延之以社会的诸多方面，助推了棋道、棋文化的深入弘扬。

　　关键词：象棋；四大名局；国学文化；传播

一、国粹的本质是文化

　　笔者认为，继承、发展、弘扬中国文化，要有对中国文化科学、理性的认识，包括选择具有代表性的元素进行深度探究和理析，其中，象棋是一个非常好的"文化元素"。

　　通过对"国粹"的分析，我认为"国粹"应该具有以下几个方面的特征：

　　1. 为大多数人喜欢并泽惠他们；

　　2. 能够寓教于乐、寓教于艺；

　　3. 能够为统治阶级服务；

4. 民族性与唯一性的完美结合。

"琴棋书画"被称为四大"国粹"。研究后认为它们的共同点是非常多的，比如：都是要动手的；都是先有技后有艺再有理；都是耕植于民间乐土上的为劳动人民喜欢的艺术；都是与老百姓的生活紧密相关的；都是可以老少咸宜、雅俗共赏的等等。

同时，它们的"境况"与"待遇"也是不同的：除了"棋"之外的三者，不仅称为了显学，而且还进入了高等学校的讲台，音乐学院、美术学院等已经是许多大学的通配，在学历教育中包括了本科、硕士、博士、博士后等层次，总体纳入了国家的教育规划之中。偏偏"棋"成为了一个"另类"。

为此，笔者认为，"棋学"也应该成为一门学科，也有它"登堂入室"的必要充分的理由。只要把这些必要充分的理由整理总结出来，就可以把象棋文化提高到一个高度，为发展我们的传统文化寻找到一片新的天空。

再从象棋的起源来看，象棋的前身是象戏，它承受《易经》文化而生。大家知道，我国古代文化的根是《易经》，它浓缩了宇宙和人类的哲理，是古代圣人留给我们的智慧之源。由于《易经》博大精深，凡人难以领悟，需要把它的精髓体现在一种普通的游戏中让广大民众体验感悟，这是象戏产生的文化背景。到南北朝时期，借由64卦象及《易经》的对立统一的原理，人们就创造了由64方格组成的棋盘，模拟64卦象，以两军黑白对弈的形式体现阴阳对立统一，并继承早期象戏的特点，发明了象棋。公元569年，北周武帝讲解"象经"，就是典型的划时代事件，后来象戏进一步演变成象棋，原理是一脉相传的，所以象棋来源于"易经"，象棋的本质是文化。研究象棋作为弘扬古代传统文化的一个方式，相比单纯比赛而言，社会地位提高了[1]。

既然象棋的本质属性是文化，我们就应该以文化的标准和要求，来读解象棋。

在中华民族灿烂文明的历史中，有许许多多璀璨夺目的文化与文明，"琴棋书画"是其中的一类，其中，棋道与棋文化是弥足珍贵、但许多时候又被我们所忽略了的文化，"象棋像海洋一样无边无际，深不可测。棋局中总有看不清的变化，猜不透的谜底，令人流连忘返，沉迷其中；而一旦拨开迷雾，想通一步妙棋得胜时，又满怀成就自豪感，乐在其中"[2]。

特级大师胡荣华认为：棋通万物，道行天下。由象棋引发出来的道理，放在社会任何一个领域都是可以的，都有醒世、教育、借鉴、活用的意义[3]。

要"引发",自然需要借助文化、借助传播、借助对棋道中所蕴含的文化的精深准确的读解。

新闻学泰斗方汉奇教授把棋文化与新闻传播原来勾连起来后认为:借棋道,新闻天地宽!象棋是中华民族的瑰宝,是国粹,是承载了文化、历史、军事、心理、体育、新闻、传播、社会等元素的、中华民族特有的"非物质文化遗产",理应关注和重视[4]。

以此,探讨理析象棋中的文化,不仅是对传统文化的传承,而且具有匹配国家文化发展战略,在更高层面寻找"棋外功夫"的意义和价值。

《七星聚会》《蚯蚓降龙》《野马操田》《千里独行》被称为中国古代象棋四大名局,在许多棋谱和文献中都有记载。是象棋文化的精粹和提高象棋实战水平的"宝典"。四大名局的名称就很有文化味道,如果循着文化的方向去读解这四大名局,竟然会有丰富的文化元素外溢出来,而且,这种文化,是济世的良药、社会的标杆、民族的财富。

二、"野马操田"讲究艺与道的结合

"志于道、据于德、依于仁、游与艺"是孔子的名言,也是一种人生修养与历练的标尺。从孔子的排序可以看出,道居首、德依次、仁接续、艺收后。按照这个逻辑,评判一个棋手,也应该依次"考核"其棋道、棋德、棋仁、棋艺。换句话说,一个真正的棋手是需要全面兼修的。

就"艺"的方面,棋手可以尝试"野马操田"。

这里的"野马操田"不是剖析经典对局,是一种"借用",与此关联的还可以联想到天马行空、马踏飞燕、老骥伏枥、万马奔腾。意思是一个棋手要有大气开合的心态与做法,能够像"野马操田"般纵横上下、连横左右,能够不拘泥于局部而借车走马、车马配合,能够三军用命合力擒王或者保帅。

"野马操田"是一种洒脱。一匹狂烈的野马脱缰于广袤的田野,无疑是寻找到了纵情驰骋的天地,它可以无所顾忌地飞奔,可以傲立苍穹而狂吼,可以环视周遭而择处,可以以己之好而食饮,等等。既然成为了野马,而且拥有了田野,就应该信马由缰,做最自由、最自我的自己。

一个棋手发展的瓶颈可能就是摆脱不了种种的掣肘而成为一匹"野马",比如循规蹈矩的研习棋谱、没有异议地听从老师(教练)的指导、按部就班地接受成长的过程、顶礼膜拜地信服名家等等。殊不知，以上的一些"师从"，其实是很多人的"必经之路"，走得固化了的时候，也许会成为一些人限制和封闭自己的死路——因为他们太过于相信书本和师傅，长期的依赖下去，逐渐丧失了自我本领的修炼，靠拿来主义与人博弈，焉有大的胜算？

再者，"野马操田"操的是荒野而不是马厩。俗话说，小院里跑不出千里马！"庭养冲天鹤，池潜纵壑鱼"是文人的一种低吟，是理想化社会的浓缩版。实际上，千里马、冲天鹤、纵壑鱼等，一定是要野化的，是一定要把它们的前途甚至是生死与它们自己的"功夫本领"关联起来的。有养尊处优、衣食无忧的日子，谁还会去玩命？

棋手走出马厩，在旷野中试蹄，在群奔中比快，在迷离中识途，在挑战命运的过程中寻找到生存之道，是正道，是正确的选择。

"野马操田"是一种自断后路。"置之死地而后生、置之亡地而后存"。野马就是没有任何给养和依靠，也不想要任何的给养和依靠的马，就是要靠自己的努力来练就自己"日行千里，夜走八百"的本领，靠着这样的本领期待"伯乐"到来的马。

披览棋坛众好汉，有成就、有建树者，大多是靠自己的打拼的。靠自己云走四方，遍会天下英雄，广纳百家之长而后练成自己的"金钟罩铁布衫"的。当今非专业棋界的"四驾马车"，常年奔波在外，"野马操田"，野马的特质越明显，取得的成就越优异。最终，有的成就了大师的伟业，有的披上了象甲的战袍，有的拥有了自己的象棋产业。反观许多在"马厩"中的求道者，虽然经过打拼并绞尽脑汁地学习，难以取得理想成绩的比例不在少数，就是一个值得思考的问题。

"野马操田"是一种特立独行。徐悲鸿笔下的每一匹马，都是一个特立独行者。没有这样的性格，也就没有了个性存在的马，也就没有了艺术的生命。象棋需要特立独行，需要新的思维、新的招法、新的套路等，这是象棋发展之需要，也是竞技比赛取胜的钥匙。

野化了的马，是特立独行的，是"不按套路出牌"的，你用套路逮不住它，它就可以活命，它就是最终的胜利者。

特立独行的棋手，是以自己的风格行棋的，是在"野化"过程中形成自己的"套路"而别人又难识其祥的。这样的棋手，除了让他的对手们感到不好对付之外，成绩会为他们的特立独行永远地"投保"！

三、"蚯蚓降龙"阐释胆与战的关系

蚯蚓与龙属于两个世界。无论是从能量、能力、体量还是从人们对它们的认知、情感抑或从它们在"江湖"上的"地位"看，都不具有可比性。退一步讲，如果给居于至尊地位的龙找一个相匹配或者最接近的 PK 对象，"蚯蚓"恐怕连前一万名都不会排的进。

然而，就是这对有着天壤之别的"风马牛""冤家"，硬生生地被想象力超级丰富的象棋人给进行了一次"拉郎配"的 PK 实验，让它们在纹枰上"兵分两阵"，各为其主展开一场厮杀。或许，"红娘"当初的"初心"是想看一场弱肉强食的游戏，或者是当蚯蚓失败之后，同情地给它唱一曲以卵击石、自不量力的挽歌。

然而"对弈"的结果却是满地眼镜——纤弱无力、全面下风、赛前就为人奏响哀乐、判了死刑的蚯蚓竟然战胜了枭雄桀骜、难有敌手的"龙"——这便是流传千年，深蕴象棋与文化魅力的经典棋局——蚯蚓降龙。

棋界的大老，或者说经过实战证明其水平超强者，雄霸一时，可以视为是一条条的"龙"，是可以在棋盘上肆意挥洒、呼风唤雨的"龙"，是雄踞于其他选手之上的"龙"。那么，对于诸多希望登上象棋顶峰的选手来说，要成功，必然要降服横亘在其面前的一条条巨龙。蚯蚓要出头，唯有降龙一条路！

蚯蚓要降龙，怎么办？提高棋技，提高对局的敏感与敏锐程度，提高对棋的理解，提高综合能力是唯一的途径。此外，根据自己的优劣和"龙"的短长制定合理的技战术，同时注意在"心理""环境""情感""虚实"等方面对"龙"进行"攻心战"，同时要把自己的长处和优势发挥到极致，打出组合拳，方可有胜算。

事实上，在棋界有不少的"蚯蚓"不甘心长期蛰伏于强龙之下，他们长期砥砺，苦练各种本领，寻找各种各样的实战机会以寻找自己的不足，模拟"龙"进行各种攻防"演练"，对各种战法都熟稔于胸，对各种盘面都掌握在手，直至练就"降龙十八掌"，能够在对战的时候降服"龙"为止。

西方棋界有一句谚语：那些成功的大师，在开始的时候都是一个初学者。初学者之小、之弱、之不堪一击，就好比是"蚯蚓"，但当他们成功之后，俨然就变成了生龙活虎的"龙"。如果"蚯蚓"没有"降龙"的心态与志向，就永远也无法改变它的"鱼饵"身份，也就只配永远地活在地下。

蚯蚓降龙是典型的以小博大，以小胜大。在当今社会各种"龙出头"，而百姓"蚯蚓"几无生路的情况下，"蚯蚓降龙"社会版的上演，就是一种历史的选择，时代的必然。

阿基米德说，给我一个支点，我可以撬动地球；老子说，不要小看一滴水的力量；蚂蚁说，我可以使千里大堤崩溃于瞬间；蚯蚓说，只要我愿意，任何龙都可以"降住"。

由此可见，任何看似"弱小"的一方，都有着改变胜负、改变一切的无比巨大的力量。蚯蚓降龙，并不仅仅、也不应该是发生在楚河汉界的故事！

四、"七星聚会"勾勒文明交流的重要

谚语云：人怕见面！这句话可以读解为只要"见了面"，事情就好商量，问题就好谈，感情就好交流，隔阂就好消除。见面就是"聚"，就是大家想办法走到一起，遇到一块，拢在一处，就是人们在零距离的情况下坦诚的交流、沟通或者谈判与放松。"聚"是完成人类情缘的诉求、也是满足人们本能的内心"渴望"。

所以在社会发展的宝典当中，有各种各样的"聚"，也有诸多"聚"的类型与方式，同时，它还衍生到了社会生活的其他方面而更加充分和放大地体现"聚"了"聚"的功效。纹枰有一"聚"，那便是瑰丽无比、魅力尽藏的"七星聚会"！

在象棋残局中，"七星聚会"被誉为"棋局之王"，亦名"七星同庆""七星拱斗""七星曜彩"，该棋局由红黑双方各七子组成，所以又有"七星""七星棋""江湖七星""大七星"等名称。

"七星聚会"的"画面"很美，局势的演变和红黑双方的攻守也很美，仿佛天造地设、鬼斧神工一般，在每一方都犯不得纤毫差错的情况下，双方激烈交锋，互设机关、密布玄机、连环争斗，其最后的、也是最为"公平"的结果是"言和"。

在"七星聚会"的残局中，双方的任何一个子，都是作用"平等"的作战主力，都是不可或缺的拒敌谋和的必要元素，缺少了任何一个，都将会改写胜负结局，其中任何一个棋子的"自恃为大"的"个人英雄主义"和脱离"团队"协同作战的"单边"行为，都是不可选择的、也是整个棋局所不能

够接受的，都是将会把己方带入万劫不复之境的"罪人"。

"七星聚会"另外一个精美绝伦的呈现是它在不断的考验"对局者"临危时刻的"观察力、联想力、判断力、决策力"，任何一方都要"因应"对方出招，而万不可"照谱走棋"，双方的契合和"默契"是最终达成"和约"的前提和关键。

仅此几点，我们就可以判定经典残局"七星聚会"的"史学价值"和"现实意义"。当今社会上的"聚"不在少数，但以"谋人""谋事""谋利"等居多，"谋仁""谋义""谋道"等偏少。在"聚"的过程中，能够体现"价值平等"的场面不多，倒是依照不同的"级别"来论"聚"的大小，排"星"的次序的比较常见。使本来可以大家为了一个共同目标的"聚"，成为了"炫官""炫富""炫爹""炫蜜"的"聚"。"聚"者可以不止"七星"，但光彩是各不一样的，这样的现象，是社会缺乏"棋道"的体现，是部分社会中人尚不及"棋人"的表现。

古谱"七星聚会"是"智力"的游戏，也是棋友们寻找乐趣、寻找沟通渠道的一种方式。说它有趣，是该局历经多少年的发展变化，但仍然难尽其变，难全其祥。它像一个迷宫一样，吸引着无数的人，也给无数的求解它的人带来了无限的开心。

在求解它的过程过程中，人们发现了许多道理，如，欲知其真正的变化，先要会把前面的"官招"走掉，这个过程是"脱帽"，经过若干对局发现，对任何棋局而言，"车怕低头将怕高"，教棋的老师也把这句话当做一种基本的要求来告诉他的学生，在双方你来我往之中，刀刀见血固然很直接很有效，但在很多时候，要学会移形换位，叶底藏花，要能够四两拨千斤等等。这是七星聚会"的"棋趣"。

有人说，象棋是模拟的战争，是模拟的人生。果如是，人们应当从象棋的棋道中找到赢得战争的"法则"，发现绚丽人生的"秘笈"。棋有"七星聚会"，人生也有许许多多的"聚会"。我想，人生的"聚会"不一定要达到"星级"，但"星级"的内涵和寓于其间的快乐因素应该是"一个也不能少"的。否则，这样的"聚会"，就是一场梁山好汉的饮酒盟誓和跪天"结拜"。

五、"千里独行"昭示个人奋斗的价值

棋文化的范畴和实用性非常广，它可以"广而大之地成为求艺之道、求

学之道、为官之道、为政之道……"[5]。在所有这些过程中，一个人的个人修行与奋斗是至关重要的。许多时候，需要"千里独行"！

残局古谱"千里独行""讲述"的是一个车如何在危如累卵的局势中，靠着自己"独行侠"的精神和勇猛，纵横于兵临城下的强敌之中，进为造杀、退为固防、横在牵制、纵则布网，硬是靠着一个车的威力，把对方四个卒一个马的汹汹攻势化解。在这个生死时速的过程中，需要车快进快退的速度，在最危险的地方及时出现的灵活机动，更需要车一柱擎天、孤胆英雄的作战本领。这是冷兵器时代个人英雄的真实写真：只要有侠气，便可千里行！

棋谚云：一车十子寒！在诸多棋子中，为何车的威力最大？为何车可以"千里独行"而其他子力不行？

客观地讲，车是象棋的发明者最伟大的"构思"之一，可以猜想和推理的是：发明者将诸多兵战要素进行了分析与研究，在分析与研究的基础上给各个棋子进行了职能的分工和能力的分配——这其中，车是最受宠的，它应该是诸多社会现实英雄们"修炼"结果的综合，是一个集天地精华为一体的"优合体"。发明者把车摆上纹枰，赋予了车"搅得周天寒彻"的能力。所以，对弈双方，都非常的看重并依赖车，在一局棋中，总是想尽一切办法委车以重要使命。

在对局中，每个棋手都想用好用活车，使车能够成为棋手的"代言"，都想把控每一次的对局，都想赢得比赛。路在哪里？路在"修炼"！"修炼"好自己对车的随心所欲的指挥、对局势洞若观火的审读，对最终赢棋的自信满满的韬略！

你只有把棋盘内外的功夫下足了，你只有懂得了借助天地万物的赐予并把这些赐予的魂灵"寄情"在棋中，你才能够把控比赛，完成这样一个过程，其实也就是在"履行""棋修"的手续。

当今社会的生存法则之中，许许多多的"手续"是一定要办的，哪怕任何一个看似无关紧要的"手续"没有办，事情就不会有预期的结果。这个道理，大家都懂得。所以在"修炼"的过程中来不得半点的马虎，也不应该留有死角，否则就可能给对手留下一个击败你的"阿喀琉斯之踵"。

旷代棋王胡荣华，有着极高的"棋资、棋质、棋智"，但胡荣华的成功并不是依靠了上列的三者，而是依靠了自己的"修炼"。在中国象棋的宝典中，胡荣华的"发明"最多，他几乎对每一个已经有了定论的"古谱"都进行了"修炼""翻新"，而且还"自创"了许多"秘笈"和"飞刀"，他用在

"棋修"方面的时间和他在"棋修"方面的各种投入都是他人无法比拟的，所以他能够统治棋坛20多年之久，开创了属于他自己的一个时代。

少林寺的和尚有一个"打山门"的传说：一个和尚想要下山，就要从寺庙里的一个一个的、由师傅把守的山门中"打出去"，要靠真功夫闯出一条下山的路，惟其如此，你才可以以少林弟子的名分下山；否则，出去的通道就只剩下了寺庙背后的"狗洞"，名分自然也就不配少林了。

人类的成功需要"修炼"，动物界的"生存法则"同样是"修炼"二字。一个励志的故事说：清晨，非洲草原上的羚羊从睡梦中醒来，它知道新的比赛又要开始了，对手仍然是跑得最快的狮子。要想活命，它就必须"修炼"在赛跑中胜过狮子的本领；另一方面，狮子的压力也不小，假如它跑不过最慢的羚羊，死亡的命运都是一样的。

强如狮子之强，弱似羚羊之弱，差别不可谓不大，然而在物竞天择的广阔天地之间，两者面临的源自求生欲望的压力却是等同的。可见在动物世界里，动物的对手说到底就是它自己，它要逃避死亡的追逐，必须要"修炼"自己的金刚不败之身，要尽可能地扩大自己的"防空识别区"。否则，它就很容易地成为他人的战利品，决无重赛的机会！

现实生活中，虽然许多事情都"互联"了，都有组织了，但作为每一个独立生存的个体，就像每一位棋手一样，要有独立的意识、有决意"千里独行"的勇气以及"千里独行"的能力。

"千里独行"追求的是海到尽头天是岸，山到高处我为峰的境界；寻找的是"高手练剑，一草一木皆为利器"的快意；打造的是"高标个性，自出机杼"的自我特质。

古来圣贤皆寂寞，唯有"修炼"成其名！社会中人可以借棋道"修炼"点与面的互连、虚与实的结合、行与思的互补、取与舍的权衡等等，并以此"修炼"人生的每一个阶段。

路漫漫其"修"远兮，生命的精彩在"修炼"！

（本文系上海市高校新闻传播高原学科建设项目"新媒体时代职业新闻人才培养机理探讨及新闻业务法则研究"成果之一）

The cultural interpretation of "The Four Famous Immortal Game"

LI JIANXIN　Shanghai university

Abstract: Traditional arts include Chinese chess which has the cultural connotation and the characteristics of universal values need to interpret it from the perspective of culture，Only in this way does it have the meaning of The Times and can "match" "Chinese Scholarship and quintessence". There are "The Four Famous Immortal Game" in Chinese chess. From the aspects of combat and competition，"the Four Famous Immortal Game" has become the "compulsory courses" for chess enthusiasts who want to improve the level of chess skill. But for "The Four Famous Immortal Game"，we are likely to be guilty if our work is more superficial than it otherwise would be.

This article mainly covers four aspects. First，the wild horses galloped in the field which stresses the combination of arts and Tao. Second，the weak overcame the strong which explains the relationship between courage and war. Third，heroes gathering which is important to outline the exchanges of civilizations. Fourth，one ChaRiot againsts three Pawns which Shows the importance of personal struggle.

This paper from four aspects of "The Four Famous Immortal Game" gives its cultural interpretation，looks for the rich and colorful cultural elements，and extend to many aspects of society，boost the Chinese chess，chess culture further carry forward.

Keywords：Chinese chess；The Four Famous Immortal Game；Chinese Scholarship culture；communication

1 黄少龙。象棋文化艺术之谜。太原：山西经济出版社，2012 年。第51—55 页。

2 黄少龙。象棋大师黄少龙论棋道。太原：山西出版集团、山西经济出版社，2014 年，第 5 页。

3 胡荣华。棋通万物　道行天下。中国象棋大师网：2016-12-11　19:11。

4 方汉奇。借棋道，新闻天地宽。中国象棋大师网：2016-12-11　19:00。

5 李建新。棋道·微传播。中国出版集团、世界图书出版公司。广州：2016 年，第 12 页。

3

棋道：新闻人值得效法的"借用法则"

《棋道·微传播》引发的话题

[摘　要] 借棋道，新闻天地宽。新闻学以及新闻业务的发展，在学科融合的大背景之下，需要"借用"，也可以"借用"。通过"借用"，不仅可以丰富拓展新闻学的理论，以新的视野认识新闻学、发展新闻学，也可以为新闻实务提供诸多实战效果明显的"法则"。这些"法则"既"对口"于新闻人，也有更大范围的普适性，可以有效地提高新闻关注社会、服务社会、导引社会发展的能力。

[关键词] 棋道；新闻；借用法则

一、"借"是补充、完善、升华、超越和突破

"棋道不仅仅是棋道，它还可以广而大之地成为求艺之道、求学之道、为官之道、为政之道、为商之道，还可以普世、普适地成为做人之道、生活之道、臻善至美之道，等等"；因此，关注"棋道"，实则是关注社会，通过"棋道"来"写风云、写世态、写法则、写应对"[1]，通过"棋道"来认识社会、剖析社会、洞悉社会的发展规律并加以有效引导。

在学科融合趋势日甚、而且融合效应日益明显的情况下，新闻学的发展要学会向其他学科"借"。"借"是一种补充、一种完善、一种升华、一种超越和一种突破。

在中国历史上，依靠"借"并取得成功的例子不胜枚举："好风凭借力，送我上青云""借得山东烟水寨，来买凤城春色"等是一种"借"；假途灭虢、借尸还魂、借刀杀人等是一种"借"；借古喻今是一种"借"；借腹怀胎是一

种"借";刘备借荆州是一种"借";借东风、借宝刀等是一种"借",孙子兵法中"道、天、地、将、法"等是兵家的"借";"人法地,地法天,天法道,道法自然"等是道家的"借";"三人行、必有我师"等是儒家的"借";深信因果,要"借因知果",因果报应相依等是佛家的"借";借船出海等是现代企业发展的一条宽敞路径;中国体育界的诸多项目中聘请了世界高水平的教练才有了在奥运会、亚运会等大型比赛中的争金夺银的骄人成绩,秘笈之一也是一个"借";借脑、借智、借法等是当今各个行业发展的通则!其实,回顾总结中国的改革开放,如果把这个过程比喻为一个"借"字,应该也是不为过的[2]。

新闻学的发展依赖于发现、思考并在思考基础之上的创造。这个已经成为显学的应用学科,其核心的定义"新闻"据说有 150 多种,说明它的"固化"和"定型"还有一段路要走。如何走好这段路?除了靠自己的努力之外,也应该学会利用其他的可以帮助我们走得很好、很快、很稳健的辅助工具,要善于"借助"。

棋道是一个充满玄密的"命题",它的意涵所涉,几乎可以涵盖人文社会科学甚至哲学、管理学、兵学等所有领域。棋道研究的深入与完善,越来越彰显它的博大精深,越来越体现它的价值和它给社会提供的许多给养,它对其他学科发展的外化意义。

在国学与国粹文化彰显的时候,有不少的人拿"棋道"说事,并进行了相关的研究。但"棋道"意欲何为,大多语焉不详。

笔者近期的研究认为:新闻是发现、思考之与人分享,发现是对客观世界的关注,思考是依据新闻价值的多寡而进行的比较、选择。在信息传播几乎没有死角的情况下,新闻的终端不应该是理论中的受众,而应该是"社会"。在新闻学的视角下,我认为"社会"应该是一个"文字和声像记录的世界"。

"棋道"是诸多"社会生存法则"之一,理清了"棋道",也就洞明了"社会",知晓了社会的需求,也就能够踏准社会发展的步点,自然,也就能够多一种认识理解新闻的视角,可以把新闻与社会的关联度再进一步的提高,可以用新的思维和手段来操持新闻。

二、借棋道、新闻天地宽

《棋道·微传播》的出版(世界图书出版广东有限公司,2016 年 11 月),

引起了棋界、新闻界乃至社会的关注，包括人民网、文汇报 APP、《棋友》杂志、中国象棋大师网等主流和专业核心媒体对之进行了推荐报道。

新闻学泰斗、中国人民大学荣誉一级教授方汉奇先生在披览书稿后第一反应是："借棋道，新闻天地宽"，方先生认为象棋是中华民族的瑰宝，是国粹，是承载了文化、历史、军事、心理、体育、新闻、传播、社会等元素的、中华民族特有的"非物质文化遗产"，理应关注和重视。因此，在"几年前我就和我的弟子们和学界同仁有约：不再进行为任何人的作品写序等文字工作了"，事实上，近年来为了应付各种场合的需要，"只动口不动手"的方先生，在得到《棋道·微传播》的作者"呈上书稿以求指导一二"的"将军"之后，认为《棋道·微传播》"带给我的阅读快感特别多，所以我很开心为这部著作的出版而破戒"。方先生的目的是"给国学助力、给新闻传播学的跨界努力鼓气，给一个富有开拓精神的学者应有的鼓励"，方先生所写序言的题目就是"借棋道、新闻天地宽"[3]。

在阅尽沧桑的方先生看来，新闻学的发展天地是广阔的，但囿于自身的范围，这个天地不可能拓展的太宽，需要"借力""借法""借道"。正因为如此，当他看到《棋道·微传播》的书稿之后，才会有拍案叫好的惊喜，才能够"破戒"而为新闻学的"借"而击节叫好和重笔夸赞。

中国象棋泰斗，特级大师胡荣华公开撰文肯定《棋道·微传播》的文字是"棋通万物 道行天下"，认为"棋与万物相通，得道可行天下"，作品中有"非同一般的道学、儒学、法学、文化、哲学等方面的特质，很享受他独特的发现与创造，很惬意他娴熟地操弄文字的技巧"[4]。胡荣华既肯定了新闻之对于棋道、棋文化传播的意义和价值，也反向说明，"棋道"之对于新闻的"帮助作用"，用特级大师徐天红的话来讲就是"布局新颖 着法精妙"[5]——新闻学研究或者新闻业务中能够有新颖的布局，有精妙的着法，有对赢棋过程的心领神会，新闻怎么能不既争胜又悟道呢？

三、看似聚焦"棋道"，实则关注社会

象棋作为国粹之一种，我想绝不会是它的游戏娱乐功能，而是它所承载的蕴含的教化功能以及这种功能对芸芸众生的指导。由象棋引发出来的"棋道"，放在社会任何一个领域都是可以的，都有醒世、教育、借鉴、活用的意义[6]。

近年来，在国运盛的背景之下，各类棋类运动在大江南北开展，可谓是云蒸霞蔚，方兴未艾。在棋讯报道之中，一些以文化为出发点和考量的报道，昭示的是新闻关联、关注棋道，可以给社会提供满满的正能量。

发展与稳定是社会的重要组成部分。一篇报道象棋的文章"象棋是社会的稳定器"就借助象棋所具有的特质而把关注的视野放在了社会：众多的象棋爱好者痴迷于象棋的时候，他们必然会研习、了解、遵循象棋之道，就是在中国传统文化"志于道、据于德、依于仁、游于艺"的广义基础上而进一步的细化之后为象棋所普适的"志于道"，是一种专注于象棋本身的存在发展竞技的"志于道"，这个"道"在很大程度上广泛凝聚了象棋的这个"族群"并不断的巩固之拓展之，这个"道"专注于象棋而忽略、淡化或者无视社会中诸多问题的存在，会遵循的象棋的"法则"而不到象棋之外的世界招惹是非。直接的以及与直接相关联而产生影响的、占社会人数四分之一的"象棋族"稳定了，整个社会的压舱石就稳定了，这是象棋是社会稳定器的一个原因[7]。报道从"象棋的魅力可致更多的人'志于道'""象棋的教义可以调和人的心态""象棋厮杀的背后是'和文化'的彰显""象棋历练之后能够使人'入定'"等4个方面对接了"社会"。

在楚河汉界中，有相、象存于两边。取"象"为其名，包含了我们祖先的寄望和高于象棋本身的理念：因为"象"在古代有物象、天象、气象、形象、想象、象征等意义，运筹、驾驭"象"，就代表了对万事万物的驾驭与把控。因此在某种意义上可以说，象棋之"象"，就是万物之"象"，万物之象的组合，就是人类社会赖以生活的社会。

《棋道·微传播》在探求棋道方面进行了卓有成效的努力，一些文章在棋道的挖掘与理析方面颇有见地，能够把棋道与社会关联起来，提炼出象棋的精神产品的附加值并把它享诸社会，是对象棋文化的进一步发展，是对棋界的贡献[8]。

四、棋道可以写出社会的风云、法则与应对

《棋道·微传播》坦言：虽然是写棋道，但诸多文章的立意和论述都放在了关注社会的层面，都在尝试探寻理析、思辨、论述社会的法则、风云与应对。

新闻学研究如果远离了对社会、对现实问题的关注，不仅学科服务社会

的要旨无法体现，就连其应用学科生存的土壤也将会失去。

"世事如棋局局新"，这是棋道的特质，也是新闻人的命根，还应该是新闻学研究寻求创新、寻求突破的法则。

棋道中一个"马炮争雄"300年的演进与诠释就让人们获益多多，再加上《梅花谱》《橘中秘》《适情雅趣》《七星聚会》《野马操田》《蚯蚓降龙》《萧何月下追韩信》《仙人指路》等，更是让新闻学研究者与实操者感知到了棋道的精神给养，并借助这样的给养而丰富自己的研究与创新能力。

在新闻传播的世界里，每一个传播者都应该遵守传播的法则，尊重传播的规律，并为自己发出的每一条信息负责。

就其内容而言，一些新闻传播的作品内容缺乏原创，而且，原创内容的水平也是大大的不敢恭维，与棋道中"精雕细刻一盘棋"相去甚远。再者，在微传播的世界里，以新闻为生的人，怎么可以沦落到转发别人的信息？利用微信或者其他新媒体，不正是随意且无约束地展示新闻专业水平的好机会吗？不正是以现身说法的方式对新闻学子的一种直观明了的示范和教育吗？难道新闻传播的教师不会写新闻的戏谑之语，又有了"新媒体"的版本？"以其昏昏使人昭昭"难道会再次成为新闻学子对新闻教师的诟病话语吗？

基于对以上问题的思考，《棋道·微传播》有了一个瞄准的靶子和突破的方向。

靠新闻箪食瓢饮而生存的人，必须要做出这样的努力，而且要拿出像样的作品，否则，手捧新闻饭碗的时候，背后会有数不清的手指。

五、新闻人对"棋道"的"综合"借用

《新闻的十大基本原则》是两位美国人比尔·科瓦齐和汤姆·罗森斯蒂尔合作推出的一本"畅销书"。作者之一的在比尔·科瓦齐《纽约时报》工作过18年（1968—1986年），曾任华盛顿分社社长，在《亚特兰大宪章报》工作过两年，担任过哈佛大学尼曼基金的负责人、卓越新闻项目的资深顾问和密苏里新闻学院的教师，曾随福特总统和卡特总统来访过中国；另外一位作者汤姆·罗森斯蒂尔在《洛杉矶时报》和《新闻周刊》等媒体有长达30年的新闻工作经验。1997年他在哥伦比亚大学新闻学院创立了"卓越新闻项目"，2007年该项目从哥大分离出来，成为皮尤研究中心的项目。

细究《新闻的十大基本原则》，正如该书副标题"新闻工作者须知和公

众的期待"所提示的，这是一本针对新闻工作者和普通公民的普及性读物，"主旨是找出合格的新闻工作者所应具备的最基本的个人品质，也就是书中总结的新闻的十大基本原则"，认为"新闻工作的目标是向人民提供获得自由和自治所需的信息"[9]。自由是个人权利的核心，自治（self-governing）是民主的精髓。

从《新闻的十大基本原则》论述的结论来看，新闻学要遵循带有自身规律性的法则，同时也要学会并且能够"借用"其他学科的法则。就其"借用"的内容而言，"棋道"中的匹配因子和合理成分应该占有大的比例。

近年来，不少研究者不再把新闻工作看成是一个专业（profession），而是把它看成一门手艺（craft）。手工操作的过程，是一个感性与理性结合的过程，是一个认知与行动结合的过程，是一个体验与经验结合的过程，也是一个精品创造与再创造的过程。

在这个过程中，新闻人如果能够理解掌握《棋道·微传播》中所论及的"棋道与社会生存""棋理与艺术创造""棋规与自我约束""棋战与兵家智慧""棋友与天下一家""棋运与家国荣辱""棋品与人生修养""棋赛与联通天下""棋风与融合之道""棋赋与烘云托月"等方面的要旨，再结合新闻学研究或者新闻工作的具体实践，相信会有登高望远、如鱼得水、驾轻就熟、君临天下的感觉。

具体来讲：

1）"棋道与社会生存"解决的是新闻学研究和新闻工作的立场和世界观的问题。新闻人要对自己的选择有一种无怨无悔的热爱，对新闻工作是执着的、是没有任何附加条件的。

钟情一世、钟爱一世、忠诚一世、舍棋而无他，这可能就是热爱象棋的"棋道"[10]。就棋迷而言，他们对棋艺的追求完全是自觉自愿的，是一种超越了组织的自我管理，在没有任何外力或者纪律约束的情况下，他们总是心不旁骛地潜心在棋艺的世界里，也惟其如此，他们也才能够不断地前进、不断地提高、不断地实现对自我的超越。

如果研究新闻和从事新闻工作的人，对新闻能够有"钟情一世、钟爱一世、忠诚一世、舍新闻而无他"的"世界观"，相信他们会以各种各样的努力去对待"盘面"，会认认真真的走好每一步，会想尽一切办法来寻找取胜之道。这是新闻学研究与提高的通达之路。

再者，棋道讲究的是公开透明，棋赛比的是硬实力。32枚棋子清晰无误地摆在那里，行棋规则和违规的判罚与惩处等都清清楚楚，所以棋手比赛比的是在公开透明的情况下，在同一规则情况下的胜负，无论结局如何，双方都是认可的。与此形成对照的是，在当今的社会生活中，有许多本可以透明的不透明，暗箱操作成为了一些人不当获益的手段，规则不是等同地适用于相同的竞技者，潜规则盛行，靠硬实力不一定能够"赢下比赛"，而各种各样的"和珅"得势、奴才受宠、阿谀奉承者获益、溜须拍马者如愿，等等。这些都应该是新闻人正反两方面的活生生的教材。不用细讲，靠"默会"就可以。

2）"棋理与艺术创造"讲的是新闻人创作中求新与求变的问题。

棋界有"精雕细刻一盘棋"之说。雕刻的过程就是艺术家对一件艺术品的加工过程！艺术创造就是深究棋理并把它用在实战上。为了取胜对方，你没有比对手更多的创造性的布局、创造性的运兵、创造性的谋篇与夺势，焉能胜之？棋手喜欢"飞刀"，其实"飞刀"就是一个由棋手独家打造的带有秘笈性质的"艺术品"。当然，"艺术品"特别是好的"艺术品"问世以后因为它的价值大而广为他人所仿制，那是另外一回事。

新闻求新，以新作为自己的生命，新闻的创造需要"艺术"思维和艺术家的想象，要学会在"领异标新"方面动脑筋、下功夫。

3）"棋规与自我约束"关联新闻人与新闻工作的"边界问题"。

新闻比较"敏感"。所以无论是新闻学研究还是新闻实务，都必须慎之又慎。其中，把握好度，不触碰底线，不超越边界是最基本的法则。

就象棋竞技层面看，伴随它成长、发展、完善起来的、保证它可以公平竞技的是棋规。因此，有不少甚至是绝大多数的棋迷，在下棋或者参加比赛的过程中都在主动地了解棋规，了解棋规中可以体现的棋手的权益，通过棋规比照对弈中可行的着法和禁止的招法等等。棋手以棋规为约束，在楚汉两岸进退有据，攻防有序，争棋而从规。

比较起来，新闻人似乎也应该了解、执行一些相应的"规则"，要在"规则"允许的范围内进行相关的新闻工作，在法律与法规健全与完善的今天更应如此。但是，实事求是地讲，当今的新闻人有几个人去主动地了解与新闻工作相关的法律、法规，有多少人主动地读解有关政策？又有多少人在知道了社会上生存的规则之后而主动地践行之？

在象棋这项颇接地气的运动中，棋规不仅是比赛的法则，也升华成了人们日常生活的圭臬，如人人都知道"观棋不语"的道理，知道"一着不慎、满盘皆输"的教训，知道"棋虽小道、品德最尊"的训诫，也晓得"摸子走子""落子无悔""超时判负"的棋规。在象棋之外，在一些适宜的其他场合，人们往往也用"观棋不语""落子无悔"等棋规作为一种生活的守则。

新闻人如果能够从棋规和棋盘之外的诸多"道理"中合理借鉴，想必会为自己的工作寻找到行动的依据和相关的保护。

4）"棋战与兵家智慧"是告诉新闻人要有谋略，要能够从中华民族的智慧宝典中寻找到智力的支持。

在世界上做任何事情，要想胜人一筹，必须要有高端的智谋、兵家的智慧。

兵家智慧体现在棋道方面，有"象棋十诀"集其大成，内容包括了"不得贪胜、入界宜缓、攻彼顾我、弃子争先、舍小就大、逢危须弃、慎勿轻速、动须相应、彼强自保、势孤取和"等10个方面。

有研究把这样的智慧概括成了"立于不败的智慧工程"，细分出了"五事七计的决策思想""知己知彼的先胜思想""不战而胜的全胜思想""正合奇胜的融会思想""避实击虚的易胜思想""求势任势的倍增思想"等6个方面予以诠释[11]。

新闻学研究与新闻业务，既关注社会，也勾连历史，同时还要与人打交道。与人打交道，合作是重要的，但能够通过合作超越前人也是追求的目标。为了达成这个目标，很显然是需要智慧的。

棋道在论述棋战时，分析了先与后、攻与守、弃与取、局部与整体等若干环节及其他们的相互关系，能够在"和为贵"的基础上进行心智的调适和心理的平衡，这是追求双赢和多赢的大智慧，也是立于不败之地的大智慧。很显然，这样的智慧，是可以移植的新闻学研究领域并合理地加以运用的。

5）"棋友与天下一家"给新闻人的启示是：新闻工作者要有四海为家的情怀，要能够走入千家万户，在最接地气的、最火热的现实生活中寻找新闻的真谛和实现新闻的价值。

棋界一直有"天下棋友是一家"的理念。剖析这个理念，可以从三个方面读解：

第一，棋友认为，普天之下就是棋友的家；第二，棋友要"天下一家亲"；第三，棋友可以"创造"一个更大的家。象棋尊至国粹，与国学、艺术、哲学、军事、经济、文化、教育、统战、旅游、娱乐、服务、竞技等紧密地联系在了一起，使象棋世界的拓展，具有了质的内涵保证。棋界人士大多与笔墨结缘、与歌赋热络，于是棋友往往会延伸拓展成为笔友、书友、画友，还有的在更广的社会层面发展成为战友、学友、商友、股友、票友、驴友，自然，也有的发展成为了酒友、牌友等等。在某种程度上，棋友及其"衍生产品"涵盖了社会生活中的所有领域，使得棋友的元素在社会生活中无处不在，这就是棋友创造的更大的"家"。新闻学是"杂学"，新闻的名家应该是"杂家"。如果新闻学的研究能够向棋友们那样涵盖诸多的领域，有广泛的交往与合作，那这个新闻学的家就会非常的大，就是一个覆盖范围很广的"天下"。

6）"棋运与家国荣辱"昭示的是文化的发展与繁荣与国家的荣辱盛败有直接的关系，新闻学的繁荣发展离不开国家的强大，新闻人的命运是和国家的命运联系在一起的。

棋界有谚：国运盛、棋运盛。

如果国家处于动荡、贫困的状况，人们的生活水平每况愈下，相信像今天一样能够悠闲自得地下象棋的人会在为温饱而奔波，象棋或许就是少数几个衣食无忧者的玩偶，是一种高端娱乐，群众性差，哪里还有众人划桨开大船的蓬勃发展呢？

当代的新闻工作者能够认识并格外的珍惜今天我国国运强盛的机会，高唱国运盛、新闻盛的赞歌，大力推进我们的新闻学研究，建构有中国特色的新闻学的学科体系，寻找在世界范围的我们的话语权，力争使我们的文化、我们的新闻、我们的报道等成为世界的主旋律，提高我们的软实力。

一个国家的强盛，不仅仅是看你在国际上的地位，你的坚船利炮、你的政治制度、你的经济总量，你的外汇储备等，还应该看你在世界上的话语权，以及你能否为世界制定游戏规则。

在这一点上，象棋做到了。在我们强大国运之下，象棋运动的生命力在世界范围爆发，世界上象棋比赛的规则，基本参考或者稍加改动中国规则为主。这就是话语权。

如果我们的新闻学领域，也能够拥有这样的话语权，相信我们的国运还会让世人侧目。

7）"棋品与人生修养"带有通则的意味。要想下好棋，必要的修养而且要不断地提高棋手的修养是非常需要的。新闻人的"文品"需要他们的"修养"来"担保"。

象棋是个胜负的世界、是个名利的世界、是个人人都希望踩着对手的肩膀往上爬而永远的把竞争的对手踩在脚下的世界，是个冠军的荣誉至尊而其他所有的名次都不易被人记起的世界。

在这样一个世界里，如果没有一个好的品性与修养，很可能会寸步难行，也可能因为个人的不干净而影响破坏整个棋界的祥和、稳定与健康发展。

新闻虽然不是一个"胜负"的世界，但是一个"名利"的世界。在这个充满、充斥着诸多功利色彩与套路的世界里，如果把持不住自己，没有好的修养，很可能难出污泥之沼，也很可能自入泥潭。

新闻学者的修养当以符合社会的要求为圭臬，再兼顾到社会和新闻的特质。新闻人需要全面兼修、需要堂堂正正的布局、需要较智、较力、较劲于公开透明的"纹枰"之上。

8）"棋赛与联通天下"启发新闻人要有联通天下的思维，报道天下的视野。

当今的社会是变化的社会、流动的社会、也是需要联通的社会。

笔者参与组织的一个棋赛，由于主办方的大度，比赛办成了国际性的。这样，不仅层次提高了，象棋的舞台大了，棋友们也觉得象棋的空间拓展了。国粹走向世界的脚步坚实而掷地有声了。象棋比赛的国际化在国际化的潮流中变成了实实在在的行动。

1989 年 1 月 24 日，时任全国人大常委会副委员长的习仲勋同志为《棋友》题写刊名，并帮助《棋友》制定了"发展象棋、以棋会友，开展海内外联谊活动，为促进实现祖国统一大业和经济振兴做贡献"的办刊方针。

通过研习习老的指导意见可以发现，联通天下是其非常重要的一个要旨。"开展海内外联谊活动"应该就是广泛性地、有效地联系海内外的棋友。当一个国家、一个民族、一个家庭足够强大了，有了足够的自信了，才有勇气广发英雄帖和邀请函。这也就暗示着或者倒逼着我们把应该做的事情做好，在提升我们的实力的基础上打开我们对外交流与合作的门。

棋界如此，新闻领域不也相同或者类似吗？

新闻工作实现了联通天下的目的之后，就把整个天下盘活了，人流、物流、信息流、资金流等都开始了畅通的流动，信息的分享会惠及世界各国，这不正是全人类所共同追求的终极目标吗？

9）"棋风与融合之道"在提示新闻人要大胆地迈开"媒介融合"的发展步伐。

当今社会对媒介的依赖和使用越来越强烈。而媒介自身的发展正在突破媒介之间的壁垒而走向融合。

媒介融合最简单的定义是将原先属于不同类型的媒介结合在一起。美国马塞诸塞州理工大学教授 I・浦尔认为，媒介融合就是指各种媒介呈现出多功能一体化的发展趋势。媒介融合是指报刊、广播电视、互联网所依赖的技术越来越趋同，以信息技术为中介，以卫星、电缆、计算机技术等为传输手段，数字技术改变了获得数据、现象和语言三种基本信息的时间、空间及成本，各种信息在同一个平台上得到了整合，不同形式的媒介彼此之间的互换性与互联性得到了加强，媒介一体化的趋势日趋明显。

媒介融合是 包括一切媒介及其有关要素的结合、汇聚甚至融合，不仅包括媒介形态的融合，还包括媒介功能、传播手段、所有权、组织结构等要素的融合。媒介融合是一个不断发展的过程。

分析近几年媒体攻防的成败得失可以发现，在媒体竞争中取得优势的媒介大多是实施了媒介融合的战略并实实在在地做媒介融合文章的媒体。世界知名的媒介集团不说，单就国内媒介集团的领军代表来讲，大多数也已经在社会、市场、受众等的要求之下步入了"融合"的时代了。

近年来，棋界、当然包括象棋界，利用电脑软件的人越来越多，顶级高手、经常参加商业比赛的业余高手，也包括职业棋手，都在利用电脑备课和训练、甚至比赛。其实这也可以视为是"融合"的一种体现。高科技可以给人提供帮助，我们为什么不去"融合"它呢？

也就是在电脑可以帮助人脑的时代，要成为一个优秀选手的道路似乎也只有一条了，那就是"融合之道"。

过去，以独家秘笈雄霸棋界的大有人在：什么"刘仙人""韦单提""李列炮""赵三兵""胡飞象"等等，这些人就是靠研究、吃准一个布局和套路而行走于江湖之上，并取得了不错的战绩。

现在，如果棋手欲以此法来展开象棋的旅程，肯定不会做得很好，不会走得很远。

顶级高手经过了"融合"发展之后的面貌呈现是各不相同的，这就提醒我们，"融合"之后要形成自己的风格，形成自己独有的弈理与弈术，这个特质要与自己的性格、喜好、修养、人生观等结合起来，成为排他性的"注册商标"。那种呆滞的、机械的、教条的、不加选择的"融合"是不现实的，也是不会形成独门秘诀而体现战斗功力的。

否则，人人都将变成"阿尔法狗"，象棋比赛在那个时候将失去任何意义。

象棋人的融合之道如此，新闻人也概莫能外。

[**参考文献**]

1 人民网，读书频道：《棋道·微传播》出版：看似聚焦"棋道"实则关注社会，2017 年 01 月 03 日。

2 李建新："借助"书法艺术推进中华文化对外传播。《知与行》2016 年第 1 期。

3 方汉奇：见《棋道·微传播》。世界图书出版广东有限公司，2016 年11 月。

4 胡荣华：祝贺《棋道·微传播》出版。中国象棋大师网，2016-12-11。

5 徐天红："布局新颖　着法精妙"。中国象棋大师网，2016-12-14。

6 胡荣华：见《棋道·微传播》。世界图书出版广东有限公司，2016 年11 月。

7 李建新：象棋是社会的稳定器。中国象棋大师网，2016-03-21.

8 胡荣华：见《棋道·微传播》。世界图书出版广东有限公司，2016 年11 月。

9 比尔·科瓦齐和汤姆·罗森斯蒂尔著，刘海龙等译：《新闻的十大基本原则》。北京：北京大学出版社 2014 年。

10 李建新：《棋道·微传播》。广州：世界图书出版广东有限公司，2016 年 11 月。

11 周培玉：《老子的教化》。杭州：西泠印社出版社，2016 年 1 月。

4

按习老的嘱咐办《棋友》

　　《棋友》是一个响当当的品牌，是数以百千万计的棋迷们心中慰藉和温暖良多的品牌，是经由习仲勋等老一辈革命家关怀栽培、由"棋友司令"石毅等棋界同仁耕耘 30 载、由诸多社会热心人士协力施养而成长起来的"民族品牌"。《棋友》也"将会是承载更多棋迷期盼和愿望、有更多责任与担当的创新品牌"。回顾《棋友》走过的 30 年历程，面向新的一年和新的奋斗目标，"棋友司令"石毅对记者如是说。

棋道当担兴国责

　　1989 年 1 月 24 日，也就是《棋友》创办了 5 个年头、在社会上有了一定的影响力之后，石毅恳请时任全国人大常委会副委员长的习仲勋同志为棋友题写了刊名，并经由习老亲自审定了"发展象棋、以棋会友，开展海内外联谊活动，为促进实现祖国统一大业和经济振兴做贡献"的办刊宗旨。

　　这个宗旨是老一辈革命家站在全局、历史、民族、兴国等的高度而做出的战略选择、是服务于棋同时又超越了棋的范畴的高瞻远瞩。

　　这个宗旨把棋道与兴国联系在了一起，国粹进一步升华为了国家、民族走向辉煌的智力培养和精神境界的擢升，是棋理的高境界。

　　从那时起，《棋友》就遵循了习老的这个办刊宗旨，并且一以贯之地坚决执行。"过去如此，今后依然要这样做"，石毅说。

　　为了实现这个目标，石毅于 2014 年 2 月 12 日亲自给李克强总理写信，请求《棋友》在国内公开发行，为的是加速实现棋道兴国的目标。

　　在采访中石毅透露，《棋友》有三十余年的办刊历史，与亚洲象棋联合会、世界象棋联合会的联系紧密，他希望把《棋友》办成亚象联、世象联

"棋友司令"石毅、《棋友》杂志社社长石秋励与笔者在一起

的会刊，以更大限度地把我们的棋艺文化、中华谋略文化的软实力推广到世界。

"棋友司令" 棋迷送

2015 年即将到来之际，按照《棋友》杂志社社长石秋励给出的路线图，我们专程拜访石老。我们从北京西三环紫竹桥附近的始发地出发，沿西三环一路北上、穿北四环、经北五环，然后接京承高速向北，后沙峪出口向东，过罗马环岛一直向东约 5 公里，行车约一个小时左右后，来到了北京方糖，一个京郊比较普通建筑的楼下。

与北京数不胜数的许多富丽堂皇的建筑相比，北京方糖确实普通了一些，但这个普通的建筑没有因为自己的"寒碜"而拒绝诸多名人、要人来这里入驻，其中包括"棋友司令"石毅。

比约定的时间晚了半个小时到达，我们多少有些内疚，年届 85 岁高龄的石老一直站在门前等候我们的到来，更加加重了我们的内疚甚至负疚。但他的热情迎接和问候以及像宽慰自己的晚辈一样的对我们的话语，不仅很快消弭了我们的内疚，而且把我们一路上的劳形和大气带给我们的寒冷顷刻间消除。

石毅司令、京城实业家、书法家张永虎与笔者在石毅家合影

对棋坛的领军人物，人们有诸多的称谓。比如"十连霸"的胡荣华被称为"胡司令"，李来群、吕钦等被称为"棋王"、赵国荣被称为"东北虎"等等。所有这些称谓都是因为他们曾经大魁天下、棋坛战绩彪炳而被人们所念起。这些桂冠多由"科举"而得。

石毅是个例外！他的这个"棋友司令"，完全是因为他对棋友的服务，对群众象棋运动开展和普及的贡献，对棋文化的传播，对提升象棋运动在社会和人们的生活中的地位的业绩得到大家的肯定而为棋友所赐。是"民间的封赏"，是一项"接地气"的桂冠。

他不看重这个称谓，但他很享受服务千千万万的棋友的过程，他"这辈子也许注定要为棋友活"，他这样告诉记者。

"棋友杯"效应空前

"棋友杯"首创于1988年。在当时的环境和条件下能够有这样一个为业余棋手举办的比赛，而且是全国性的，给万千棋迷带来了福音，无疑是"旱地里来了一场及时雨"。因此，全国各地的棋迷应之者众，前往比赛举办地辽宁丹东的机、车票一时告紧，丹东的酒店、餐饮等数日火爆。

霍英东、陈祖德等为首届"棋友杯"转呈致贺，胡荣华莅临赛场作盲棋、车轮表演，"棋友杯"风头之劲，在当时没有一个类似的比赛可望其项背。

"棋友杯"全国象棋大奖赛，一时间成为了全国业余棋手最高规格、最大规模、最具影响力和吸引力的大赛，而且持续举办了 20 届之久。"棋友杯"成为了万千棋迷追捧的大赛，成为了他们的精神给养，成为了他们实战练兵的舞台，成为了他们迈向职业棋手的一个很其如其分的"龙门口"，甚至成为了一些棋迷们生活乃至生命中一个重要的组成部分。"棋友杯""带给我的收获和欢愉非常多，今天想起来还是特别的温暖、特别的留恋和特别的动情"，曾经受惠于"棋友杯"的棋友，上海业余高手邵伟民如是"感恩"。

"棋友杯"是个好品牌，我们应该传承和广大这个品牌；棋迷需要的、喜欢的，我们就要继续做；"棋友司令"不能吃老本，要立新功！石老说。他认为现在的条件成熟了，恢复中断了的"棋友杯"已经摆上了日程。

棋理通了是生活

"下棋犹如积薪，后来者居上"，这是石老悟出的一个道理。他同时认为，通了棋理，就明白了生活，明白了人生。人生的开局、中局、残局等均需要"按棋理出牌"。以他的年龄依然是精神矍铄、鹤发童颜、耳聪目明，也许多半是由"通棋理"所赐。

楚汉列阵　翰墨结缘

石毅老是个低调的"红二代"。他的父亲曾经担任过中华苏维埃共和国临时中央政府总务厅厅长，是经毛泽东主席证明的革命烈士。他保持了革命先烈和他的父辈们艰苦奋斗、全心全意为人民服务的精神，除了为象棋投入、为棋友投入之外，自己的生活非常的俭朴，为人处世以谦和为上，而"和天下"正是弈道之中的一个需要认真领悟的"禅经"。

在记者登门采访的当日，本来我们打算请他到附近的酒店"小饮"一番，但被他坚决地拒绝了。他说："凡是来我这里的，一律客随主便，在我家里吃。"吃的是家常菜，四个热菜，外加一个油炸花生米，是为我们下酒的，他本人则滴酒不沾。那天他开封了一瓶据说是部队中特别要好的一个老朋友送的茅台来"特意招待"我这个专程从上海来的记者。当悉知我的老家也是山西的时候，棋友棋缘、乡音乡情等夹杂在一起，犹如扑鼻香的茅台一样，浓烈的感情下，开启了我们3个多小时的漫谈。

他从文化、战略、战术等角度对象棋进行了分析和解读，认为"相对终无语，争先各有心"是棋艺追求的一个高境界，而"恃强斯有失，守分固无侵"既是古训，也可为当今之棋手，当今的芸芸众生所效范。这就是象棋博大精深之处，棋理通了，做人做事的道路就全都通了，一个知道该怎样布局自己的人，该怎样在中局的时候如何运筹的人，一个知道如何完美收官的人，一定是一个不会轻易被别人打败的人。

人生和象棋一样，成功需要积累。像赵顺心、熊学元、宇兵、金波、庄玉庭、苗利明、梁辉远、才溢等棋手，他们参加"棋友杯"的时候，大多数还是藉藉无名的，通过积累，他们走向了成熟。他们中的一些人日后成为了大师、特级大师。棋艺上他们如此，相信生活中的他们也应该具有大师、特级大师的境界和襟怀。这就是棋如人生的道理，石毅说！

中国象棋大师网：2014-12-31

5

"还愿"习老

2017年1月12日，由《棋友》杂志总编辑石毅题写的"习仲勋故居"匾额挂在了习仲勋同志的故居。

端庄大气、法度严谨、形神兼备、笔意独具的几个遒劲有力的大字，凝结了中国书法的大美，标注了一代伟人的故里，也昭示了诸多历史和现实的意义。

匾名的题写者石毅先生是与习仲勋同志有"交情"的"红二代"，也是头戴"中国红色书法家第一人"荣誉花环的当代书法名家。2017年1月7日，石毅同志被"有关部门"告知，要请他为习仲勋同志的故居题个匾，而且时间还比较急，这可给石毅"出了个难题"：一是"给伟人故里题匾"，他绝对"不敢造次"；二是书法是艺术创造，而艺术的创造需要灵感、需要按照艺术创作的"时间表"来进行，而不是人为的排定时间；三是他与习仲勋同志感情特殊，"非常想写"，但许多字往往在"非常想写"的情况下"写不好"。

以上三点疑虑是石毅同志在"接到任务"之后的想法。

但转念一想，石毅感觉领教于习仲勋同志甚多，接受习老的教诲与指示甚多，有许多事情，也是"当面答应习老"且要"坚决照办"并"一定要办好"的。有此想法之后，石毅认为这是一个"还愿"的好机会，而"有关部门"请他写，应该说也是经过慎重考虑的，以"写不好"的谦虚理由推辞，似乎也是却之不恭，于是，石毅在经过考虑之后便"慷慨答应"了。

"还"一个翰墨"愿"

1989年1月24日，石毅就如何办好《棋友》杂志的问题，请教"慈祥而忘年"的长者、时任全国人大常委会副委员长的习仲勋同志，便中"大胆"

提出了请习仲勋同志给《棋友》题词的请求，想不到习仲勋同志很是爽快地答应了石毅的请求，并在愉快的商讨和交流之后，给《棋友》题写了刊名。

在拿到习仲勋同志的题词之后，石毅就想，如果有机会，"给习老写条字"，以便"礼尚往来"一下，同时也"好好的请教一下习老"。哪里知道习老一直没有给石毅这个机会，这也就促成了石毅为"习仲勋故居"题匾而"还"翰墨之愿的"直接而朴实"原因。

"还"一个任务"愿"

石毅担纲《棋友》，除了立足于棋，为广大的棋友服务之外，还有一种社会的担当，负有一种文化的使命，同时还兼有家国情怀和民族复兴的愿

习仲勋同志为《棋友》的题词

石毅同志书写的"习仲勋故居"匾

景。这是石毅在接受了习仲勋同志教诲的同时而"接受的一个任务"。习仲勋同志在听取了石毅关于编撰《棋友》的想法做法之后，为《棋友》确定了"发展象棋、以棋会友，开展海内外联谊活动，为促进实现祖国统一大业和振兴经济做贡献"的办刊宗旨。这个宗旨，是一个国家领导人站在民族发展的高度而考量的，它把象棋的"游于艺"与整个中华文化的"志于道，居于德，依于仁"等关联起来，从社会的需要和社会价值的探寻之中寻找到了象棋之何以为"国粹"的魂！

因此，当悉知能够为习老故居题匾的时候，石毅老想到的不仅仅是他们之间的交情和友谊，不仅仅是完成一项"上级"交代的任务，而是一次再次向习老的学习和汇报，是一次多年来工作与任务"完成情况"的汇报。所以在石毅凝重而深邃的笔端，是一次心与心的交流与沟通，是一种对长者的感谢与问候，是一次借助文字而酣畅淋漓的表述。读懂了习仲勋同志与石毅的交往，知道了习仲勋同志关心《棋友》的"历史"，就会发现石毅题匾的每一个字都有着非同一般的意义——"书为心声"是书法艺术的最高境界，在这里，也是石毅给"习仲勋故居"题匾的一个最高境界。

6

对 15 位特级大师的一堂课

编者按：李建新系上海大学新闻传播学教授，博士生导师。新闻传播学博士后、教育学博士、哲学硕士、工学士。近年来研究棋道与棋文化，并有诸多引起各方关注的研究成果。《棋道·微传播》是其研究成果的一个集中体现。

2016 年"碧桂园杯"组委会有感于他的这些研究成果之对于象棋、社会的特殊和特别的意义，故特邀他现场观摩"碧桂园杯"，并请他为所有参加"碧桂园杯"的象棋特级大师进行了一次棋道、棋文化的专题讲座。

本文就是李建新教授讲课的主要内容。经征得有关方面的同意，文章特发于此，以飨广大棋迷。

2016 年 12 月 8 日午时稍过时分，我在广州凤凰城酒店凤凰厅给所有参加第五届"碧桂园杯"全国象棋冠军邀请赛的 15 位特级大师进行了一次以"除完胜、复何求"为主题的专题讲座。

柳大华、李来群、吕钦、徐天红、赵国荣、许银川、陶汉明、于幼华、洪智、赵鑫鑫、蒋川、孙勇征、王天一、谢靖、郑惟桐等一个个名誉中外、棋冠华夏的棋坛顶级人物，静静地在台下聆听了我的讲解，讲课和听课氛围之好，远远的超过了高校的大学生。

作为一个文化传播的使者，我很享受和陶醉这样一个过程，作为一个棋迷，我很惊羡并荣耀这样一个生命之中求之难得的、上帝般给予的"馈赠"！

事情的过程是：在象棋界的"奥斯卡"——"碧桂园杯"全国象棋冠军邀请赛迎来第五届的时候，本人应邀亲临现场观摩。我很有可能是全国高校教师在"碧桂园杯"举办五届以来第一个受邀的代表，也可能是靠挖掘和传

讲课结束后，15 位特级大师人手一本《棋道·微传播》与笔者合影

播象棋文化得到了一些社会的认可而受邀的第一个代表。

12 月 6 日，在第五届"碧桂园杯"开赛的当天，中国出版集团、世界图书出版公司"应时应景"地把本人的专著《棋道·微传播》送达了赛地，这也是这部书第一次与社会读者见面，非常及时地表达了一个棋迷对比赛的祝贺之意。

12 月 7 日，比赛的主办方与我"协商"：能不能给所有参赛的特级大师讲一次课，内容可以围绕书的内容展开。这样，一是可以视为是《棋道·微传播》的具有特别意义的首发，二是借此机会给已经登峰造极的特级大师们再拓展一下思路，为象棋运动的发展寻找新途径，再者，邀请方还抛出了一个极具诱惑力的诱饵：如果你能够面对面地给这 15 位特级大师上课，今后他们"就是您的学生了"！

果然如是，我可能就是这个世界上最幸福的人了。

请者恳切，而且机会百年不一定一遇。我当时的想法是：我就是不观摩比赛，也要认真地准备给特级大师的课，希望以"特级大师般的努力"向特级大师学习致敬！

非常具有战略和前瞻眼光的、主办方的领导成欣欣女士快言快语地把开讲的时间安排在了 12 月 8 日中午的 12:30。

阳光总在风雨后！

给15位全国冠军、特级大师面对面授课，而且是讲与象棋有关的内容，实在是地地道道的班门弄斧了。我自嘲讲课的难度超过了让我参加"碧桂园杯"而且要夺取冠军！满打满算也就一天的准备时间——这还是一次"超快棋"！

抱定了一个"输"的念头，把"丢人"的想法转换成了"学习"的机会，变成了对象棋的一种付出。在反复的度忖之后我信心满满地表示"接受任务"，把讲课的主题确定了为：除"完胜"、复何求？

讲课现场的一个侧影

1　继续追求个人的"完胜"

夺取全国冠军、亚洲冠军、世界冠军等，似乎已经登峰造极了，也应该有了"完胜"的荣耀。

但再细想一下，我们面对电脑的时候，似乎还是处于取胜几率比较低的下风，本届"碧桂园杯"请了专业的"五官科"的大夫入驻赛场以"保证"参赛选手的健康，预防电脑作弊的态度非常明显；而且，据说1000年以后的人类会笑话我们当今的棋怎么会"如此如此"的下，说明我们对棋的理解，对棋的对弈法则的掌握还有比较大的提升空间。

所以，我向所有在场的特级大师建言，还应该继续提高棋艺，继续向着"完胜"的目标去努力。

而且，"棋道千秋"而"艺无涯"，贵为曾经君临天下的王者，一定要知道这个道理。而且，象棋的取胜之道有许多种，一个技艺高超的棋手，在具体的对局中如果心理有了反应，或者不能够捕捉到对方出现的心理变化进而找到有效的应对之策，也许会失去许多的机会。而能够克敌的心理之术，并不是在打谱中可以修炼到的，它需要借助多种功夫，包括天地自文史哲经管法兵儒道等等，正所谓功夫在棋外。

"志于道，据于德，依于仁，游于艺"是孔子的一则名言。在孔子看来，一个"完胜"的过程是由一个相互关联的链条组成的。放在一个大环境中看，象棋之"艺"在这个大环境链中处于这个链条的末端。所以特级大师寻找棋艺的突破或者"完胜"，应该从"艺"的上游或者下游寻找养分和补给，要明白"偏功宜就，尽善难全"的道理，要接受先贤"别裁伪体亲风雅、转益多师是汝师"的训诫，靠棋外的功夫来提高棋艺水平。

新闻学泰斗方汉奇有言：借棋道，新闻天地宽！反三而推之，象棋高手是不是也可以认为：借它道，象棋天地宽呢？如果有许多的棋外的东西可以借用，特级大师个人的"完胜"，是不是应该在永远的探求之中呢？

2　全面助力象棋的"完胜"

胡荣华特级大师有言：棋通万物，道行天下。在所有社会的行当中，象棋是非常重要的一个组成部分，惟其重要，才享有"国粹"之美誉。

但是一个不争的事实是，由于象棋自身发展的问题没有解决好，导致了象棋的发展出现了诸多象棋人、关心象棋事业的人不愿看到、不忍看到的景象的出现。比如象棋与围棋的"江湖地位"之争；中日围棋擂台赛之后象棋与围棋出现了不一样的发展；象棋人口的老龄化与围棋人口的不断的年轻化等。

有人统计，目前痴迷象棋的人，年龄基本在 45 岁以上。再过 15 年或者 15 年以上，是不是象棋就要"退休"了呢？象棋"退休"了，不仅一个能够带给素民百姓休闲娱乐的项目没有了，智力运动失去了主要的家族成员，好端端的民族文化被撕裂、文明与文化有了断层，棋手、大师、特级大师存在的空间被严重地挤兑了，茶余饭后、街头巷尾不再有车马炮的嘶鸣，这是一个怎样的让人无法想象、也无法接受的境况？

在我讲座的当天，也即 2016 年 12 月 8 日，一个围棋的国际赛事到了决赛阶段的决胜局，三星杯世界围棋赛由中国的柯洁和柁嘉熹争夺冠军和 170 多万人民币的冠军奖金。我现场将象棋与围棋进行了比较，让特级大师们感知到象棋大奖赛的奖金与围棋相比的相形见绌。

试想，整个象棋都式微了，游走于边缘、苟且于偷生的棋手又会是一种什么样的境况呢？

"物必自腐，然后虫生之；人必自毁，然后人毁之。"说到底，象棋的事情，还需要象棋自身来解决。

除了大环境之外，我认为象棋界自身的努力不够，在出现问题之后的自我救赎不够也是一个主要的原因。

在座的是象棋特级大师，拥有无数的荣誉和巨大的影响力和社会感召力，是象棋发展的领军人物，理应担当象棋"完胜"的责任和义务。

碧桂园集团的一个理念是："希望社会因我们的存在而变得美好。"因此我也希望各位特级大师身体力行，除了追求实现自己在棋艺方面的"完胜"之外，也关注象棋的大局，关注整个象棋运动的发展，在权衡比较社会诸多行业的态势与地位之后，尽可能的提升象棋在社会中的存在感，把象棋的存在与社会的美好结合起来。这样，象棋在社会中就会有一个新的、高的

讲课结束后，特级大师李来群特意留下来与笔者寒暄并合影

定位，就会有比较多的人喜欢象棋，并从它的身上找到快乐的源泉和精神的寄托。

3　寻找文化的"完胜"

"琴棋书画"尊为国粹，可能不会是在游戏的层面。我想，象棋或者棋道中所蕴含的文化意涵以及这些意涵转化为一种社会普适、普世的价值观和行为法则，是"国粹"的一种"精神寄托"，是"国粹"命题成立的依托所在。

象棋发明以来，"世事如棋局局新""一着不慎满盘皆输""落子无悔""舍车保帅""观棋不语""弃子争先""弃子取势""宁失一子不失一先""楚汉相争和为贵""艺高人胆大""谋定而后动""一车十子寒"等等由象棋衍生出来的带有浓郁文化色彩的流行习语谚语等，许多已经转化成了社会之中人们约定俗成的内容，成为了法则或者戒律。这些内容给人的哲理启示和生活的导引非常多，也很有价值，所以才有了"国粹"的名分。

"半壁江山半攻守、半争胜负半悟道"道出了象棋的文化意涵。

千百年来象棋的文化积累可谓多也，象棋文化中有待开发的储量可谓大也。仅我自己玩票式的尝试，就有了"棋道与社会""洞悉棋道的借用法则""象棋是社会的稳定器""棋道就是艺术创造""布道·指道"等文章出来。

象棋特级大师长期浸淫棋间，深谙棋道、棋理，对棋文化自然比一般人要有高认知，因此，特级大师也应该在棋文化方面进行"完胜"的努力。

用未来的眼光看，一个优秀的棋手，不仅仅应该给后人留下一些高质量的对局记录，也应该把自己对棋道、棋文化的所思所想所感所悟等写出来，以一种文化的方式享诸后人。

一个棋手，如果他留给后人的仅仅是一局局精美的对局，我认为这样的棋手也就是一个棋手而已，如果他能够在对局之外，把对棋的理解在文化或者传统国学的层面拓展书写出来，在教化、启发、导引社会的发展中体现出象棋与文化关联的价值、对社会大众有精神的给养，那么这样的棋手才堪称大师，优秀者就是特级大师！

这是一个对比赛任务非常繁重，赛事日程繁忙紧密的特级大师们的一个新挑战，但也是一个可以企及的"飞刀"布局。

为了"完胜"的目标，让我们共同努力！

（本文照片由广州海心文化活动策划有限公司余粉女士提供）

中国象棋大师网：2016-12-15

7
象棋是社会的稳定器

大地回暖的 3 月南京。借应邀参加第 25 届"金箔杯"象棋公开赛之机，与特级大师徐天红以及长三角象棋联谊会主席肖福根等谈棋。他们共同发出的一句"象棋是社会的稳定器"的话，给记者的印象深刻。

象棋的魅力可致更多的人"志于道"

按照项目人口统计，象棋人口绝对是可以排在全国三甲之列的。徐天红这样认为。他带有戏谑的口吻说：如果麻将是一个运动项目的话，麻将的人口肯定是全国第一，麻将之后，就应该是象棋。之所以会有这样的局面，一方面是象棋所具有的独特的、让人一沾染就无法割舍的魅力，另一方面是几千年来根植于民间的象棋以及象棋文化的深得民心和代代不息的传承。不仅如此，象棋还是古代皇家贵族、达官贵人、富豪枭雄、智力人士等的宠爱，是影响或者"控制"了为数众多的社会各类人群的"游戏"！

象棋有象棋的"道"！象棋的道除了竞技与胜负之外，还蕴含了人生之道，社会之道，兵家之道、治国之道，以及为学、为官、为商、为人之道等等。

众多的象棋爱好者痴迷于象棋的时候，他们必然会研习、了解、遵循象棋之道，就是在中国传统文化"志于道、据于德、依于仁、游于艺"的广义基础上而进一步的细化之后为象棋所普适的"志于道"，是一种专注于象棋本身的存在发展竞技的"志于道"，这个"道"在很大程度上广泛凝聚了象棋的这个"族群"并不断的巩固之拓展之，这个"道"专注于象棋而忽略、淡化或者无视社会中诸多问题的存在，会遵循的象棋的"法则"而不到象棋之外的世界招惹是非。直接的以及与直接相关联而产生影响的、占社会人数四分之一的"象棋族"稳定了，整个社会的压舱石就稳定了，这是象棋是社

特级大师徐天红与肖福根、涂福强、李建新在"金箔杯"比赛现场

会稳定器的一个原因。

象棋的教义可以调和人的心态

徐天红说：象棋的教义给人的启发和教化是很大、很多的。在当今社会背景下，真正靠象棋吃饭的除了数量很少的专业运动员、教练员、裁判员等之外，绝大多数是靠象棋寻求精神寄托和精神补给的，是希望象棋能够为他们的人生"仙人指路"的。

事实上，象棋也的确"不辱使命"！如象棋的布局、中局、残局，正好对应了人生少年、中年、老年等三个非常关键的阶段。就布局而言，除了根据自己的喜好、专长，选择自己利于把握的局面之外，另外还要防范别人给自己"设的局"。在许多情况下，人们除了"以正合"的"布局"之外，还有"以奇胜"的"设局"。能够很好地处理"布局"与"设局"的关系，就能够进退自如的应对社会的各种问题，就会感知到社会是美好的，是可以通过自己的智力和努力把控的，就不会有厌世、愤世、仇世、乱世的心态。另外，象棋实战中经常有需要忍让、妥协的时候，有需要舍弃最强的作战力量以求"老帅苟安"的时候，有在对方咄咄逼人的攻势面前能够见招拆招、委曲求全的时候，有在"下风"的时候能够憋屈忍受的时候，有在失利之后能够坦然接受的时候，有在无助的时候能够不借助外力而自救的时候……如此等等，不一而足。这些棋盘之上的教义，可以为棋友提供生活的导引。比

百姓乐棋，社会稳定

如，现实生活中不如意的地方肯定有，社会转型中各种各样的矛盾肯定不少，人们受打压、遭不公、居下位、要忍让的时候一定很多。经过了象棋教义洗礼的人，就会从棋道中悟出一些应对的"招法"，而不是靠冲动去一争高下、一决高下等。这是象棋是社会稳定器的又一个原因。

象棋厮杀的背后是"和文化"的彰显

象棋是一种游戏，是一种博弈，高低有别的时候，是要分出胜负的。但象棋的一种高境界是"握手言和"！当人人共同发展，比肩前进，彼此搀扶的进入到了一定的阶段之后，相互间的博弈其实是难分伯仲的。这个时候如果一定要决出雌雄，那一定会是两败俱伤、没有赢家的局面。从这个意义上讲，象棋的"和文化"就是一种期盼、憧憬和目标。

近年来，徐天红特级大师到农村、进社区、访学校、入企业，足迹遍布社会最基层。在亲力亲为之后，他发现对于最基层的人民群众而言，高科技、高付费、高度专业化等的消遣娱乐似乎离老百姓还是远了一些，而象棋的游戏则是在街头巷尾、公园弄堂、旷野乡村等处处可以看到。这些生活在社会底层的最为可爱的老百姓们，似乎有了象棋就有了生活的一切，闲暇之余，他们围拢、邀聚在一起，共同沉湎于楚河汉界，忘记了一切，忘记了他们在社会中的地位，忘记了他们应该去争取什么。徐天红说，这并不是象棋在"麻痹"他们，而是在我们的社会的确不能为这些最基层的老百姓提供更多的服务，不能顾及基础百姓需求的时候，老百姓们聊以自慰的一种好方式。

据说江苏淮阴、广东惠州、山东高密等全国象棋之乡，因为棋道、棋文化、棋教化的盛行，社会和谐的程度明显好于其他地方。

对此，近年来在全国声誉鹊起的上海川沙，也可作一个例证。川沙象棋的旗帜性人物肖福根介绍说，近年来他们组织了许许多多的比赛，不仅吸引了棋手，也吸引了棋手的家属及亲人，还吸引了外地的棋迷来川沙交流象棋，他们的"象棋之家"全年365天开放，像一块磁铁一样吸引了众多的棋迷。人民群众开心于棋之道，当然就少了其他活动的机会，自然，为社会带来不和谐的机会就少得多。近年来，川沙获得了几十项各种各样的全国、省市级别的大奖，整个川沙河清海晏，民风醇醇，社会文明建设得到了大多数人的夸赞，象棋"和文化"的魅力得以体现。这是象棋是社会稳定器的再一次例证。

象棋历练之后能够使人"入定"

同样是运动项目，与激烈的竞技项目的运动员比赛中狂呼乱喊、比赛后脱衣庆祝、胜利时拥抱翻跟头、失败时找裁判摔衣服，喜怒都形于色不同的是，象棋运动的特殊性能够使从事这个项目的人在任何情况下都"入定"，在任何时候都用无声的语言来表达自己的观点。

如：在象棋比赛过程中，对局双方不论对对手抱有什么样的心态，但他们不会用语言外露出来。他们用一招一招来表达他们的观点。"冤家"聚首的时候也不会有"北京上海的德比""巴西阿根廷的对决""泰森约战霍利菲尔德"等一样，撞击出摇摆地球的火花来。

用自己的心计布局，靠自己的算计运子，拿自己的秘笈谋胜，凭自己的胸襟接受胜利或者失败，心静如水，气定神闲，胜固可喜，败亦坦然，这是棋手的"入定"。以"入定"的心态来对待社会问题，对待难解的社会难题，棋手会用无声而有力的棋手的语言，会用算度的路径，会用更加冷静和理性的方法，而不是选择其他有过激语言或者行动的方式。这，也应该是象棋是社会的稳定器的一个解释。

中国象棋大师网：2016-3-21

8

胡荣华：下棋就是"精品创造"

——2009 年九城置业杯中国象棋年终总决赛比赛现场专访特级大师胡荣华

棋坛司令胡荣华弈出名局无数，想不到他的盘外感言同样具有"特大"的水准。

"下棋就是艺术创造、精品创造！棋有棋道，棋有棋理，棋手下棋，一方面是追求棋艺和棋理的完美，一方面是争取成绩的优秀。无论是为了哪一个目标，棋手都要像艺术家创作艺术品一样，要有创新意识和精品意识，只有这样，他才能够把他的全部精力和智慧倾注在棋上面，才能不断的提高和超越，如果是职业棋手，只有靠这种精品意识来准备每一盘棋、下每一盘棋，把一局棋当做一次艺术的创作，特点鲜明、独具匠心、谋划合理、精益求精，这样就无愧于一个职业棋手的风范。"这是在 2009 年九城置业杯中国象棋年终总决赛的比赛现场，中国象棋特级大师胡荣华对记者的一番"启蒙"。

有道是"楚河二指宽，计谋万丈深"。在象棋这个智力运动场上，胡荣华曾经创造了一个属于他自己的传奇，除了前无古人的"十连霸"，他还丰富发展了中国象棋的理论，他研究出了许多独家秘笈并在重大比赛中使用，屡屡奏凯，这可能就是胡大师潜意识里的"精品创造"。

胡荣华还告诉记者：中国象棋的水平目前已经达到了一个很高的高度，国内一流棋手之间的水平差距越来越不明显，因此在比赛中和棋的概率越来越大。这也是触发他改革象棋比赛规则和赛制的动因之一。"世事如棋局局新"已经成为了人们行事、勤勉、励志的格言，而它的本体——"棋"，如果还是因循守旧、蹈常袭故，不仅"局局新"的目标难以实现，而且会因过多的和棋而刺激不起群众观战的热情从而失去媒体的追捧，进而失去大家的关注，最后失去发展的沃土。

新规则鼓励棋手进取，红方贴分、黑方贴时、和棋黑胜、比赛竞叫等一系列新规则的推出，就是为了给棋手搭建创新的舞台，激发他们取胜的欲望，让他们在"不平等"的条件下去"创造"每一局棋，像艺术家完成艺术作品一样去雕刻每一局棋。

记者质疑：不少棋手、专家、包括媒体对新规则有保留看法，胡荣华释疑：邓小平改革开放遇到的阻力比象棋改革要大得多，一开始不是也有相当大比例的人有"保留看法"吗？实际的结果怎样呢？任何事情都要经过实践的经验，都要用结果来说明问题。本届赛事开赛以来，正值上海最寒冷的季节，但来卢湾体育馆看比赛的观众比过去有了明显的增多，这不就从一个方面说明了问题吗？胡荣华以决赛前两场的比赛为例说：你看许银川和洪智第一天的比赛多么短，但又是多么的精彩。这就像人生一样，人生的意义和价值在于它的精彩而不在于时间的长短；而第二天的比赛，洪智在几乎没有取胜机会的情况下，硬是在一块巨大的磐石中寻找到了开山裂石的纤小缝隙，进而一步一步地为许银川套紧了绳索。这似乎又演绎了精品创造中"有生于无""意念为先"的传奇，一个有强烈的取胜欲望的棋手，他总能够为自己找到通往胜利的道路。

由胡大师的"启蒙"我想开去，人生如棋，需要的是精彩，而精彩出现

笔者与胡荣华合影

的前提条件之一就是创造和创新。如果把一个人的一生视为是一件艺术品的话，那么完成这件作品就需要消耗一个人毕生的精力。日本棋界有谚语：一生悬命！意思是一个棋手的一生是在是悬还是沉的搏击中延续的，要想在"悬"的状态下生存，就必须付出一生的搏击。棋手对弈追求的高境界是"创造精品"，凡人如芸芸众生者之对于工作、对于生活、对于我们必须要走的每一着棋，是否应该谋定而后动，有一点点"创造精品"的意识呢？

中国象棋大师网：2010-1-12

9

柳大华：布道·指道

2010年10月5至6日，在上海市象棋锦标赛的比赛现场——上海市闸北体育馆，记者见到了一个为广大棋迷熟悉的身影：中国象棋特级大师柳大华。

就在国庆长假前几天，全国象棋甲级联赛结束了新一轮到比赛，柳大华担当主教练的湖北象棋队战胜了联赛的领头羊北京队，为湖北队夺取最后的总冠军带来了希望。在比赛临近尾声，而每一轮象甲联赛胜负的权重都特别重大的关键时刻，曾经沧海的湖北主帅焉何能"偷得浮生半日闲"，在上海现身？

个中玄秘，柳大华本人给出了答案：他是带着他的徒弟来参加比赛的。

据悉，在现役的特级大师中，甚至包括淡出一线的"特大"棋手中，带"小孩"的寥寥无几，也许只有柳大华。柳大华的人品、棋品在棋界是有口皆碑的，而他的棋艺水平和棋艺风格也深为不少人喜爱。所以，他经常碰到的难题就是不知该怎样面对不少家长送上门来的孩子，包括一些和他交往、交情不错的家长。近几年来，经历、品味并看淡棋界烟云的柳大华，经不住别人的再三请求，也为了中国象棋的普及、发展以及更为久远的将来，他开始有选择地收一些"徒弟"。这次来上海比赛的就是跟他学棋不算太久的两个，据说一个来自浙江温州，一个来自山东烟台。

布　道

柳大华说，象棋是中华民族的国粹，是老百姓非常喜欢的项目，是培养、更是展示智力的体育竞技运动，作为局内人他应该有为中国象棋发展出力的担当。为此，他曾经培养过不少的象棋人才，包括不少活跃在当今棋坛的著名棋手，如洪智、汪洋、李雪松等。"这些队员是在专业队培养的，他们进队的时候就达到了一定的水平，有的甚至是在获得了全国青少年比赛的优异成绩后才进队的。在这样的背景下指导他们，就好比你们教授指导研究生，点拨点拨就可以了，在某些时候是大家在一起研究研究，摆摆棋、拆拆棋。而对小孩就不能这样了，要从最基本的开始，要认真细致全面地培养他们对棋的理解和对比赛的解读，最最重要的一点还在于培养并不断的提高他们对棋的兴趣。"

为此，他成为了一个布道者：从大的方面讲，他给小孩子们讲与棋有关的一切事情，棋里棋外、棋人棋事、棋史棋趣等；从小的方面，他给小孩子们讲棋的本身，棋的开局、中局、残局。讲棋的各种变化和应对等。他说，他给他的徒弟们传授的都是最新的关于棋的内容，比如在象甲联赛中的新变。另一方面，他则结合了自己成长的经历，把他的研究和他的领悟倾心传授给他的学生。不宁唯是，他还有教无类，在现场遇到求教者他都来者不拒，对待小朋友更是亲如长辈，看不出一点特级大师的架子。

指　道

"你们当教授的有责任，我这个当师傅的也有责任"，柳大华说，家长把孩子托付给你，一定是基于一定的希望和期待，对此他心知肚明。于是，我们在赛场内外看到了一个"指道"的柳大华。所谓"指道"，就是告诉给他的徒弟，该怎样的寻找到在比赛中取得胜利的路径。

柳大华认为，上海象棋锦标赛是高水平的比赛，参赛棋手有包括现役于上海象棋队的职业棋手赵玮，还有数位曾经享誉棋界的男子国家大师，以及近10位先后获得过上海市冠军的业余豪强等，是一次英雄的聚会。而上海交通大学、上海财经大学和上海大学组队参赛，扩大了棋手的类型，是实战练兵的好舞台。

他意识到这是一个机会，所以他放弃了对黄金周的享受，来上海"指道"。

在具体的指路中他给徒弟充分的自由和信心的鼓励。他说，在赛前他并不会给他的徒弟安排什么布局，或者该如何应对不同的对手，他希望他的徒弟能够按照自己的意愿来选择自己的套路，这样可能有助于形成他们自己的风格。在比赛的过程中他则会随时观察他们的表现，而一俟比赛结束，他马上就会现身说法，帮助他的徒弟及时分析对局中的得失。在两天的时间里，

作者与柳大华在比赛现场合影

人们在闸北体育馆里经常能够看到柳大华给小孩子讲棋的情景。在柳大华看来，赛后的总结更有针对性、更有值得研究的价值，对打好比赛有更直接的帮助。

他说，平时的训练和比赛是有区别的，如何把学的东西在比赛中发挥出来，需要过程，更需要实战的磨砺。所以，他在指导他的徒弟"学棋"的过程中，用尽了各种各样的方法，比如面授、集中训练、视频、网络、电话、模拟实战练兵、指定家庭作业等，尽管如此，他还是很看重真刀真枪的比赛。于是，才有了国庆假日期间，他和他的学生急奔上海的"千里赴戎机"。在比赛的现场，他悉心地指导着他的孩子们、像一个临场指挥的将军一样。他还让他的徒弟们观察、学习上海棋手的赛场表现以及他们对待比赛的投入态度。上海棋界的许多朋友走过来向他问好，和他叙旧，他在时间的把握上也是非常的适可和适度，看得出，在上海的两日，他属于他的两个徒弟。在过去，他是一个布道者，在闸北体育馆，他则实实在在地成为了一个为人指道的人。

中国象棋大师网：2010-10-8

10
李来群：棋有道　艺无涯

第五届"碧桂园杯"期间，笔者在美丽的"七星"酒店数度"邂逅"特级大师李来群。

一双平底白边的布鞋，一支中华牌的香烟，辅以他特有的步伐，沉稳而又节奏分明地行进在往来赛场的路上。他职业棋手的举止和风范成为了凤凰城酒店牵动一波波、一群群棋友视线的"北国风光"。

高手练剑、谁知我心？

江湖上有言：高手过招，一草一木都是利剑！

曾经的王中王，李来群不知有过多少假"一草一木"之"利剑"而让诸多"高手"签订城下之盟的战例，其卓然超群的棋艺，更是让无数的棋手在其面前"臣服"。

首次把象棋冠军"捧过了黄河"，不仅让"河"北的棋迷们顶礼膜拜，也让"河"南的棋友们心悦诚服。因此，李来群书写了自己的象棋传奇，也成为了一个时代的标志和标杆。

高手练剑，胜在剑不离手！久疏战阵的李来群在"碧桂园杯"这样的"王中王"的"高峰论坛"中，显然是因为手生而有点"剑法"迟钝了，虽然他的功底还在，但对新的变化和电脑拆解出的新套路新着法，明显不如还在一线搏杀的对手，特别是与他相差一个辈分甚至以上的青年人。他过去可以借助"一草一木"的微弱优势并将之扩大而取胜对方，如今的他在许多的时候，也是败在不经意之间的"一草一木"的纤微的差距上。

他像巅峰时刻一样的专注于每一盘的对局，像当值的专业棋手一样认真对待这样高规格的比赛，但比赛的结果与李来群的"名声"有了巨大的"落差"。

笔者与李来群等 15 位象棋全国冠军探讨棋道与中华文化

　　每每从赛场下来，李来群都是面如止水的表情，这是经历过云卷云舒、跌宕起伏的人生历练之后的大师的一种超脱和在胜负面前的淡定。

　　但大师内心的痛苦有谁能知？李来群说：每盘棋都尽了全力了，否则对不起比赛的主办方、对不起广大棋迷、也对不起自己。一个专业棋手输掉一盘棋，不啻于遭遇一次大的灾难，如果输掉的是关键的比赛，也可能就是经历一次死亡的考验。因此，李来群调侃说：希望能够组织一个元老比赛，以自己的实力还可以应付，如果再参加"碧桂园杯"这样的比赛，他希望能够有一定时间的准备。从这些谈话中，我能够知晓大师对棋的痴迷和对胜负的渴望，毕竟，李来群曾经是集象棋的万千荣誉于一身的王者，是一个让坐在他对面的棋手胆寒的胜负师。

心仍在棋、不改初心

　　李来群的名片上，只有"象棋特级大师""中国象棋协会推广部主任"的字样。在刹那的惊诧之余，记者感知到，尽管他已经是一个成功的企业家，但他的心仍在棋，情仍是棋，生命的依托和终极目标的追求依然是棋。

　　为此，他紧捧着我新出版的《棋道·微传播》，在我向 15 位特级大师进行了"除完胜、复何求？"的有关棋道、棋文化的讲座之后，单独与我进行交流。李来群认为：下象棋，不一定就是培养冠军或者奔着冠军而去。能够悟出棋道的哲理，无论做什么，都会是一个"明白人"，通过象棋运动提高了智力、提高了形势分析判断能力、提高了"攻城"的坚毅能力和纵横捭阖、决胜于韬略和调兵遣将的能力，练出了能够容纳天地的"大心脏"，提高了承受失败的能力，等等，这样的人与任何人"对弈"，都是"高手"，都会立于不败，都会有高比例的"取胜秘笈"。

象棋特级大师李来群传奇人生
《棋行天下》封面

　　所以，在李来群自己登上了象棋事业的高峰之后，有了"为整个象棋事业做点事"的意念，并从自己感同身受的经历与体会中悉知了该如何"为象棋运动尽力"，所以他把"棋行天下"的"胜负手"放在了房地产这个大棋局上，并以棋道的法则取得了令人称羡的成就。

　　同时，经过了一盘盘更大棋局的"对弈"，李来群还总结出了诸多的"李氏定律"可以给养、滋补棋界，如：千里马遇上伯乐，才是千里马；象棋是人骑象的游戏，抑或是灵魂向往的图腾；蚂蚁伸出腿来，能把大象绊倒，生活就是这样；职业的命门，与职业无关；棋道，就是拿起棋子，然后放下棋子；王者，人主天地，圣者，神主天地，唯有智者，才能在天地间化身；盲棋，就是在心里摆很多盘棋，用心当眼来下；只有象骑到人身上，才晓得什么叫斤两；敢于在小处舍"车"，在大处舍"卒"，等等。

　　很显然，一个特级大师的攻关，已经是在面对社会而进行一个更高更大的博弈，他希望通过自己的努力，为社会提供更多的具有普世、普适意义的棋道法则。

　　因为象棋"铸就"了他的初心，象棋成为了他生命中的阳光、空气和水，象棋成为了他人生旅途中难以舍弃、也无法舍弃的"行囊"。所以，在2017年新年到来之际，特级大师李来群特别地问候关心支持帮助过他的棋友和各界人士，也向广大的棋友们真诚表白：舍不下的象棋之路还要继续往前走！

中国象棋大师网：2017-1-1

11

徐天红：值得做的事，就值得做好

在"长三角象棋联谊会"成立大会暨"第七届长三角城市象棋大联赛"在浙江杭州举办的现场，笔者高兴地与中国象棋特级大师徐天红就中国象棋该如何发展、"长三角象棋联谊会"该如何发展的问题进行了访谈。因为两项活动叠加在一起交叉进行，而徐天红又"屈就"受聘于"长三角象棋联谊会"的"名誉顾问"，因此"访谈"是在没有事先约定，不预设主题的情况下随机进行的。

戴荣光、蔡伟林、徐天红、季本涵、葛维蒲、言穆江、
肖福根、李建新等在会议主席台（从右到左）

认准了的事：坚定不移地坚持做

就"长三角象棋联谊会"这个组织，徐天红认为是一个"新生事物"，

这个依托中国最发达地区的经济体、依赖富有传统人文历史与棋艺文化基础而诞生出来的、开中国跨地区、跨省市群众性象棋联谊会先河的组织，是一件"值得做的事"。

如何把这件事做好？徐天红认为：首先是要有"取胜的信心"，坚持做，从最细小的地方开始做。这个曾经获得过全国冠军、世界冠军等象棋至尊荣誉的特级大师，成功之路也是从自己认准了的道路之后坚持做开始的。就他的棋风而言，基本一致的社会认同是"棋风细腻，布局严谨、积小胜为大胜"。明眼人一看就知道，这是功夫棋的路数。正因为是功夫棋，所以徐天红就一直坚持做，不走捷径，不搞盘外招，靠日积月累来夯实自己、壮大自己，摸索实用于自己的战略战术，并在多年的实战中检验与完善。这是他"做"象棋这件事的笨功夫，其实也是助力他获得成功的巧功夫。

徐天红认为，现在的"长三角象棋联谊会"，在一定程度上可以类比刚刚学棋的小伙子，要达到一个什么目标、如何开展工作、如何完善自我、如何"取胜"等，均要实践、时间、社会评价、棋友们的认可等来进行评判，但既然"组织"已经成立了，工作就应该持续的有计划的展开，不能有一刻的停顿。

选择很重要

徐天红是个非常实在的人。他受聘"长三角象棋联谊会"名誉顾问，但他决不是"顾而不问"。将近两天的时间，他谈话的大多数内容也是围绕如何把联谊会工作做好这个主题展开。

他认为"选择很重要"！做好一件事，就好比要下好一盘棋，除了平时的刻苦训练之外，根据不同的对手选择不同的战法非常重要。长三角地区经济发达、人文荟萃，有很好的象棋活动的群众基础。因此，"长三角象棋联谊会"的成立，既是联谊会的组织和核心成员们认准了这一历史使命之后的选择，也可以视为是当今时代对长三角从事群众象棋活动的人的托付和选择。两者的选择相同，说明这就是一个我们责无旁贷的历史选择！

徐天红举例说，"淮阴韩信杯"的主办者，也就是认为象棋是韩信发明的江苏淮阴地区的象棋人士，在经过了诸多方案的比较之后，"选择"了举办"淮阴韩信杯象棋国际名人赛"做为一个"值得做的事情"来做，他们从起步开始，也是不断摸索，不断总结，到今年该项赛事已经做到了第七届，

笔者与徐天红特级大师在比赛地合影

影响力遍及海内外，同时主办方还"选择"了中国象棋协会、江苏省体育局等共同主办、完善、推广这项赛事，已经"兑现"的目标远远超出了预期，借助于棋，在诸多领域叫响了"淮阴"这样一个名字、这样一个地名、这样一个历史名城，说明了他们举办"淮阴韩信杯"的"选择"是多么的正确和智慧。

学会借力使力

徐天红认为，"长三角象棋联谊会"是一个群众组织，但如果做好了，可以做成一个很好的"品牌"！以长三角企业发展的态势看，诸多企业其实也在寻找这样一个品牌来进行合作的。这是迅速把联谊会做到一定的高度来进行自我发展的必备要素和根本前提。

要实现这一目标，可以学学象棋比赛中的"借力使力"。如我们这个联谊会是一个区域性的组织，具有"联谊"长三角所有地区的"合法性"，因此，可以借助长三角地区棋类特色学校的力量，主办类似特色学校的比赛，组织长三角地区企业家的比赛，组织长三角地区大学生的比赛，甚至可以利用春节、各种长假期等组织领导干部及其他领域的比赛等等，可以组织象棋文化的研讨、进行棋道与社会的相关问题的研究，真正的把象棋与社会、与时代、与中国梦紧密的结合起来。借助各种各样的社会力量来推动联谊会的工作，这样，联谊会的局面就一定会在短期内得以改观。

国家已经有了长三角发展的总体规划，长三角地区的各级政府部门也有了类似"长三角地区发展协调局"这样的组织，如果我们的联谊会能够与这些组织"对接"，相信会有更大的力量可以"借助"。

徐天红认为，要做好这件事，联谊会需要在竞赛、宣传、市场与推广等三个方面下功夫、花力气。

管理学中有一个"不值得定律"："不值得做的事情，就不值得做好"，这个定律反映出人们的一种心理，一个人如果从事的是一份自认为不值得的事情，往往会持消极怠工、敷衍了事的态度。不仅成功率小，即使成功，也不会觉得有多大的成就感。徐天红特级大师反其道而论之，直言"值得做的事，就值得做好"，不啻是对"长三角象棋联谊会"发展的一个充满睿智与灼见的建言，也是一个非专业棋类组织发展的一个福音。

中国象棋大师网：2015-9-5

12

弈趣与学理

2009 年 4 月 21 日，上海大学教职工象棋代表队访问复旦，2010 年 5 月 28 日，复旦大学队回访上海大学。在两回合的对抗比赛中双方各胜一场。

作为这个赛事的亲善者、亲历者，我涉身其间，殊感交流增益、科有互补。草成《江城子·弈事》一首，并聊发三点感想，为以励志。

《江城子·弈事》：上大复旦遥相望，棋为媒，互来往。楚河汉界，品茗手谈忙。去岁上大访复旦，未伏虎，已先伤。

今时对手如约至，鼓声急，气势壮。主队列阵，尽遣强中强。硝烟退时将帅欢，论短长，共荣光。

象棋是本人喜爱的一种运动和休闲方式。闲暇之余，约棋友对弈几局，或在网上杀上几盘，甚为优哉和惬意。有时也难免把象棋和自己的专业（新闻传播学）做一番联系和比较，竟然发现它们两者之间有着相当多的可以互鉴的东西——

夺冠：一定是在征服所有对手之后

不少人喜欢包括象棋在内的体育比赛，那是因为体育比赛是在公开条件下的公平竞技，它比的是实力、比的是智谋、比的是能够证明实力的综合能力。拿象棋比赛来说，最后的胜利者一定是在征服了所有对手之后的强者，在这个征服的过程中没有任何捷径可走、没有任何侥幸可言。

我曾经在几个大学工作学习，有过在那些学校的象棋比赛中入围三甲的记录，2006 年来上海大学以后，两次参加学校组织的教职工象棋比赛，一次第二、一次第三，离冠军总是差那么一点点。实战经历告诉我，要夺冠，一定要征服所有的对手——而且是靠实力征服、靠棋艺征服。

在学术研究中同样如此。要达到研究的高峰，取得别人信服的成果，一定要靠自己的本事，靠自己的实力。遗憾的是学界有不少的另类：一些新闻传播学界的教师全然不顾公平竞争的原则，靠造假蒙世界、靠剽窃发文章、靠抄袭出专著、靠投机拿文凭、靠取巧近领导、靠妄言骗学生、靠公关立学科、靠拉帮占山头、靠行贿拿课题、靠学生做研究、靠卑鄙谋官位、靠伎俩升职称、靠讨好求荣誉、靠卖身得实惠、靠谗言贬他人、靠自诩夸自己，如此等等，不一而足。诚然，个别人靠上述方法得到了一定的实惠，但是，我想问，这样的"招数"能够在真刀真枪的比赛中使用并能够取胜你的对手吗？

早年学艺时一位高手告诉我：冠军都是输出来的。只要有一股不怕输、不服输、不认输的精神，就一定可以攀上棋艺的高峰。高人告诉我的是一定要学会正面迎敌、正面克敌，千万不能使"盘外招"。经年以降，我谨铭他的教诲，无论是在学术上还是在棋艺上都渐次提高，虽然至今没有达到一个理想的高度，但是我的每一步都迈的实实在在，我的心里是坦荡的。

过招：必然要拿出自己的东西

有人曾经做过调查统计，结果是：在中国开展最普及、参与人数最多的体育项目是中国象棋。在这样一个有群众基数的项目中出人头地，不是一件轻而易举的事。姑且不说能够代表最高水平的国家级赛事，就是一般的省、市级、甚至是区县级的比赛，也是高手云集，取得好成绩颇为不易。在这样的竞争面前应该怎么办？实战给出的结论是：要拿出自己的东西！中国象棋的各种资料浩如烟海，各类棋书、棋谱目不暇接，读不胜读。如果你只知道习读别人的棋书，背"谱着"而没有自己的东西，在比赛中一定不会取得好成绩。称霸棋坛二十余年的特级大师胡荣华，其笑傲江湖的秘笈就是他拥有具有自己鲜明特征的"飞象局""顺手炮"等东西。其他成绩斐然的棋手也莫不如是。

学术竞技中，亮出自己的观点同样重要。能否求新、求变、求自我同样可以决定一个学者的成败。随波逐流或者拾人牙慧，炒熟饭或者捣鼓大路货，不仅不会取得你希望得到的东西，甚至不能够赢得对手或者同行们的最起码的尊重，因为你没有自己的东西。象棋高手不大愿意和"臭棋篓子"过招，学术成果看重原创、鄙视剽窃，道理是一样的。

境界：“一生悬命”

　　“一生悬命”是来自日本棋界的一句话，大意是为了棋要奋斗一生，而且是要在一种生与死的选择中去奋斗。在中国象棋的世界中，类似这样的名言不胜枚举，如“人生如棋”“世事如棋局局新”“棋虽小道、品德最尊”“楚河两指宽、智谋万丈深”“落子无悔大丈夫”等等。

　　就象棋本身而言，它不仅是智力的体操，而且是中华民族对全人类的一份精神馈赠。棋，作为“琴棋书画”四大雅事，历代文人墨客视之为必行之道而浸淫其间。“虽不善书，笔砚不可不精；虽不工弈，楸枰不可不备”是之谓也。

　　象棋兼有体育竞技和陶冶情操的功能，它注重的是选手的内外兼修和心态平和。一般说来，以传授定向知识的“教化”往往流于外在，且常带有一定的强制性，而“陶冶”更偏重人的内心自觉，激发人的主动参与意识，它通过对棋理的研习和领悟来培养品德、端正礼仪、训练思维、磨炼意志和斗志，进而达到修身养性的目的。要达到或者实现这个目标，就要始终不渝地付出，就需要一种不破楼兰终不还的气概，就需要“一生悬命”。

　　学术研究中如果具有了这样的一种精神，并一以贯之而不是浅尝辄止，同时具有了象棋世界中“舍车保帅”的大局观，“精雕细刻一局棋”的竞技理念，“可以技不如人，不可气不如人”的精神储备，时刻保有“一着不慎满盘皆输”的训诫，我想这样的学术研究一定是目的性、方向性、计划性很明确的研究，一定是整体和局部结合得很好的研究，也应该是可以预期的研究。

　　这就好比下一局棋，谋定而后动、戮力以攻城，鲜有败者也。

上海大学报，2010 年 6 月 12 日，第 4 版

13
《棋道·微传播》与新春感赋

编者按：《棋道·微传播》出版之后，引发了社会的关注，人民网《棋友》杂志、中国象棋大师网等进行了报道。《棋道·微传播》不仅探讨棋文化与中华文化，也关注社会，探寻和传播具有普适性、普世性的文化。它也可以以特别感赋的方式为中华民族传统的节日，如春节等提供文化快餐、文化餐。

为此，特请《棋道·微传播》的作者，上海大学新闻传播学教授、博士生导师李建新撰写此文，向广大读者拜年贺岁。

感怀贺赋是中华文化交流与传播中最重要的内容，也是人们情感、情绪表达与宣泄的最大口径。当然，它的样式与方法也是最多、最富有想象、传统、创新及时代性的。

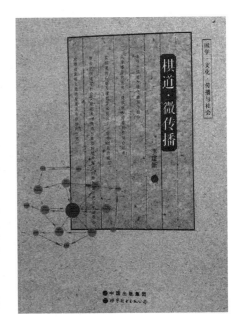

在变与不变的亘古法则之中，民族文化积淀下来的、已经融入人们生活甚至是生命之中的东西是永远也不会改变的，比如棋道中的感怀与贺赋。

逢年过节，人们在食物的饕餮之后，沏上一壶茶、摆上一副棋，品茗对弈，畅叙幽情，是非常惬意和开心的，高潮之处，唱怀赋吟，诗词言志达情，委实是类似春节这样的节日所不可或缺的元素。

2017年春节到来之际，笔者应邀

参加一个类似"嘉年华会"的与象棋有关的活动，感慨之余，即席赋吟：

　　　　棋行天下天地阔，假日半在楚汉过；
　　　　友情助场为棋道，赤膊上阵也能搏；
　　　　车炮打前阵，将帅帐中喝；
　　　　一朝拥有兵百万，争胜拒败和亦乐。

　　我把最后一句"争胜拒败和亦乐"定为了词的题目，想起来，还真的有玩味品咂的空间。

　　就充满了智慧的对弈而言，胜负是高潮之后的快慰，言和是讨价之余的妥协，运子是工于心计的玄妙，取势是大气磅礴的张合……如此不一而足的象棋题材，怎么能够不触动艺术家甚至芸芸众生握笔的神经，使他们慷慨当以慷地为象棋而歌赋、为棋道作礼赞呢？

　　《棋道·微传播》创作的初衷，就是寻找一种除"完胜"复何求的酣畅淋漓，胡荣华特级大师对此的读解是：棋与万物相通，得道可行天下；《棋道·微传播》在探求棋道方面进行了卓有成效的努力，一些文章在棋道的挖

15位象棋全国冠军与《棋道·微传播》作者李建新在一起

掘与理析方面颇有见地，能够把棋道与社会关联起来，提炼出象棋的精神产品的附加值并把它享诸社会，是对象棋文化的进一步发展，是对棋界的贡献；新闻学泰斗、中国人民大学荣誉一级教授方汉奇先生认为，借棋道，新闻天地宽。方教授认为棋道可以给新闻学研究提供诸多的给养，言称《棋道·微传播》是李建新在学术研究的道路上放出的"冷箭"，是一道大餐，一道可以为新闻传播学者们提供新的思维与视野的大餐，可以为新闻业务的实操与提高提供参考的厚重之作；《棋友》总编辑，有"中国业余棋坛总司令"之美誉的石毅先生有感于《棋道·微传播》是"近20年来难得的这个

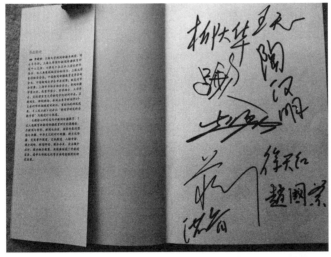

特级大师签名祝贺
《棋道·微传播》出版

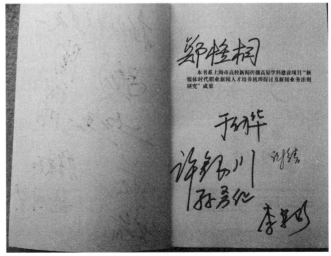

题材的专著"，特别地以"建述微传播棋道，新闻教授第一人"的嵌名诗相赠相送；徐天红特级大师认为《棋道·微传播》"布局新颖　着法精妙"，专著写出了棋的灵魂、棋的筋骨、棋的生命。它给棋以新的社会定位和社会功能，发掘出了高大上的象棋文化。

　　立足于文化的基础之上来探讨棋道，来寻求棋文化与国粹的关系，我感同身受地体会到：

> 棋道社会万万千，烘云托月瀚无边。
> 十论全是门外语，臻善还赖众士贤。
> 楚汉不是指尖艺，胸广能容大世界。
> 胜人一筹非易事，成败功名淡如烟。

　　这是我写《棋道·微传播》之后对诗词贺赋的新的认识。受此影响和启发，在 2017 年春节到来之际，特创作一首《时间》并以此再次感悟《棋道·微传播》和向所有的同道者致以"棋道"的问候：

> 承往续来系只身，无始无终有古今；
> 公平赏与每一位，肤色性别老少同；
> 不媚权贵不欺世，春夏秋冬自从容；
> 做个法官应最好，成败得失看年轮。

　　改编自《棋道·微传播》之"棋赋于烘云托月"（中国出版集团·世界图书出版公司 2016 年 11 月版），题目和内容进行了适当的调整和改动。

14

遥望碧桂园

遥望碧桂园，不是奢望能够拥有一套代表体面与生活档次的碧桂园住宅或者别墅，而是期待一次象棋与文化的邂逅以及一次传承中华文化与国粹的机遇。

遥望冠军的荣耀

碧桂园与冠军"结缘"已经 4 年了。当值第四届"碧桂园杯"全国象棋冠军邀请赛 2015 年岁末在广州如火如荼地举行的时候，持续 4 年的集聚效应使得这个比赛成为了海内外棋迷乃至社会上一个关注的焦点。

这个象棋"王中王"性质的比赛，颇有当年"五羊杯"比赛的味道，而且在赛制上有了改进与创新，在奖励上有了很大的突破，不仅使"碧桂园"这个企业的品牌有了"冠军"的元素，而且唤起了万千棋迷对象棋的新的热爱。

我的棋友、长三角象棋联谊会主席肖福根、上海市民象棋联谊会秘书长涂福强先生等应邀南下广州观摩碧桂园，行前的告别使我顿生羡慕；广东象棋网管理员打虎将等则在碧桂园比赛的一线辛勤报道，展示出了象棋记者的良好风范，堪为同行之楷模；这些朋友们快乐地集结在碧桂园赛场边，分享象棋的文化魅力、竞技魅力、传播魅力、和谐魅力等，可以想象得到他们是多么的惬意，多么的荣光。

对参加比赛的棋手而言，大多数是我已经认识的朋友，写过报道、进行过项目合作、专业请教、合影留念的加在一起超过三分之二，特级大师的神秘面纱在我这里已经退去，取而代之的是我们对棋艺、棋理的探讨和多日不见的问候。

如今，这些朋友因为象棋、因为碧桂园而相聚在广州，这实在是一种让人垂涎欲滴的羡慕。

我没有资格现场分享这样一次冠军级别的荣誉、冠军级别的赛事，只能"遥望"。

遥望心仪的战场

碧桂园是棋王们表演与比拼的舞台，也是媒体角力的战场。20多年前，没有电脑、没有互联网，纸媒是世界的主宰。一份让我非常痴迷的报纸《羊城晚报》给了我的大学生活以足量的新闻滋补，使我感知到了新闻的魅力；而《羊城晚报》等有关体育的报道、特别是有关象棋的报道更是撩拨的我心旌摇曳，长久的难出其笔墨勾勒的意境——我不知道是新闻的魅力还是象棋的魅力，或者二者兼而有之。总之，我一个学工科的后来走上新闻道路，与一篇篇精美绝伦的、让人拍案叫好的象棋报道的诱发和刺激是有着特殊的关系的。

那个时候，正是"五羊杯"风头正劲之时，棋城广州、广州的文化公园成为了我关注的"战场"和期盼着能够有朝一日"到此一游"的遥望之地。

2014年11月，借广州开会之机，我专门去了广州的白天鹅宾馆，里里外外转了个遍，并以其为背景留影多张，我还特地去了文化公园，寻觅依稀鼓声可闻的当年的"五羊杯"和如今的"碧桂园杯"的战场，我甚至还做梦一般的期待与棋王、棋友们在那里的邂逅、在那里一起为象棋喝彩。

近几年，因为象棋，我开始走出"象牙塔"，在长三角一带时有"流窜"，写了一些象棋的报道与棋友们进行交流。

很显然，碧桂园是我非常心仪的一个"战场"，能够为万众瞩目的比赛助力，以一种文化的方式进入到这个企业、棋王、棋手、棋迷、新闻记者等广泛参与的社会活动中来，在碧桂园的强烈刺激下写出能够让棋迷、受众更满意的作品，是我的愿望，应该说也是所有新闻工作者的愿望。

碧桂园靓丽而销魂的舞台，何时可以成为我施展拳脚的战场？

遥望待哺的眼神

我目前的工作是做记者又培养记者。感同身受的体会是现在的新闻不好教！媒介化社会已经普遍提高了人们的新闻素养和新闻的审读能力。对新闻学子而言，没有独特的东西与他们交流，很难使他们信服老师的"白话"。

体察到了这个"囧"况，在近几年的新闻教学中我更多地加入了"现身说法"的内容，把自己的采访过程、写作心境、目的意图、社会反馈等告诉了新闻课堂上那些嗷嗷待哺的学子们，取得了不错的效果。

如我采访胡荣华的报道"象棋就是精品创造"、采访徐天红的报道"值得做的事，就值得做好"、采访柳大华的报道"布道·指道"、采访石毅的报道"按习老的嘱咐办《棋友》"、采访全国业余棋王赛的报道"川沙争棋王"等，都是经过了认真准备和数易其稿之后的作品，我在课堂上和学生们分享我的创作过程，把新闻采访的一个个完整的过程讲述给他们听，其中还融入了象棋以及文化的元素，这样的做法让很多学生学到了"有用"的知识，我的课也成为了他们乐意的选择。

2015年新学年开学之始，上海大学让我给大学新生进行一个首日教育的讲座，"指导学生的大学生活"。我在颇费一番思量之后，选择了一个"大学生活的法则和借用法则"的主题，其中的"借用法则"就是借用我2015年9月初发表的与象棋有关的5篇系列文章"棋道与社会"，当我在演讲中细解了"棋道与社会生存""棋理与艺术创造""棋规与自我约束""棋战与兵家智慧""棋友与天下一家"等文章的要旨并把一些棋道的"法则"特别对应之后"借用"给学生们的时候，回馈的掌声是我吃"开口饭"以来比较享受和陶醉的一次。

碧桂园是超级大咖的演出、是重赏之下必有名篇的王者之战，"戏里戏外"能够提供的新闻元素多多，能够触发你探讨棋道与社会的敏感点很多，能够为新闻学子、为大学生、为社会百姓提供的"食材"也一定很多。这样的机会，无疑是掘金！

因此，我无限遥望！

广东象棋网：2015-12-4

15

"标杆"碧桂园

　　"标杆"是一个标准的划定，是应该看齐的一个高度，是臻于理想的一种状态，是满足大家的一个尺码。观照、总结、分析近几年各种各样的比赛，我认为"碧桂园杯"可以视为是象棋比赛的一个"标杆"。

1　体察棋友与见微知著的"标杆"

　　棋道、棋理、棋文化的深邃和具有的普适性，堪称中华文化中的艳丽奇葩。如果象棋运动的发展能够融入更多的棋道与文化的元素，不啻双轮驱动。这是象棋运动赢得更高的社会认可，在"中国梦"的大潮中飞速勃兴的重要助力因素。

　　缘此，2015年初冬，当悉知已经名扬海内外的"碧桂园杯"全国象棋冠军邀请赛要举办征文的时候，我很为这一活动叫好，并写了一篇"遥望碧桂园"的文章应征。

　　应征的结果是"名落孙山"。

　　在征文结束之后、颁奖之前发生的事，让我感慨万千：主办方告诉我：由于我的文章没有放在征文应该发表的栏目里面，而应征的文章又特别多，所以我的文章也就没有进入评比的程序。

　　事后，主办方发现我的文章"的确可以"，故特地给我打电话，除了坦诚地表达了"工作顾及不够"的歉意之外，还非常真诚地邀请我参加"碧桂园杯"征文的颁奖典礼，"一切费用全包，希望做一个主题发言。"

　　应当承认，一个全国规模的征文比赛，出现一些疏忽或者遗漏，是再正常不过的事情了。没有想到2015年"碧桂园杯"征文能够如此重视一篇遗漏的文章，而且能够与作者进行直接的沟通，敢于承认工作的"失误"并想到了很好的"善后"办法，让我感知到了他们对待组织比赛的每一个环节，对待相关合作方的细致和认真。

世界上最难做的事就是把小事做好。"碧桂园杯"能够在征文中认真对待一个不知名的应征者，不以自我为中心，不"店大欺客"，不为自己的疏忽辩解等，堪为全国棋类文化活动的一个"标杆"。

2　档次与动机的"标杆"

广州以"棋城"名世。象棋历史悠久，象棋名手迭出，象棋文化浓郁，各种象棋赛事大手笔等都为这个城市进行了靓丽的象棋标注。

想当年，誉满海内外的"五羊杯"象棋冠军赛，不知吸引了多少棋迷的眼球和牵动了他们的心弦，棋迷期盼每年一度的"五羊杯"大赛，颇有穆斯林到麦加朝圣般的狂热。杨官璘、胡荣华等人的名人效应在广州文化公园体现得非常淋漓尽致。"五羊杯"成为了那个时代象棋比赛的一个"标杆"。

2012 年 11 月 25 日，我差点被一则象棋比赛的消息"吓倒"和"兴奋倒"！"兴奋倒"的由头是碧桂园集团推出了"碧桂园杯"全国象棋冠军邀请赛，直观的感觉是这个比赛仿佛接过了"五羊杯"的衣钵并有了时代的发展和传承，"吓倒"的原因是首届"碧桂园"杯冠军的奖金是 60 万人民币！ 60 万！ 这是包括所有参赛选手和棋迷想都不敢想的一个数字，因为在此之前，还没有任何一个比赛设有如此高的奖励，也没有哪个企业、哪个老板能够为支持象棋的发展而如此地慷慨解囊。

2013 年，第二届"碧桂园杯"冠军的奖金增加到了 65 万；2014 年，第三届"碧桂园杯"冠军的奖金增加至 70 万元，总奖金从 134 万元提高至 152 万元；2015 年的第四届"碧桂园杯"，虽然冠军的奖金还是 70 万，但总奖金增加到了 158 万元，这些数字都是象棋比赛奖励最高的，真的是让人感到了他们对象棋比赛的高度支持。

"碧桂园杯"邀请的是获得过全国比赛冠军的选手，奖励的是王中王。王中王既是引领象棋发展的旗帜性人物，也是左右象棋运动发展的关键人物，还是体现象棋人特质的代表性人物，他们有着广泛的社会影响力。通过他们的活动和带动，可以更加有效地把象棋这个民族的国粹弘扬和传承下去。对王中王一些肯定和褒奖，在棋手的收入和生活状况普遍不是很好的情况下，可以鼓舞棋界人士的士气并起到非同一般的"蝴蝶效应"。因此可以说，碧桂园集团的投入，既是对一项赛事的投入，也是对整个象棋的投入，更是对民族文化的投入。

对比一些象棋赛事的组织者通过组织比赛"圈钱"，通过比赛搞关系或为了实现某个目的，绞尽脑汁、挖空心思的"消费"象棋大师和特级大师等等为社会和棋界齿冷的行为，我更感觉到已经连续举办到了第五届的"碧桂园杯"是为组织象棋比赛立了一个"标杆"——这个"标杆"既有企业对象棋事业无人可及的支持，也有他们主办比赛纯洁的心态和动机。

3 拓展象棋外延的"标杆"

"碧桂园杯"邀请象棋王者唱大戏，但大戏之外，借助"碧桂园杯"的比赛而拓展象棋外延的做法，也是大大的可点可赞！

比如，他们把主办或者支持象棋事业的目的，与"做有良心、有社会责任感的阳光企业"的企业文化核心理念结合起来，在"弘扬国粹、超越自我"的比赛宗旨之下，开掘出了许多匹配时代需要的文化和象棋文化！

又如，"碧桂园杯"组委会不仅邀请棋手，还邀请全国各省市的代表、全国象棋业余棋王赛男子公开组、女子公开、老年组获奖人员，媒介代表、上届征文代表等与会，布下了燎原全国象棋热的"火种"。

还如，他们不仅把比赛对局及时地通过专业网站提供给象棋爱好者，也组织专业团队，全方位、立体化地对比赛进行报道，还开通的英文报道的对应版本，向全世界推荐、推广中国的国粹。

再如，他们体察了普通棋迷的观赛心情和他们的需求与愿望，给这些人也提供了机会，同时用新媒体等为他们提供个性化的服务。通过征文等凝聚诸多智者对象棋文化及传统文化的关注与成果，在学术层面拓展了象棋的价值与生存空间。

据应邀观摩了"碧桂园杯"的上海市代表肖福根介绍：碧桂园的气魄和手笔确实大，除了高度的专业化之外，方方面面都考虑的非常仔细，比赛的组织和运行堪称完美。

肖福根还介绍：碧桂园征文是个创意。国内外有许许多多的象棋比赛，但公开的、提供高额奖品的征文还不多见。这是文化战略，是寻找企业发展之魂、呼唤象棋之魂的战略。让一次象棋比赛成为了一道文化的大餐并带

给全社会的人去享用，这应当也是"碧桂园杯"为象棋比赛树立的又一个
"标杆"。

广东象棋网：2016-11-26

本文获 2016 年"碧桂园杯"第二届象棋征文比赛一等奖。获奖名单
附后。

2016 年"碧桂园杯"第二届象棋征文比赛

征文一等奖：09 号《"标杆"碧桂园》 作者：李建新

征文二等奖：30 号《碧桂园杯决赛演义》 作者：素素

　　　　　35 号《李来群印象》 作者：梁国志

征文三等奖 15 号《棋魂》 作者：秦时明月

　　　　　36 号《一盘吸引八十万棋友在线关注的棋局》 作者：起
炮在中宫

　　　　　43 号《再聚首，碧桂园》 作者：三月三

幸运一等奖：40 号《中国象棋的诗意叙述》 作者：云中月

幸运二等奖：29 号《勿忘象棋初心》 作者：ldj1967

　　　　　38 号《楹联十副·第五届碧桂园杯象棋赛（并序）》 作
者：象棋迷城

幸运三等奖：33 号《2016 年第五届碧桂园杯全国象棋冠军邀请赛祝贺
诗》 作者：allum555

　　　　　39 号《梦游"碧桂园"》 作者：月光宝盒

　　　　　32 号《七律·观弈随笔》 作者：求是 123

16
棋人重"九友"

传说中天有"九重","九重"乃最高端、最风光、最旖旎之一重。

能够跃上"九重"的，肯定是造化一流，修炼臻于化境的"高人"。

其实，如果现实生活中如果真想跃上"九重"，也不是一件特别难的事，经营、维系、发展好"九友"，就可以帮助实现心中的梦想，就可以步入心想事成的境界，就可以高入"九重"而开心的俯瞰世界。

这个道理，来自于石毅先生关于"九友"的高论及其对"九友"的敬重。

石毅老被称为"业余棋界总司令"！"司令"应该是军中级别最高的首长，是旗帜和标志性的人物。

知道石毅老的人都知道，这个"红二代"统领的不止是"业余棋界"，其实是"九友"合体。

"九友"是石毅 1999 年 70 岁生日时在丹东首创的提法。当时的横幅即为"石毅先生七十大寿九友会"。另外写了一个"酒"字、一个"久"字，宴会开始时把酒字盖在九字之上，成为"酒友会"；宴会结束时把久字盖在酒字之上，成为"久友会"，意思不言自明。

中国文化讲究九九归一，九是老大。围棋九段是最高段位，工匠九级是最高级别，一言九鼎是最有分量的话，三教九流包括了最多的派系等等。

在石毅的人生履历中，以自己所擅长和自己在某些方面的成就，在诸多领域广结善缘，在许多领域拥有了许多朋友或者挚友，概括起来有：战友、棋友、诗友、书友、歌友、曲友、学友、政友、文友、编友、医友、企友、亲友……

友甚众、皆知己、多领域、普天下。

在诸多朋友罗列不过来的时候，石毅老取数字中最大的数字"9"为指代，概称"九友"。他的一生，有不少的精力来用心的"经营"和发展这些"九友"，并与"九友"一起，为事业谋力、向人生讨彩。

在石老纵横捭阖的诸多领域中，有几个领域是独善或者是拥有"领先"优势的，全国"九友"在其八十大寿时赠予他的金匾可以窥知一二：核心内容是：

九友之骄：如先生棋，不如先生办棋刊。如先生办棋刊，不如先生棋友杯赛连办二十番。如先生棋友杯赛连办二十番，不如先生书法功力到高端。如先生书法功力到高端，不如先生先烈父亲血洒瑞金铜钵山！

由是，我们可以知道，石毅老在棋、"棋友杯"书法方面的高端造诣和成就是可以载入史册的。

棋界的"司令"在如此众多的领域广泛涉猎，兼取养分，博得各方支持，是一条成功之道。这也昭示，一个棋手的成功，有太多太多的内容在棋外。

一个棋手要立足社会，要懂得社会生存的法则，要悉知社会的需求与禁忌，要能够融入社会、是好汉，也要"三个帮"。

同时，棋是社会"搏击"的"路演"，在一定程度上是人与人对弈、人与社会对弈、人与自然对弈的现实版，不懂得进退、不懂得攻守平衡、不懂得输赢的道理、不懂得形势的判断和在关键时刻的当机立断，是断难取得成就的。所谓"道法自然"的"道"，当然也包括了棋道。因此，"转益多师是汝师"不仅是言给学者的铮语，也是写给棋手的座右铭。

"九友"组成的是一个丰富多彩的世界，是现实社会的多维立体呈现。"九友"大军的力量不在于掌控一个领域或者行业，而在于把控导引社会的发展，始终保持自己立于时代潮头。

"九友"还是一种选择。在石毅老的"九友"中，没有以教师为代表的"师友"，可能是担心教师传道授业解惑的责任重大，怕教不好而误人子弟，也可能是考虑到教师天然的有一种"好为人师"的情怀，喜欢给别人"辅导"，有一种"讲台"的情结，喜欢自己满堂灌而不容别人置喙……这与一个棋手应该保持"低调""谦虚"、应该虚纳教练等高人的指点、应该服从规则和倾听裁判的声音等有点不匹配？

"九友"中文化的元素比较多，没有以商人为代表的"商友"，大概是因为棋道、棋人归属于文人范畴，讲究的是雅、淡、儒，与商人的唯利是图和一切以赚钱谋利为目的的商道有所不同。商业元素的介入有可能使棋人、棋道变味，所以对此不屑一顾。

推动棋类运动的发展，有商家、商人依从棋道的支持很好，但一旦具有国粹之雅谓的象棋等"为五斗米折腰"，失去自己"贵妇人"的身份，就很有可能遭受金钱的摆布和蹂躏。故此，石老在"九友"的选择中排除"商友"还是很有见地、很"负责任"的。

"九友"中应该包括"难友"！"难友"不一定就是遭遇灾难或者磨难时的朋友，但一定是患难与共的朋友，是能够在事业的发展遇到困难的时候伸出援手，能够为了共同的事业兄弟携手，共同赴汤蹈火的朋友。

"棋友杯"连续举办二十多届，"遇难"无数，如果没有"难友"，石毅老纵有孙行者的法力，也是断难翻越"火焰山"的！

"九友"中还应该包括"智友"，能够经常保持"头脑风暴"，进行事业发展的谋划，为未来的发展寻找坦途。

棋人，如果真的能够"九友"合体，那么棋人就会成为大写的有作为的棋人，棋运，也会随着诸多棋人的出现而变的万般亨通。

象棋运动发展到今天，需要"九友"合体的棋人的出现并进行大智大勇的拯救。

17

菊花棋战

　　菊花棋战是诞生在上海大学的、国内外尚无先例的一个特别有意义的棋战。

　　上海大学的菊花节今年已经是第14届了。这个已经成为品牌的以花草寄情言志的"节日"，以其非常专业的组织和园林艺术，把整个上海大学装点得菊气腾腾，也吸引了诸多市民和外地菊友前来观瞻闻香。

　　2016年11月18日，上海市第二届市民运动会象棋分站赛上海大学站的比赛在上海大学举行。主办方在综合考虑到各种因素之后，把比赛放在了菊花节期间，缘此造就了一个独特的菊花棋战。

　　本次比赛是上海市第二届市民运动会总体赛事中的一个组成部分，规格高，影响力大。

　　上海大学站的比赛计有上海大学代表队、长宁区新泾代表队、杨浦区四平代表队、普陀区石泉代表队等 4 个单位参加。

　　参赛者中有准一流的象棋大师，曾经获得过江西省比赛冠军的朱亮，有"三棋（象棋、围棋、国际象棋）兼工"而享誉上海弈林的赵公勇，有特级大师孙勇征的启蒙教练、闸北区象棋资深教练李东升，有上海市高校象棋冠军邵伟民，有教授和博士生导师等。放眼望去，大多数选手都是"市里的名手，区县前 3 名"等。因此，本次比赛的水平高，是"一个小范围的市锦标赛"。

经过三轮循环，长宁区新泾代表队、普陀区石泉代表队获得了冠军和亚军，上海大学代表队、杨浦区四平代表队并列第三。

比赛间隙，运动员们徜徉在上海大学菊花的海洋里，饱享眼福，感慨万千，感谢这个独特的比赛，感谢生活中如此美好的馈赠。

比赛得到了大家的认可，也给主办方以莫大的信心与鼓舞，也许，明年菊花吐蕊绽放的时候，菊花棋战还将会"如约而至"。

广东象棋网：2016-11-18

18

上海大学——复旦大学象棋交流赛

2017年3月31日，迎来了第8个年头的上海大学—复旦大学象棋团体对抗赛在上海大学举行。

在过去的7届比赛中，双方本着友谊、切磋、研讨、提高的宗旨，精心组织和筹划每一届比赛，期待从每一次的比赛中获得全面的收益并得偿所愿。两个学校都从这个互访比赛中锻炼了队伍，提升了水平，并在市教育工会的比赛中得到了"实惠"。

本届比赛依然激烈，复旦大学队曾经是上海市高校团体冠军，长期聘请知名教练朱良模担任教练苦练十八般武艺，近年更是聘请象棋大师汪士龙"仙人指路"，加之经过各种大赛的磨炼，队员的竞技水平和比赛心理调适达到了一个比较高的高度，有魏群、张亚东、朱阿明、李峰等上海高校名手；上海大学也是上海高校的一支劲旅，邵伟民曾经获得过上海教育系统的冠军，李建新也有过上海高校精英赛第4名的成绩，体育教师梁志雄也是个中高手。如此，两队列阵，还真有旗鼓相当、分庭抗礼的对抗味道。

哪里知道本次比赛在双方阵容排定之后，复旦方面临场变阵，提出了让象棋大师汪士龙为他们打一台的要求，主办方大度接受，这样一来，基本平衡的天平严重倾斜向了客队。最终，复旦大学以19:13战胜了上海大学队，开心地离开了"伟长楼"。

上海大学工会主席顾红和复旦大学工会副主席金再勤到场为国粹的普及和提高献上了领导的关怀和支持。

顾红主席认为：上海大学—复旦大学象棋团体对抗赛昭示：象棋应该进校园，也进得了校园，象棋必须走出校园，也可以走出校园，进出之中，将会留下象棋运动发展的一个"优美的彩虹"和一个让人欣慰的世界！

正是：烟花三月比智谋，两校高手争"先手"；

伟长楼中续新篇，棋道棋艺棋春秋。

广东象棋网：2017-3-31

19

沪上名校交流：象棋应该"走入"和
"走出"校园

双方领导、教练、运动员合影

2017年3月31日，迎来了第8个年头的上海大学—复旦大学象棋团体对抗赛在上海大学举行。

这个比赛的看点不在于谁胜谁负，而在于象棋运动的发展到了方向和路径的选择的时候，它昭示了一个浅显而深刻的道理：象棋运动应该"走入"校园，也应该"走出"校园，并在这个"走动"的过程中，寻找象棋宽广的天空。

大师助阵复旦

上海大学—复旦大学象棋友谊对抗比赛，肇始于 2009 年，基本是双方轮流做东，一年一次的模式。在过去的 7 届比赛中，双方本着友谊、切磋、研讨、提高的宗旨，精心组织和筹划每一届比赛，期待从每一次的比赛中获得全面的收益并得偿所愿。两个学校都从这个互访比赛中锻炼了队伍，提升了水平，并在市教育工会的比赛中得到了"实惠"。

本届比赛出现的一个变化是复旦大学队使用了汪士龙大师来担纲。汪大师早年驰骋象棋界，快马飞刀，技艺不凡。曾经是国内响当当的专业师。

能够有这样的"超级外援"加盟，无论对比赛的质量，对实战练兵的价值和意义，对象棋运动的造势等都是非常有好处的。或许，这也会是一种象棋走入与走出校园的一个好的探索。

汪士龙"超级外援"和邵伟民相争于 1 号台

比赛的结果是，在 8 对 8，双方分先两轮的赛制下，复旦大学以 19:13 战胜了上海大学队，开心地离开了"伟长楼"。

赛事荡起"涟漪"

本次比赛的消息是在比赛的前一天不公开地小范围向外发布的，但依然引发了一些关注：

上海市教育工会象棋协会会长赵文庆教授专程赶来为比赛助兴，为两个队加油；特级大师孙勇征在"文化·传播·棋道研究院"群中悉知比赛的消息之后，第一时间竖"大拇指"为比赛点赞；长三角象棋联谊会主席、著名象棋活动家肖福根连夜打电话询问比赛情况并送上衷心的祝福；象棋大师廖二平对这个赛事的认知是"既登堂入室，又后继有人"，廖大师羡慕上海的氛围，认为"高知与幼教，是象棋的两大希望"；远在海外的象棋名家牟海勤大师、上海名家涂福强、位居北方石家庄的韩立君等诸多象棋名家也祝福了比赛。

因为"遥望碧桂园""标杆碧桂园"两篇文章而结下"棋缘"的碧桂园集团，在悉知比赛的消息后，也对比赛的圆满顺利举行送上了祝福。一些专业的象棋群里还以发红包的方式庆祝这一特别的比赛。

伟长"拆墙"有理

比赛安排在了上海大学的"伟长楼"举行。这个楼是以我国著名科学家、上海大学前校长钱伟长命名的。钱伟长不仅是著名的科学家，也是很有

比赛景观

建树的教育家。他提出的"拆墙"理论经过上海大学多年的实践，已经有了丰硕成果——拆掉学校与社会的墙、教学与研究的墙、学科之间的墙、老师与学生之间的墙等，加速了该校与社会融合的步伐。上海大学工会秉持这一理念，以为广大教职工服务为宗旨，开展了许许多多广受师生喜欢的各种文体活动，深耕文体文化，综合效益凸显。上海大学—复旦大学象棋交流比赛即是其中的一个标志性举止。

上海大学工会主席顾红认为，本次比赛契合了上海大学秉持的教育理念，两个学校 8 年左右的交流实践证明：象棋应该进校园，也进得了校园，象棋必须走出校园，也可以走出校园。

如何"走入"和"走出"，是一个可以深入理析和探究的大的研究课题，上海大学将会用更加努力的实践和学理研究来对这个问题"求解"。

中国象棋大师网：2017-4-1

20
"文化·传播·棋道研究院"开园微记

下棋是快棋比较刺激、文化是短小比较流行、传播是入心比较正路、求道是普适比较泽世。

能否在文化、传播、棋道之间构建起一个融合的平台，并依靠着他们之间的"抱团取火"，再辅以其他学科的学术给养而形成一个"具有朝阳般意味"的学科或者学术方向呢？

近年来，我和文化、传播、棋道等界的朋友们做了这个方面的努力，以实实在在的成就寻找到了肯定的答案。

就概念和蕴含的实质内容而言，文化为大、传播为中、棋道居小。

有的时候，这样的排序也可能颠倒。颠倒的过程应该是学者、研究者、实践者们在某一方面特别着力，并取得了较高的研究成果而需要凸显该领域的时候。

如果文化、传播、棋道之间的排序不断地"城头变幻大王旗"，一是可以加速促进它们彼此之间的"融合"，二是可以在相对较小的领域有效借用和巧用文化、传播、棋道等知识的复合而取得"独辟蹊径"的效果。

由是，文化、传播、棋道可以组成一个"立三足而谋天下"的"圈子"。

世界图书出版公司近日出版的《棋道·微传播》就是基于"三足而谋"的一个试验品。

受《棋道·微传播》创作过程及书中诸多内容的启发，搭建一个"文化·传播·棋道研究院"的"私人会所"，供有相同爱好的朋友们经常性的以缘相聚，就是一个水到渠成的事情。

这个"会所"在 2016 年 11 月 8 日中国记者节的时候露羞面世，喜宴宾朋，是圈中高端人士的精神会餐，没有半点的财物消费，符合中央的"八项规定"。

借用胡荣华、方汉奇、石毅、徐天红等泰斗为《棋道·微传播》写的序言作为文化·传播·棋道研究院的开场锣鼓，打出"威风"的气势，目的是为同好们以及我们共同的事业讨一个好彩。

荣誉受邀光临研究院的各位，是文化、传播、棋道方面的高端人士以及将来有可能在这方面有所作为的我的亲爱的学生们。

本院是研究与实践紧密结合的"共建"单位。不一定有事没事的天天问候，但有价信息的交流与传播一定要随时随地。

文化·传播·棋道研究院就此开园，园中各位都是主人。

一园初开嫩芽发，待有时日看风景！

中国象棋大师网：2016-11-8

21

"文化·传播·棋道研究院"开园百日微记兼"文化·传播·棋道"研究公开征文

中国人有给孩子贺"满月"的习俗，也有庆"百天"的"讲究"。"贺"也好，"庆"也罢，其核心意思就是向亲朋好友乃至社会昭示一个家庭的添丁进口之喜，并期盼孩子能够健康快乐地成长。"百天"也叫"百岁岁"，盼望孩子能够长命百岁。

"文化·传播·棋道研究院"今天"百日"。

这个诞生在 2016 年 11 月 8 日"中国记者节"的微信群，本着"研究与实践紧密结合，不一定有事没事地天天问候，但有价信息的交流与传播一定要随时随地"的建群宗旨，在关注社会、关注当下的大背景下，围绕"文化·传播·棋道"的核心命题深耕细作，虽然刚刚命至百日，但已经彰显出了旺盛的生命力、凝聚力、感召力、传遍力。

本群最基本的"属性"是红二代精英、知名学者、高端管理人才、杰出的社会活动家、教授博导、特级大师、大师、琴棋书画名家、青年才俊等，多维度、多视角、宽领域地聚焦于"文化·传播·棋道"是我们矢志不渝地追求的永恒主题。

在学术山头几被跑马圈地般地瓜分完毕的情况下，本群成员在 100 天左右的时间里，勠力同心、撸起袖子、开动脑筋、潜心求道，在"文化·传播·棋道"等研究与传播方面，快速打出了"新颖独特"布局和自出机杼的"运子与取势"的组合拳，成果斐然，人民网、文汇报、《棋友》杂志、中国象棋大师网、石毅、胡荣华、方汉奇、徐天红、肖福根、刘行芳等名家对我群的研究成果予以了肯定与褒扬，本群成员获得"碧桂园杯"全国征文的一等奖等也是一份本群"百岁岁"时的珍贵贺礼。

以一个"百日"新生儿的标准看，本群在业已取得这些成绩的时候，我们还没有完全使出"吃奶的劲"呢！

文有脉、传有道、棋法术、艺无涯！

在"文化·传播·棋道研究院"开园百日的日子里，专撰"开园百日微记"，一是以文为贺，二是想藉此再次表明，我们将继续高擎"文化·传播·棋道"研究与传播的大旗，在大家的共同努力和见证之下，把这面大旗插上更加高大上的万众瞩目的高山之巅。

故此，从即日起，面向海内外所有成员公开征集"文化·传播·棋道"研究的作品，作品不拘任何形式，在"文化·传播·棋道"这个框架范围就可以。

作品可以首先在本群分享，同时视作品征集的情况：

1. 在本群周岁的时候结集并公开出版专著；

2. 召开相应的专题研讨会；

3. 评选优秀作品予以奖励；

4. 进行获奖作者、优秀作者与社会名家的联谊活动等等。

先有百日，然后青壮，吾辈之后，薪继火传！

中国象棋大师网：2017-2-17

22

上海老年象棋的一面旗帜

——潍坊新村街道老年象棋队

2017 年元旦下午，上海浦东新区杨家渡居委会活动室正在举办第九届伟庆杯象棋精英赛，十六名选手经过三轮鏖战，最后决出了冠军。76 岁高龄的上海市老年体协棋类委员会主任尹钟佐观看了比赛，他说：全上海各街道镇有上百支老年象棋队，潍坊新村街道老年象棋队走在最前列，成立历史长，参加者众多。普及工作搞得好，每年都要组织 30 场比赛，棋艺水平高。屡屡在上海和全国老年象棋比赛中获奖。多次被评为上海市和浦东新区先进。他们是上海老年象棋的一面旗帜，他们的成功经验值得学习与推广。

潍坊老年象棋队成立于 2000 年，至今已有 16 年历史。象棋队少则 30 多人，多则五六十人，平均年龄在 65 岁以上，年龄最大的 91 岁，象棋队分为普及队和提高队两个组。

今年已 75 岁的邵福荣，初中读书时就迷恋象棋，曾经荣获上海市青少年象棋比赛的亚军，后来在上海市第一家中外合资纺织企业工作时，对象棋追求热情未减。退休后凭借着娴熟的棋艺，担任潍坊街道老年象棋队教练工作。他采取"集体讲课，个性指导，复盘分析"的方法，身教言带，很快使一批象棋新手成为了行家里手。

1940 年出生的刘世镇是位工程师，曾经是贵州省的象棋冠军，在全国比赛中名列前茅，还战胜过象棋特级大师柳大华等名将。退休回到上海后，他参加了这支老年象棋队，担任教练和领队。他一心扑在工作上，为队员们讲解下棋知识和分析"布局，中局，残局"，深得队员的欢迎。

象棋队每年要组织一些比赛，补充一些必要的物品，离不开资金的资助。苏伟庆是圣贝机械设备有限公司总经理，苏东坡 31 代孙，他爱好象棋，与潍坊老年象棋队结下了不解之缘。自从 2009 第一次赞助象棋队后，至今已赞助了九次，累计资金达数万元。女生物科学家陈德溯也是位热心人，已赞助两次。队员杨生乾尽管家庭生活困难，但他省吃俭用赞助了三次。像他这样主动出资赞助的还有五六位同志。象棋队有了资金后，如虎添翼，发展很快。潍坊新村街道办事处和杨家渡居委会领导对象棋队工作十分支持，不仅提供方便，还为他们解决了活动场地问题。

象棋是"大脑的体操"，贺连福是队里年龄最大的一位棋手，他下棋思路敏捷，技艺高超，屡屡获胜。去年他 90 岁生日，象棋队专门为他举办了庆寿活动。贺连福说：我现在脑子很灵，思维清晰，缜密，记忆力强，这与常年来参加下棋活动有关，象棋作为一项体育活动，刺激和活跃了我的大脑细胞，延缓了衰老进程。

由于刻苦努力，棋艺水平不断提高，潍坊新村街道老年象棋队成绩卓越：十多年来已获得四十多项奖项。2006 年在全国贺龙杯象棋比赛中，分别获得中老年组和老年组第一名，前年 4 月，在有 30 支队伍参加角逐的长三角象棋比赛中，荣获团体银质奖杯。上海市老年人体育协会棋类委员会在这个街道文化中心建立了上海市老年象棋队活动中心，参加全国比赛的上海市老年象棋队也主要有这支队伍承担。

（祝天泽　邵福荣）

23

首届"文化·传播·棋道学术研讨会"综述

朱 红

一、首提创设"棋学"

2017 年 6 月 16 日，首届"文化—传播—棋道学术研讨会"在上海浦东川沙举行，国内外 80 余位相关专家参加研讨。

本次会议一个非常值得关注的话题是，来自上海大学的新闻传播学教授、博士生导师李建新在发表主题演讲的时候，提出了创建"棋学"这样一个学科！

李建新教授解释说："棋学"不是棋的学问，而是棋的"学科"，"棋学"是应该等同于艺术学、哲学、语言学、物理、数学等学科的、应该得到国家教育部门认可，应该登堂入室的"学科"。

创设"棋学"，这是国内学者第一次提出并予以论证。

李教授表示：大家齐聚一堂，吃的是象棋的"饭"，因为象棋，大家聚在一起。但是象棋的饭"不好吃"。以传统国粹"琴棋书画"来说，在同一个国粹家族中，音乐、美术、绘画都登堂入室，在高校中有专业，各种水平的培养计划，唯独象棋没有。他提出衡量国粹有三个标准，其一是有群众基础；其二是能寓教于乐；其三是给政府带来正能量。象棋并不比其他几项差，但关键是在棋道，棋文化上的研究不够，学问不够，导致象棋在国粹中一直不受重视，处于边缘。如果将棋文化提升到棋学的高度，这些研究得到更多的认可，象棋会有更好的发展。

石毅先生创办的中国象棋学院，并出版了四本象棋教材，已经为棋学的创立做了前期工作。如今李建新教授以及南开大学的黄少龙教授都在为此做着努力，国内也有不少人在进行着这方面的努力。参会者认为，只要大家齐心协力，认认真真地进行研究，搞出实实在在的理论成果，"棋学"创立将水到渠成、也不会是很久远的事。

二、聚焦象棋文化

"文化—传播—棋道学术研讨会"是首次举办，吸引了肖福根、邵福荣、吴扣林、朱鹤洲、涂福强、陈日旭、周明华、李雪幼等参加，知名人士石毅、徐家亮、黄少龙等还特地写了书面文章以示对研讨会的支持。

研讨会关注的另外一个焦点是关于象棋文化的历史和已经取得的研究成果以及今后该如何努力等。这也符合首次研讨会的客观实际情况。

大家认为：中国象棋是一项普及甚广的大众体育活动。据现存历史资料记载，中国象棋古时属于"杂艺"类，南北朝时开始形成雏形，至南宋时期逐步形成今日的形态。经过长期发展，中国象棋不仅是一种大众体育活动，还形成了独特的棋文化。

梳理关于中国象棋文化的研究，笔者归纳出它们的主要研究视角和内容有以下几个方面：

1. 研究中国象棋所蕴含的中国文化

李建新《象棋四大名局的文化读解》中，作者提出传统艺术（包括象棋这样的国粹）需要从文化的角度来读解它所具有的文化内涵和所禀赋的普世价值，才有时代意义，才能够"匹配""国学与国粹"。在中国象棋的宝典中，有"四大名局"。从实战、竞技等方面看，这"四大名局"成为了所有爱好棋艺、希望提供棋艺水平的"必修课"。但对"四大名局"的读解如果仅仅停留在就棋论棋的阶段，我们很可能有愧前人。[1]

作者从"野马操田"讲究艺与道的结合、"蚯蚓降龙"阐释胆与战的关系、"七星聚会"勾勒文明交流的重要、"千里独行"昭示个人奋斗的重要性等四个方面梳理了"四大名局"，给出了它的文化读解，寻找到了棋道中丰富而多彩的文化元素，并延之以社会的诸多方面，助推了棋道、棋文化的深入弘扬。

李世宏《从中国象棋看中国传统文化特征》中，作者指出中国象棋不仅仅是一种普及甚广的大众体育活动，从某种程度上来看更是中国传统文化的一个缩影。作者从中国象棋的行棋方式，兵种的分布和功能以及兵种的称谓、棋盘的布局几个方面，阐述了中国传统文化注重稳定，偏向防守、等级森严以及男尊女卑等诸多方面的特征。[2]

曾璐《中国象棋的集体主义文化》中，作者透过象棋的一些规则，挖掘其蕴涵的中国集体主义文化，并使用跨文化交际理论讨论其特质。"兵（卒）"的角色定义体现了集体主义文化对个体的消解；"相（象）"受限于"楚河汉界"，体现了集体主义对内外集团的严格区分；"马"的双重障碍体现了集体主义的面子原则和关系原则。作者提出中国象棋充分体现了根深蒂固的集体主义文化，然而，同一种文化模式，不同时期有不同的文化倾向，不同地域也有不同的文化表现，集体主义这种传统理念也不例外。[3]

张洪安《中国象棋折射出的"象数易学"文化》象棋中的"象"应是"象数易学"中的"象"，它是高度浓缩古代中国人对宇宙万物，以及对天道，人道，地道的深刻的理解和把握，使象棋具有了边韶《塞赋》所描述的易学的占卜功能和社会功能、伦理功能等。从现存的许多史料中都记载了初定型的象棋中还保留着掷棋子来占卜的功能，用象数来推测事物发展变化规律的一些痕迹。现行象棋中的"九宫""河界""格数"与"五兵"等仍然折射出"象数易学"文化，说明，现行象棋的前身——象戏是一门从《易经》发展而来的"象数易学"可以说《周易》的"象数易学"思维是象棋设计的渊源，象棋则是《周易》的"象数易学"各种哲理的缩影。[4]

邓国均《道家文化与〈棋王〉中的"隐士"形象——兼论"棋道"的思想文化内涵》中，透过棋王这篇小说，阐述出棋道即阴阳，刚柔，有无之道。一是阴阳相济，从道家哲学的角度看，弈棋之始最重要的是阴阳相济，要采取强弱适中，循序渐进的策略，才能保持一个良好的态势，为后续的布局和进攻奠定一个坚实的基础。

二是以柔克刚，小说中提到"若对手盛，则以柔化之。可要在化的同时，造成克势。柔不是弱，是容，是收，是含。含而化之，让对手入你的势。"守柔就是一种很好的先为不可胜，有效保存有生力量的策略；只有防守做好了，基础稳固了，才能真正做到立于不败之地。

三是有无相生，造势的根本原则，是"无为而无不为"："无为即是道"，棋运之大不可变，你想变，就不是象棋。因为"棋运不可悖"，所以下棋的人要懂得"随运""顺运"的重要性，这就是"无为"；但是另一方面，棋手又可以通过自己的努力，通过"造势"来改变每一局的结果，这就是"有为"。[5]

2. 研究与国际象棋差异

刘适兰《从国际象棋与中国象棋的异同看中西方文化的差异》将中国象棋和国际象棋相比较，阐述两者的起源和发展，并且在"棋盘""棋子"上研究了两者的差异。两种棋反映了中西方两种不同的文化背景。更具体点应该是中国封建社会与西方资本主义萌芽阶段的历史背景。它们的思维方式是富于实践的、具体的。它们的每个棋子都有特定的含义和功能，各有分工、各尽其职，非常的人性化，所以千百年来得以在民间或是宫廷广为流传。但无论受到什么样的思想影响，棋的发明、变革和发展最终体现的都是广大劳动者智慧的结晶。[6]

吴岩《中西象棋之道与教育意义》中指出，中西象棋表面上棋子设置，行棋规则有许多相似之处。但本质上，相同方面都是逻辑推理过程，不同的是中国象棋是等级社会理念在游戏中真实的反映，而国际象棋是人生而平等理念在游戏中的真实反映，诗性思维、儒家等级思想、社会道德体系和公民道德水准问题是中华民族进步的三大隐忧。作者提出崇尚等级还是崇尚平等，是中西方象棋的本质差异。[7]

王树奇《从〈棋王〉与〈象棋的故事〉中探究中西棋文化对文学写作的影响》中，作者通过"棋"这一媒介或者说载体对《棋王》和《象棋的故事》进行细致分析。两种棋艺所承载的文化和符号意义，均体现出各自文化的鲜明特色，这种特色对各自所涉及的文学作品或者说对各自所"参与"的文学生成都有着深刻的影响。从《棋王》与《象棋的故事》的比较中，还可以看到两部作品深刻的中西文化差别的烙印。《棋王》中可以看出中国象棋表达上的诗意化、抽象化以及尚和不争、含蓄委婉的特点，而《象棋的故事》体现出国际象棋重逻辑、求胜利以及注重结构定势的特点。

对比《棋王》和《象棋的故事》的写作，可以看出在棋作为一种艺术形式介入文本之中时，其本身的特点也在文本写作中得到印证，进而棋背后所蕴含的中西文化特征也得到有效的体现。[8]

3. 研究中国象棋和哲学的关系

聂笃雄和李永波《试谈中国象棋的哲学思想》中，将象棋和哲学相结合，论述象棋中的哲学思想。中国象棋源远流长，中国哲学博大精深，二者有着很多相通的思想，都是中华民族智慧的结晶，如果能很好地梳理其奥妙，体会其奥妙，运用其奥妙，开启智慧之门。作者从"防患于未然""见微知著""权衡利弊""鉴往知来"四个个方面论述。象棋不只是娱乐工具，还能成为智慧源泉。[9]

4. 研究中国象棋的发展

马麟《关于中国象棋的发展论述》中以中国象棋为研究对象，简要阐述了中国象棋的基本概念，详细分析了中国象棋的发展史，分别探讨了中国象棋的起源和历史、现状和发展前景，在象棋的发展上最大的进步是与网络相结合。中国象棋搬到网络平台上，开发网络上的象棋软件，开展象棋的网络教学或练习比赛，建立象棋爱好者的网络交流平台，与网络媒体合作组织象棋比赛，能让中国象棋不再受到道具和场地的限制，不同地区的棋手们通过网络来进行象棋交流和比赛。这样加深中国象棋爱好者和研究者的沟通与交流，扩大中国象棋的普及范围。网络给象棋新增添了一种发展路径，促进了中国象棋的国际化发展。[10]

综上所述，棋文化的研究较少，研究视角和内容不多。今后学者专家可以对上述方面进行系统的研究以弥补这一缺憾。

参考文献

［1］李建新.象棋四大名局的文化读解［EB/OL］，2016.

［2］李世宏.从中国象棋看中国传统文化特征［M］.2015第十届全国体育科学大会论文摘要汇编（三），2015.

［3］曾璐，中国象棋的集体主义文化［J］.科教文汇，2008（04）.

［4］张洪安.中国象棋折射出的"象数易学"文化［J］.成都体育学院学报，2013（06）.

［5］邓国均，道家文化与《棋王》中的"隐士"形象——兼论"棋道"的思想文化内涵［J］.海南师范大学学报，2017（01）.

［6］刘适兰.从国际象棋与中国象棋的异同看中西方文化的差异［J］.武汉体育学院学报，2003（05）.

［7］吴岩.中西象棋之道与教育意义［J］.河西学院学报.2011（04）.

［8］王树奇，从《棋王》与《象棋的故事》中探究中西棋文化对文学写

作的影响［D］.重庆师范大学，2016.

　　［9］聂笃雄，李永波.试谈中国象棋的哲学思想［J］.遵义师范学院学报，2014（04）.

　　［10］马麟.关于中国象棋的发展论述［J］.求知导刊，2016（01）.

24
"棋友杯"——历史的荣耀与盛世的召唤

  词曰：棋友盼棋归，
    "棋友"携棋到，
    曾有过往二十届，
    品牌骄且傲；

    盛世棋道热，
    荣耀再感召！
    众愿国粹扬世界，
    惊世车马炮！

  不应该离开棋友太久，也正在重新复归棋友们生活的第 21 届"棋友杯全国象棋大奖赛"，目前正在紧锣密鼓的组织之中。

  这个 1988 年首创、连续举办了 20 届、29 次，在 2009 年暂别棋友到今天已经过去了 8 年时光的"棋友杯"的再次举办，是广大棋友期盼了多年，呼吁了多年，等待了多年的品牌赛事。

  棋友们之所以关注、留恋、喜欢"棋友杯"，是因为它是改革开放以来创办最早、持续时间最长、影响力最大的一个真正为棋友带来机会的赛事——

  从规模上看，它是全国性的，在 20 多年的时间里，绝大多数国内省、直辖市、自治区以及海外的棋友们参加过"棋友杯"的比赛，赛事高潮的时候，棋友们为了一个参赛名额也进行"紧张"的比赛；

  从赛事的等级看，够得上国内业余棋赛的顶级，从"棋友杯"中走出了几十位象棋特级大师、大师、棋协大师等，造就了一大批至今还活跃在棋界的"高手"，每次比赛，少则就是个、多的时候过百位各省市区的冠军选手群雄逐鹿"棋友杯"，有专家坦言，即便是专业棋手，参加"棋友杯"，拿不了名次属于"正常情况"，由此可以看出"棋友杯"的水平；

从情感方面看，"棋友杯"真的是以棋会友，除了棋，还把书、画、诗、赋、曲、歌、酒等与棋相关的要素融合在一起，使每一位棋友都能够在"棋友杯"中寻找到"家"的感觉，多少年过去了，棋友们仍旧念念不忘"棋友杯"，就是因为他们有"家"的情愫；

从综合效益看，因为"棋友杯"由《棋友》杂志社主办，《棋友》杂志有传统、红色、家国、专业等方面的基因，因此，从"棋友杯"创办之日起，它就与社会"结缘"，许多地方政府积极支持承办"棋友杯"，中央主流媒体、其他社会媒体、专业媒体关注"棋友杯"，一些企业家、实业家慷慨解囊"棋友杯"，一些社会活动家、知名人士等"奔走呼号"棋友杯，一些文化名家深情讴歌"棋友杯"，如是等等，不一而足，都是"棋友杯"价值的体现，也是它的"溢出"效应的体现。从这个意义上讲，社会生活中不能没有"棋友杯"！

如今，这个具有国内外品牌效应、为广大棋友带来无限机遇与快乐的、具有广泛性、权威性的群众体育大赛，在国家和民族全面复兴的伟大历史进程中"荣誉归来"，将以见证"国运盛、棋运盛"的方式，大笔书写中国象棋发展新的篇章。

筹备之中的第 21 届棋友杯全国象棋暨首届世界象棋大奖赛亮点多多：

计划中的指导单位包括了：世界象棋联合会、中国象棋协会等机构以及象棋运动发的省区的体育总会等；"棋友杯"常设组委会保留了过去主办 20 届"棋友杯"的"主力阵容"，而且补充了许多新鲜血液，是一个有着丰富的主办象棋比赛的"专家兼行家"的机构；

已经得到的消息是，世界象棋联合会暨会员国家和地区代表、亚洲象棋联合会暨会员国家和地区代表、历届世界象棋冠军、历届中国象棋冠军暨其他国家和地区象棋冠军、国内外象棋名家、一些位高权重的"大圪蛋"、实力派棋手、社会许多领域的"九友"代表等将会共襄盛会，大家将以复兴象棋为己任，尽最大的努力办好新周期的"棋友杯"，争取为"棋友杯""向天再借五百年"起好步、开好局。

第 21 届"棋友杯"组委会主席石毅先生，系我国著名书法篆刻家、诗词楹联家、棋艺理论家、社会活动家，被誉为中国红色书法家第一人，有中国业余棋坛总司令之谓，近期的"代表作"是为"习仲勋故居纪念馆"题匾！

　　石老及"棋友杯"组委会希望社会各界仁人志士有使命担当，以实实在在的行动加入到支持、助推象棋以及我们传统文化的复兴和发展中来，大家一起搭乘象棋运动发展的快车，奔向下一个理想的驿站。

　　有了大家共同的努力，"棋友杯"就有可能成为象棋运动发展的历史丰碑！

原文发《棋友》2017 年第 2 期

25

一岁"文传棋院" 千秋万象世界

"文化·传播·棋道研究院"一周年微感

根据世界健康协会的最新标准，年过五十但依然在"青年"之列的我，整个"青春期"与新闻传播与文化结缘，最近一两年与"棋学"热恋。

2016年11月8日，当中国第17个"记者节"到来的时候，突然想到那些培养记者的老师是那么的伟大和令人尊重，在一线"拼杀"的记者是那么的荣幸和幸福，在校园学习新闻的学子是那么的令人期待和嗷嗷待哺。

几乎是在刹那之间，我产生了一个搭建一个供以上三者分享彼此、关照彼此、见证彼此、促进彼此的平台的想法，——"文化·传播·棋道研究院"这个"私人会所"缘此而在几秒钟之内诞生。

我的"初心"是做点"小本生意"，一供同行、同好们小范围的微来微去，渔舟唱晚；二为我的学生们引荐高人，给他们提供一个大千世界的"微观景区"。

"文传棋院"目前人数已超180人，有教授职称的大咖50位以上；有较高艺术造诣的各类艺术家20人以上；有国家主流媒体和期刊主编等编采人员20人以上；有社会活动家、企业家、政法工作者等30余人；有象棋特级大师、大师、围棋高手、棋界名人、棋文化研究者等20余人；还有代表未来的博士、硕士研究生，也有更代表未来希望的本科生。除此之外，本群还有方汉奇、张虎生、曹国庆、胡荣华、李来群、徐天红、段宝林、欧阳中石、吴廷俊、周培玉等10余位享誉各自领域并为社会高度认可的人在群外、心系本群的"亲友团"。

一年来，"文传棋院"在群友们的努力下，精研学术、广传信息、坦诚交流、服务彼此，在"文化·传播·棋道"的舞台上，上演了一幕幕精彩的"大合唱"好戏——新闻传播与文化的信息交流、棋道与社会、棋理与文化、棋学与创造等开拓性活动的开展，在"文化自信""理论自信"导引下的"棋学创建"；棋文化的公开征文，《棋道·微传播》学术专著的出版，"碧桂园杯"全国象棋征文"一等奖"落户本群等，是这个新生儿一年来的"匍匐""蹒跚"的足印。

在"文传棋院"百日的时候，我曾经写过一篇"百日微记"的文章并借助中国象棋大师网这个带有"中国"字头的网络媒体略表"育子百日"的喜悦并向社会发出了征集"文化·传播·棋道"研究创作作品的"微信"。

让人祈浆得琼般开心的是，诸多名家和青年才俊惠赐了作品。这些饱含了对"文传棋院"扶持、呵护、关爱的作品，将在能够体现一年来我们在研究"文化·传播·棋道"方面取得成绩的专著《棋道·再传播》一书中呈现。

2017年11月8日，中国第十八届"记者节"，"文化·传播·棋道研究院"周岁生日！

"文传棋院"有正宗的民族文化血统，有国学的脉络，受"十九大"报告特别"宠爱"，有可以超过姚明身高的"预期"。

很高兴和各位群友们目睹见证了"文传棋院"诞生起步的一年，也热切期待未来1年您更加周到细微的呵护。

在它2周岁的时候，我们拟将出版探求新媒体环境下传播学理的《微传播实践》和《棋道·新境界》两本专著和系列学术文章为其庆生。公开的征文在这里再次向各位群友们和社会人士真诚发出。

是为"文化·传播·棋道研究院""成立"一周年微感。

正是：文传棋道立主魂，

　　　"棋学"绽艳盼园丁；

　　　"网"来道人百余位，

　　　"育才"再邀众精英；

　　　帝王将相非天定，

　　　何菲咱是一小"群"？

　　　他日"孩子"成人时，

　　　敬谢诸位酒一樽！

中国象棋大师网：2017-11-8

26
上海大学——同济大学象棋交流比赛：棋赛迎春

2017 年 12 月 22 日，上海大学—同济大学象棋交流比赛在上海大学尔美楼举行。双方以 8 对 8 的团体对抗方式进行了两轮比赛，结果，两轮比分 9:7、10:6，主队上海大学队获胜。

两支队伍，都是上海高校前 6 名的队伍，特别是同济大学队，近年来屡次获得上海高校团体冠军。两队中也都有上海高校个人冠军的获得者。因此，这样的比赛，对双方棋艺、文化、友情的交流都是一个很好的"方式"，对智力运动在高校的开展、推广、提高，乃至形成主要的力量是一种很好的尝试。

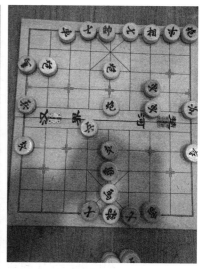

与以往比赛清一色的"纯爷们"不同，同济大学这次有两位女子选手"花木兰"从军，上海大学出于对客队的尊重，也特意遴选了一位女子选手"陪驾"，更有"趣味"的是，主队还选择了一个职工的孩子，一个正在读小学的孩子作为"外援"参战，使得整个比赛在十分养眼、轻松、和谐、"意想不到""趣味横生"的氛围中进行。

去年初冬，上海大学工会在上海大学传统文化节日"菊花节"的时候主办了由上海大学和另外 3 家单位参加的团体比赛，被冠之"菊花棋战"，引发校内外关注和媒体报道；今年，"菊花棋战"变成了"迎春杯"，变的是名称，不变的是该校对群众性文体活动的重视和支持、不变是象棋这项竞技和文化的运动在上海大学依然有相当的"热度"。

上海大学、同济大学是上海两所名校。在国家大力发展高等教育的大背景下，两个学校都在全力以赴"冲刺""双一流"和"国际知名的研究教育型院校"。

基于以上的战略目标，两个学校都在全方位、立体化的"提升"自己，这个"提升"，除了教学、科研等之外，还包括了与师生工作、学习息息相关的许多方面。其中，健康、高雅、文体、益智、主流、代表性等是一些主要的方面。

为此，上海大学工会成立了近 20 个服务于广大教职工的文体协会，以协会活动的开展为抓手，最大限度地满足教职工对丰富多彩的文体生活的需求。

上海大学象棋协会近年来的活动，"内外兼修"，内部的系列交流、培训、研究和走出校门融入社会，已经得到了比较广泛的认可，该校象棋文化研究的成果《棋道·微传播》及"棋道与社会"系列文章，是"近年来不多见的棋文化作品"，会长李建新教授两次应邀参加全国最高级别的"碧桂园杯全国象棋冠军邀请赛"，世界智力运动联盟精英赛、杭州国际棋文化峰会、全国业余棋王赛等，是该校诸多文体协会活动的一个缩影。

本次比赛的举行，至少有 4 个方面的意义：1. 在象棋的层面增加了两校选手交流切磋的机会，提供了实战练兵的机会；2. 在工会层面提供了一个"两会"工作交流、业务交流、相互学习的机会；3. 在学校层面，提供了两校教职工友好往来、走亲走近，多领域联系与合作的机会；4. 在文化方面，提供了双方共同为传承中华文化而共同担当的机会。

相信借助这样的活动，两校工会一定会为广大教职工营造更加理想的教学、研究环境，使诸多的"秀才"们能够很好地劳逸结合，并且在放松、舒展身心的同时从传统文化中汲取养分，积蓄和补充充沛的教学科研能量，为学校既定目标的实现提供"最到位、最坚定的支持"。

原文发广东象棋网：2017-12-22，本文有修改

小荷尖角　接力来人

1
黄少龙先生的象棋文化和象棋人生

曹恒轩

黄少龙先生少年学棋，青年成为象棋高手，后来成为象棋大师，成为金牌教练，带领南开大学代表队在高校比赛中荣获 20 枚金牌。后来，又率先进行电脑研发和象棋科研，开发象棋软件，并获得金奖，取得了令人瞩目的好成绩。黄先生步入中年以后，开始系统研究象棋文化，写作了数十部象棋著作，成为象棋理论家，致力于培养高文化高棋艺的人才，并收获颇丰。晚年的黄先生以象棋为生命，以周易智慧为指南，继续研究象棋文化，著作等身，著作数量达 80 多部，为新中国象棋文化艺术事业做出了新的贡献。

一、黄少龙先生的象棋人生

钱学森，科学人生；梅兰芳，艺术人生；周总理，谈判人生；黄少龙，象棋人生；聂卫平，围棋人生。

著名科学家钱学森先生为共和国的科研事业做出了杰出贡献，可以说是科学人生；著名京剧表演艺术家梅兰芳先生把一生献给了共和国的文化艺术事业，可以说是艺术人生；我们敬爱的周总理为国事操劳，纵横捭阖，鞠躬尽瘁，为人民的事业而谈判，可以说是谈判人生；象棋大师黄少龙先生致力于培养高文化高棋艺的人才，为共和国棋牌艺术事业做出了重要贡献，可以说是象棋人生；棋圣聂卫平先生为中国围棋事业立下了汗马功劳，可以说是围棋人生。

棋如人生，人生如棋。黄少龙先生的象棋艺术已经达到了很高的境界，在某些方面超越了自我，在某些方面超越了前人。黄先生的象棋人生反映了新中国象棋文化艺术事业波澜壮阔的辉煌历程，为中华文明中象棋文化艺术事业的传承做出了杰出的重要的贡献。

二、黄少龙先生的象棋文化

黄先生研究中国象棋起源问题，以《周易》哲学思想为指导，研究古老的东方哲学所蕴含的玄机，探索了象棋起源问题。黄先生认为，象棋起源于公元 6 世纪中国南北朝时期的象戏，并认为象戏是在中国《易经》文化的启发和指导下完成的发明创造，是中国古代劳动人民文明智慧的结晶。

黄先生认为，象棋文化与《易经》原理有密切渊源。世事变幻无常，人生风云际会，难以预料，而象棋变化无穷，故有"世事人生一局棋"的说法，与易学文化吻合。研究棋局可以模拟世界的变化，棋道与天道是相通的，象棋理想的追求是人道、棋道、天道三者互通。这样，人掌握棋理，就有助于认识世界，反省自我，提高思想境界和艺术境界，下好人生事业这盘大棋。

在此基础上，黄先生著书立说，以象棋文化中蕴藏的东方哲学为指导，系统研究了象棋起源、象棋流派、象棋传承、象棋兵法、象棋比赛、象棋教育、象棋典故、象棋诗词、象棋故事、象棋名家、象棋理论与战术、象棋排局、象棋心理学、象棋对策论、象棋人工智能、象棋史学、象棋文艺、棋战对局、电脑技术等多方面的象棋文化，并且取得了丰硕的学术成果，令世人瞩目。

三、黄少龙先生对象棋文化艺术事业的贡献

黄先生谱写了新中国的象棋文化艺术事业波澜壮阔的历史篇章。

黄先生历任南开大学象棋研究中心主任、天津市棋类运动协会副主席、天津市高等院校棋牌协会主席、中国大学生象棋协会秘书长、中国大学生象棋队教练等职，集学者、棋手、教练、理论家、教育家与社会活动家于一身，用无悔的选择和超人的智慧书写了传奇篇章。

1977 年获全国象棋个人赛第三名，1982 年被国家体委授予第一批象棋大师称号。1977 年参加中国对菲律宾象棋赛，1985 年参加中国对法国象棋赛，均获得优胜成绩。1997 年参加象棋名人国际邀请赛，获得国内组冠军。

1981 年在全国电子学大会上报告物理学论文，1983 年研制成功国内第一个象棋排局对弈软件，1984 年在全国高校人工智能学术会议上报告论文；

1986 年应邀赴香港摆电脑象棋擂台，获香港奥林匹克金奖；1989 年研制成功国内第一个象棋全盘对弈软件，在全国高校人工智能学术会上报告论文及表演。1990 年在伦敦举行的第二届世界计算机奥林匹克大赛，获中国象棋组第三名铜奖。

1978 年起，先后编著《象棋实战中局谱》《象棋开局战理》《列炮纵横谈》《象棋对策论》《象棋纵横谈》《怎样成为象棋高手》《人机大战与网络象棋》《象棋文化艺术之谜》等 80 多部著作，发表论文 300 多篇，并多次荣获全国象棋图书一等奖。

2005 年，黄先生在国家体育总局主办的中国象棋文化论坛上作《象棋文化与教育》的主题演讲。2004 年与 2008 年应新加坡象棋总会邀请，黄先生两度赴新加坡主持象棋讲座及亚洲象棋赛讲评对局，并合作出版《象棋大全》。

1985 年以来，国内首创在南开大学正式开设象棋课，先后有 1000 多人听课，并成立南开大学象棋队，在全国高校象棋赛中先后获得 20 项团体、个人冠军。其中，8 人达到一级棋士标准，1 人毕业后晋升国家象棋大师，4 人在国内外攻读本专业博士，培养了一批高文化高棋艺的人才。

四、象棋文化为人民服务，为人类服务

黄先生从少年时期学棋到青年时期，就非常重视哲学思想的指导作用。黄先生自觉运用毛泽东思想的理论武器武装自己，指导象棋对弈的理论和实践，取得了优异的成绩，成为享誉海内外的象棋理论家和棋艺理论家。

象棋文化具备科学性、艺术性、竞技性，可以预见未来。事实上，象棋文化包含哲学、数学、经济学、运筹学、体育学、预测学、历史学、教育学、心理学、对策论、人工智能、战略战术、电脑技术等多门学科。只有综合研究这些学科，才能更好地学好为人民服务的本领，为人民服务，为人类服务。

五、少龙棋苑人才辈出，为棋艺传承谱写新篇章

在黄少龙先生的精心培育下，逐步培养出许多高文化高棋艺的综合素质的人才，例如，石刚、王景春、段雅丽、商思源、赵力、吴海，等等，他们以传承象棋文化为己任，具有较高的理论素养和棋艺，成为象棋界、政界、

商界精英，为象棋文化艺术事业做出了贡献。

自古以来，琴棋书画就是文人雅士的共同爱好。千百年来，有许多关于棋文化的美好传说在民间流传，家喻户晓，妇孺皆知。

清朝时期，有一位著名围棋国手黄龙士，棋艺高超，冠绝古今，为世人留下经典棋谱和传奇佳话。黄少龙先生的名字正好与他有两个字相同，而且黄少龙先生又是象棋大师、棋艺理论家，为共和国的棋牌事业做出了杰出的贡献。古有黄龙士，今有黄少龙，珠联璧合，为中国棋牌文化艺术事业增添了传奇色彩。

黄少龙先生从少年拜师学艺，到青年时期身经百战，再到后来当象棋教练，其间，与陈松顺、杨官璘、胡荣华、吕钦、徐天红、许银川、蒋川等象棋国手和大师们结下了友谊。黄先生的传奇人生见证了共和国象棋文化艺术事业的发展和繁荣，谱写了精彩纷呈波澜壮阔的历史篇章。

六、象棋文化在中华文明和人类文明中的作用

象棋是中华文明的重要组成部分，也是人类文明的重要内容。人们通过学习和研究象棋文化，可以感悟棋理，借鉴人生，争取逐步达到"人棋合一"的最高境界。"象棋是我们终生的老师"，可以使我们受益终生，象棋人生是幸福的。这就是象棋文化对人类的价值所在，亦即象棋文化对人类社会文明的重要贡献。

象棋文化是中华文明中极其珍贵的艺术瑰宝，同时也是世界文明的重要组成部分。历史上，象棋文化曾发挥过重要作用，今后将继续发挥重要的作用。黄先生的传奇人生谱写了中国象棋文化精彩纷呈的光辉历程。我们相信，中国象棋大师们将一如既往继续谱写新的辉煌篇章，象棋文化在中华文明的传承和世界文明的永续发展中将继续发挥重要的作用，继续发出璀璨的光芒。

2

好建筑是"结构美"与"内外美"的统一

——《棋道·微传播》引发的思考

李玮楠

    一个建筑的"建筑结构"决定了这个建筑的风格、特质,体现着建筑师独特的建筑设计理念,也应该反映出建筑所在地的"人文特点"和民间喜好。

    没有地域性、没有文化性、没有时代性、没有独特性的建筑是没有"灵魂与精神气质"的"僵尸",是钢筋水泥的聚合体,是建筑师应该力戒的。

    以"建筑结构"之美的理论来审视其他社会存在,发现各行各业的"建筑",包括文化的"建筑",如果能够融"建筑之美"于其中,就是一个值得欣赏的"艺术品"。

    《棋道》是其中一例。

一、建筑结构要体现建筑的"精神"

    任何一个建筑都是有生命的,有"精神"的。

    中国万里长城、埃及金字塔、亚历山大灯塔、巴比伦空中花园、阿尔忒弥斯神庙、宙斯神像、摩索拉斯陵墓、罗德岛太阳神巨像等古代建筑以及无数的美轮美奂的现代建筑,之所以能够存在于人们美好的记忆之中,就因为它们具有生命,有很好的"精神气质"。

    从学理上讲,建筑的"精神气质"体现在以下几个方面:

    A 以简单的几何形状求统一:古代美学家认为,简单、肯定的几何形状可以引起人的美感。"原始的体形是美的体形，因为它能使我们清晰地辨认"。

这种简单和统一，是一种纯朴的象征，也代表了一种普通大众的共同价值认知，它就是"猪肉炖粉条"式的口味，但这种口味具有山珍海味无法替代的情感和香色，是一种永恒。

B　主从与重点：在由若干要素组成的整体中，每一要素在整体中所占的比重和所处的地位，将会影响到整体的统一性。倘使所有要素都竞相突出自己，或者都处于同等重要地位，不分主次，就会削弱整体的完整统一性。在一个有机统一体中，各组成部分应当有主与从的差别；有重点与一般的差别；有核心与外围组织的差别。否则难免流于松散、单调而失去统一。

C　均衡与稳定：人类从与重力作斗争的实践中逐渐形成一整套与重力有联系的审美观念，这就是均衡与稳定。对称的形式天然就是均衡的，但也可以用不对称的形式来保持均衡。除了静态的均衡外，也可依靠运动来求得平衡，这种形式的均衡称为动态均衡。古典建筑的设计思想更多地是从静态均衡的角度来考虑问题，近现代建筑师还往往用动态均衡的观点来考虑问题。

和均衡相关联的是稳定。均衡所涉及的主要是建筑构图中各要素左与右、前与后之间相对轻重关系的处理，稳定所涉及的则是建筑整体上下轻重关系的处理。

D　对比与微差：建筑功能和技术赋予建筑以各种形式上的差异性。对比与微差研究的是如何利用这些差异性来求得建筑形式上的完美统一。对比指的是要素之间显著的差异，微差指的是不显著的差异。就形式美而言，两者都是不可缺少的。对比可以借彼此之间的烘托陪衬来突出各自的特点以求得变化，微差则可以借助相互之间的共同性以求得和谐。

E　比例与尺度：比例研究的是物体长、宽、高三个方向量度之间关系的问题。和谐的比例可以产生美感。怎样才能获得和谐的比例，人类至今并无统一的看法。有人用圆、正方形、正三角形等具有定量制约关系的几何图形作为判别比例关系的标准；至于长方形的比例，有人提出 1:1.618 的"黄金分割"或称"黄金比"；现代建筑师勒柯布西耶把比例和人体尺度结合起来，提出一种独特的"模度"体系。

探寻国学文化建设的《棋道·微传播》是近年来比较少见的研究"棋道

与微传播"的文化建筑，在这个"建筑"中，有许多的"建筑结构"是符合
"建筑"规律的，是具有"精神"的文化大厦。

正如方汉奇教授所言：《棋道·微传播》是李建新在学术研究的道路上放
出的"冷箭"……是一道大餐，一道可以为新闻传播学者们提供新的思维与
视野的大餐，可以为新闻业务的实操与提高提供参考的厚重之作。

二、《棋道》具有比较完美的"框架结构"

"框架结构"是一个建筑的核心，没有框架与结构，建筑是"立"不起
来的。而应该具有什么样的"框架结构"，需要据实论证，科学设计。

《棋道·微传播》中，有10篇文章在论述"棋道"，包括有棋道与社会
生存、棋理与艺术创造、棋规与自我约束、棋战与兵家智慧、棋友与天下一
家、棋运与家国荣辱、棋品与人生修养、棋赛与联通天下、棋风与融合之
道、棋赋予烘云托月等10个方面的内容。

文章论述的内容和涵盖的领域已经远远的不止于棋的层面。它把棋与社
会、与社会中的每一个人联系起来，在阐释棋理的同时，似乎也在探求人如
何在社会中生存、人与自然如何和谐相处、如何实现生态与生活中的"融
合"，"融合"的过程中有什么样的法则等。文章有宏观、中观、微观等方面
的着墨，有重点与一般的关照，有对完美人生的探求等等，具有完美的结构
与框架。

《棋道》的结构之美还体现在文章内容结构的美。如文章"棋理与艺术
创造"探求棋理与艺术的关系，认为：棋理就是探求赢棋的道理，其中，把
握好开局、中局、残局的每一个阶段，走好每一步，把每个棋子都协调调动
起来，使它们的功效最大化是努力的方向和目标。在这个过程中，追求并实
现艺术创造是一个必然的选择。

棋界有"精雕细刻一盘棋"之说。雕刻的过程就是艺术家对一件艺术品
的加工过程！艺术创造就是深究棋理并把它用在实战上。为了取胜对方，你
没有比对手更多的创造性的布局、创造性的运兵、创造性的谋篇与夺势，焉
能胜之？棋手喜欢"飞刀"，其实"飞刀"就是一个由棋手独家打造的带有
秘笈性质的"艺术品"。

文章认为：没有匠心独具的艺术构思，没有创新求变的战术素养，没有
不落窠臼的艺术思维，没有妙至玄密的深谋远虑，没有大气开合的宏观把握

等等，是难成其就的。"世事如棋局局新"，新字当头，可能就是胜利之门开启的重要而关键的一步。

人生如棋，需要的是精彩！芸芸众生如何才能走赢人生的棋局？不妨借助一下棋道的法则，信心满满地对人生进行一个美好的设计，并展开一次富有个性化色彩的艺术创造之旅！

文章有总的论纲，有具体翔实的剖析，有历史现实的关联，有引经据典的拓展，把应该展示的内容，以比较完美的结构，进行了条理和详略得当的展示。

三、《棋道》的"结构"之美在于内外美的统一

一个建筑的美，一定是内在美与外在美的统一。美的建筑要能够从里里外外等方面展示它的美，用美征服"客户"。

《棋道·微传播》的内在美方面，有很多有观点、有见地的文章做支撑，象棋是社会的稳定器；下棋是"精品创造"、布道·指道；下棋是值得做的事，值得做好的文章；棋类有很高的学术价值，有创新性，是实实在在的内容美。

此外，作品中还有精彩的象棋报道，如：滚滚棋道贯时空、川沙"争"棋王、弈趣与学理、遥望碧桂园、敬老棋赛两相宜、上海浦东"群联杯"：棋道即"群"道、棋潮逐浪高、"上海·川沙杯"新战：国际大赛开锣等等。

这些文章或者报道时效性、趣味性、观赏性很高，没有花拳绣腿却也沁人心脾。靠的是内在的美。

一个建筑能否给人们留下深刻的印象并把这个印象永久的留存在记忆深处，在于它是否有摄人心魄的外在之美。

中国上海外滩的万国建筑、黄浦江对岸的现代建筑包括金茂大厦、上海中心、国际环球中心，也包括伫立在美国底特律的许多有特点的、具有鲜明外在美的建筑，因为它们都具有独特韵味的外在美，所以才会成为永久的建筑经典，成为人们美的记忆中的永恒。

《棋道》具有外在之美。

它的四封除了有高水准的专业设计之外，历史文化的展现、诸多大咖的"装饰"为它的外在之美提供了保证。

作品在最前面的扉页中，经授权使用了老一辈无产阶级革命家，时任全

国人大常委会副委员长的习仲勋于 1989 年 1 月 24 日为《棋友》题写刊名的手迹，为作品增加了历史的责任感和内容的厚重感。

作品还采用了一幅具有很高的艺术价值的书法作品，琴棋书画等国粹在这里进行了完美的组合。

书法作品的作者石毅先生是参加过解放战争、抗美援朝战争的离休老干部，是经毛泽东主席唯一亲自作证批示追认的中华著名烈士赵宝成和女红军石澹峰之子。有"中国红色书法家第一人""中国业余棋坛总司令"之美誉。

此外，作品还请棋界和学界顶级的专家作序并进行相关的介绍，也以比较直接的方式阐释和锦绘了作品具有怎样的美。

"棋通万物、道行天下""借棋道，新闻天地宽""为中国棋道微传播第一人点赞""布局新颖　着法精妙"等名家泰斗的序，仅看题目，就可以直观的感知到一种非常惬意的文字之美。

"胡荣华老师写的是棋里棋外，方汉奇老师写的是新闻春秋，石毅老师写的是红色历史，徐天红老师写的是现实关注"。这些充满鼓励和浓情蜜意的言语，像一枝枝五彩斑斓的画笔一样，成为了作品的美的一道主亮色。

一个建筑、一个人、一部作品，如果具有了内外兼修的精神，能够在客观"写真"中体现这种精神，就是一个完美组合的，就可以给"客户"提供诸多方面的美的享受，甚至提供超出"客户"预期的美的享受。

《棋道·微传播》做到了这一点，所以它是一件"美"的"艺术品"，是一个具有完美的"建筑结构"与内外皆美的大制作！

3

象棋的高雅在于寓教于乐

李玮楠

象棋的本质是文化。它的高雅之处在于通过寓教于乐的方式，对人们进行潜移默化的"教育"。

这种教育体现在了象棋源流、象棋诗词、象棋理论与战术、象棋排局、象棋心理学、象棋与对策、象棋思维、象棋与哲学、象棋与《孙子兵法》《易经》等方面。这样的教育不是板起面孔的说教，而是通过先培植人们对象棋的喜爱，然后让人在实战的对弈过程中感知它的乐趣与博大精深，然后在此基础上把象棋的文化"交流"给棋友，这是一种高雅的教育。

象棋是集竞技性、科学性、艺术性为一体的智力项目，它培养的是人的高雅。

正因为如此，历朝历代都重视象棋以及象棋文化的开掘与普及，周恩来总理就曾对知识分子说过这样一句话："琴棋书画都要会一点，要成为通才"，陈毅同志也有过"棋虽小道、品德最尊"的论述，体现的就是通过棋来提升一个人的品行。

"琴棋书画能养性，梅兰竹菊可陶情。"自古以来，中国象棋与名人就结下了不解之缘。尽管他们所处的时代不同，专长各异，甚至政治观点相悖，但他们却有一个最基本的共同点，那就是——都深爱着中华民族的传统文化，尤其是被誉为"四大艺术"的琴、棋、书、画。

中国象棋做为四大艺术之一，自然有其独特的艺术魅力与文化内涵。由于棋弈对智力，意志和思维方面的促进作用，故科学家认为，它是人类创造活动过程的一个缩影，是集娱乐、体育、智育、艺术与科学之大成的高尚活动。

远在唐代，"当时社会风尚十分重视弈棋，文人学士会不会弈棋及其水平高低都与他在社会上的地位有一定关系"。故唐宋八大家人人善弈，其中白居易颇为自负，曾有"棋罢嫌无敌，诗成愧在前"之感叹！

名臣狄仁杰，以棋局释政局，首开棋为政治服务之先河。唐相牛僧儒，梦"金戈铁马，铜枰满床"，其札记《玄怪录》为研究象棋史留下珍贵的借鉴资料。比唐更早的北周武帝对"象戏"更是欣赏，特命骠骑大将军，著名文学家庾信撰写《象戏赋》，扩大宣传。宋朝开国皇帝赵匡胤更是一位象棋迷。他下棋输华山的故事家喻户晓，而且重信诺，不仅赐华山与陈抟，同时"免华山附近黎庶之征徭近三百年"。因下棋而使广大百姓长期免税，此举古今罕见。在他的影响下，宋朝涌现出一大批象棋爱好者，如王安石、秦少游、刘克庄、李清照、叶潜仲等。其中文学家洪迈撰写《棋经论》，成为早期的象棋理论家。

象棋能够"跻身"国粹行列，应该不仅仅是它的娱乐性。通过棋理研究发现，它有许多的哲理是可以为当局、为统治阶级提供"棋理"依据的。而这种依据还是老百姓普遍知晓的，这就大大的提升了象棋的品位，提高了它的档次。老百姓欢迎，统治者乐见，这就是象棋"身贵"的原因！

曾编纂《资治通鉴》的史学家司马光对象棋大胆革新，发明"广象棋"，在中国象棋史上有一定影响。著名学者陈元靓撰写的《事林广记》，更是我国早期的象棋谱。著名诗人叶潜仲据说棋艺水平很高，刘克庄称赞他"纵未及国手，其高亦无对"。更值得一提的是南宋时期的民族英雄文天祥。人们只知道他留下的《正气歌》和"人生自古谁无死，留取丹心照汗青"的铿锵名句，却很少知道他还是一位棋艺水平相当精湛的象棋专家。他"行弈决胜负，愈负愈乐，忘日早暮"。可见兴趣之浓。他在诗中多次流露出对象棋的浓厚感情，"客来不必笼中羽，我爱无如橘里枰"。他还善弈盲棋，应该说，在中国象棋史上，盲棋第一人非他莫属。谁能想到，文天祥还是排局能手。被俘后仍未忘情象棋，曾精心制作过40多个象棋排局，可惜仅有"单骑见虏"一局留传下来。从此局的着法中不难看出其构思之奇妙不仅凝聚着聪明才智，同时也闪烁着作者勇敢顽强和不怕牺牲的大无畏精神。与历代帝王相反，明朝朱元璋是坚决反对下棋的皇帝。但其子其孙却是嗜棋如命的"高级棋迷"。这说明，象棋的艺术魅力是任何人也禁不了的。其子朱权不但下棋，还编写棋谱。另一子明成祖朱棣在组织编纂《永乐大典》时，还命他们编入一卷《象棋》。其孙朱高帜（明仁宗）爱棋更甚，他与状元曾子启下棋兴浓时，还赋诗助兴，互相唱和，这里节录两句。曾子启曰："两军对敌立双营，坐运神机决死生"。明仁宗曰："等闲识得军情事，一着功成见太平"，可知雅兴不浅。

象棋在明清时期有着长足发展，特别表现在文化理论上。夸张点说，明清时期的社会名流大都与象棋有瓜葛。大家熟悉的小说家、文学家如冯梦龙、凌濛初、吴承恩等，在他们的著作中，你可以找到不少弈棋诗作。曾官拜东阁大学士的著名书法家刘墉（刘罗锅）写过一首非常形象的《咏象棋》七律。有嘉靖"八才子"之称的太常寺少卿李开先因抨击朝政，被罢官为民，从此开始诗文散曲等通俗文艺创作，唯一调节生活的便是下棋，而且水平很高。他给朋友的诗中这样写："我爱敲棋君善饮，人称豪客与闲仙。"他"敲棋编曲、竟日无休"，常以此为乐。康熙年间，编写《梅花谱》的作者王再越，一生不求名利，为人刚直不阿，常常借棋喻世，时有点睛之笔。请看此词："叹英雄，勤勋立业类枰场；看世情，争先恐后似棋忙。"风流名士纪晓岚，曾为一幅《八仙对弈图》题诗，其中有这样两句："局中局外两沉吟，犹是人间胜负心。"意思是说，神仙都免不了好胜之心，况凡人乎！就以"八仙"中的纯阳真人吕洞宾为例，身虽离红尘，却仍向往着"教著残棋山月晓，一声长啸海天秋"的精神生活。

到了近代，随着列强侵入，国家战乱，象棋依然以旺盛的生命力薪尽火传，并在抗战中体现从了它的价值。

"政怨桑田会成海，岂直长安嗟如弈！"这是梁启超的心声。

百岁棋王谢侠逊象棋救国更是成为了象棋爱国主义教育的好教材。青年时代，他用排局讽刺腐败的清政府，讥讽袁世凯称帝，抗议丧权辱国条约等。辛亥革命成功，他又以排局形式祝贺，并在旁题写了"匹夫倡义武昌城，扫尽鲸鲵草木惊"的诗句。为了给抗日斗争募捐资金，他频频下南洋比赛和访问……

象棋还可以是联系群众的桥梁。刘少奇当年化名胡服在敌占区开展工作时，曾以棋为桥，消除对方戒心，进而达到了解敌情的效果。中华人民共和国的缔造者毛泽东、周恩来、朱德、董必武、彭德怀、邓小平……都喜欢并支持象棋活动。

象棋的教化在于它的魅力。这样的教育不靠强迫，也不搞"填鸭式"，不"满堂灌"和"死记硬背"，完全是靠它自身的"气质"来吸引人。不管哪一类的人，只要"沾惹"上它，就无法摆脱，渐次可以达到"忘食、忘寝、忘忧"之境界。在弈棋中享受象棋的刺激与快乐，离开楚河汉界之后，遐思它的妙趣与哲理，在社会生活中使用象棋的"秘笈"以作种种的应对，是很有成就感的事情。

象棋，有此普及的教育，国民的文化素质肯定会得到提升，"国粹"是可以泽惠天下的！

4

"和"之思

马竞爽

象棋对弈的双方在攻守往来、全力厮杀难以"中盘"决胜的情况下，进入了所谓的残局阶段。就棋局最终的结果看，"和"是一个选项，也是一个可以展开探讨的"选项"。

和局，字面上有平局之意，一盘棋之后你我不分胜负。如在对弈无法互相将杀的情况下，己方处于劣势，为尽力保持一种"最后的均势"所采取的保守策略，使战局陷入"长打"的局面中，迫使"南北议和"；再如，对局一方另有他图，下棋之前就企图求和，和棋顺其自然成为必然结果……种种情况造成和局，不一而足。但和局既冠以"和"字，就必然有与平局不同的弦外之意，这就与传统的和文化勾连起来。

和文化体现了中国传统文化的智慧，即使在现代社会仍然是一种主流的社会主导意识。而象棋中"和"的哲学智慧也脱胎于这种无处不在的和文化意识。和，强调异质的协调与对立面的消解，千年的思想史孕育了和文化极为丰富的意蕴，而象棋时至今日展现在人们面前的依然只是它具象化的冰山一角。将"和"作为思考象棋文化普适性的出发点，象棋的和局可以存在求和、弈和、胜和三个层次，并且可以从这些不同的层次观照人与社会，使"和"成为联结象棋与社会现实的重要节点。

求和：醉翁之意

对于象棋，和局本是再正常不过的了局形式，但存在一些人借和局做文章，致使和局天生所带来的灵韵在这里惨遭扭曲。某些人为各种不可言说的目的，棋局的博弈还没有开始之前，棋士们就开始"直奔和的主题"了。即便是自己的棋力比对手略胜一筹，也不愿以积极的心态去求胜，反而以消极的心态去求和，和棋为此蒙上了不和谐的阴影。

有人说和棋是达到目的就失去动力了，也有人说消极和棋就是给下棋注入水分。其实，对于消极和棋可谓是仁者见仁智者见智，每个人都有自己的看法，但只一点可以明确，和棋从来就没有真正的赢家和输家，此是持正气的棋士的共识。譬如在现实中有人会给某些"资源"丰富的人故意献上一盘和局，以获得自己在棋盘外的利益。表面上不分胜负，而实际上献和局的人得到自己应得的，被献的人无法认清自己的真实棋力，不能进益，长远来看对于被献的人是损的。

正因为有不和谐音，反感此路和棋招数，人们才纷纷献计献策，譬如使用量化方式改革判负规则等以避免过多的"和棋"出现，极端的甚至认为中国象棋不应该有和局存在。

从分析可以看到，许多建立在"求和"意义上的和，并非和局的"和"之本义，也并非没有杂质的纯粹的"和"，这是带有消极心态的"一团和气"，是为棋界所不齿的"和"。

弈和：剑指完胜

和局的存在本身就是象棋智慧的一部分，如何正视和局的结果才是值得我们思考的，才是我们用"和"的眼光去解构和局的意旨。抛去求和的负面心态，正视和局的起点就应该归为"弈和"了。与其说"弈和"是一种结局，倒不如说是一种心理准备。在对弈过程中，尤其是在残局阶段需要及时准确转换战略战术，是一鼓作气？还是退守九宫？还是势孤取和？对于情势的判断力自不必说，当然也需要一定的壮士断腕的勇气，与此同时"弈和"的心理准备也不能少。

"弈和"之和不同于"求和"之和，前者应当是一种异质的对立面上的和，讲求的是局和而力不和，势和而意不和。在残局的厮杀中，绞尽脑汁寻找巧胜的着法，从中体验"柳暗花明又一村"的快意生产，即使最终和棋，棋力的高下也能在搏斗中显现，这是局和而力不和；如果情势对己方不利，则可以退为守，寻找迫使对方无法杀将的路数，创造和局的机会，达到"最后的均势"，但即便最终和棋，还是以尽力拼搏为要，和棋只是不想看到但又无奈的结果罢了，这是势和而意不和。

但即使是"弈和"，对于不同人而言同样还有境界的高下之分。有的人境界高，也有的人却达不到那种高境界，这是各人素养、心境、学识、阅历等诸方面的因素导致的。

第一重境界是一心求"武战死"而不及其他的武士道精神，是低层次的。认为胜利是比求和更能畅抒胸臆的结果，如能力战而死，绝不全力求和。这种精神在对弈中固然值得持有，但也少了几分韧性。再比这个高一层次的，是不太注重胜负，能胜则胜，不能胜则委曲求全，自认为在正确的情况下做出和棋的判断便是一个明智的选择，与段位比自己高的棋士下成和局便飘飘然忘乎所以，有些许自我麻痹之嫌。比这还要高一层次的，应该是秉"除完胜，复何求"的心态对待和棋。和棋不会意味着双方棋力相当，和棋反而意味着没有胜利，在一次次没有胜利的"失败"中增进棋艺，以"完胜"为圭臬，此为"弈和"的正道。

推而广之，不仅是在博弈当中需要"弈和"，身处社会生活同样也需要"弈和"的气质，常见于双方势力不均衡，敌强我弱的情形中，己方更应该以一种"弈和"的平和心态，一种"除完胜，复何求"的终极目标，正视双方之间的对抗以及最后的结果。

胜和：以"和"为"胜"

胜与和，两种不同的结局，放在一起看似矛盾，细细吟味下来却有着从象棋文化观照现实社会的哲学智慧。"胜和"从字面推敲，即以"和"为"胜"，将和局看作成为一场胜利，这种胜利当然并非棋局层面上的胜利。棋局层面上双方和棋，本质上没有输赢，但是这样的和局何尝不是某种意义上双赢？

下棋并不在于非厮杀到你死我活不可，异质性的对抗往往才是常态，强调和谐也非刻意抹杀掉对抗这种性质的存在，而是宣示一种以"和"为"胜"的姿态，一种"和为贵"的文化内涵。

高手之间难分伯仲，棋力达到一定的高度之后，水平与差距不断地缩小，致使出现和局的情况越来越多，但这不能成为否定和局的理由。"胜和"的"和"不是归一、不是平分秋色，是超脱了"弈和"的制衡状态，是唯有高水平、高竞技之后才会抵达的"胜利"。《孙子兵法·军形篇》讲求"胜兵先胜而后求战"，为了这种"先胜"，需要下十年磨一剑的苦功夫，才能确保有了胜利的资本、胜利的筹码。在此基础上产生的"胜和"才具有了"和"的意蕴，具有了双赢的意义，才展现出真正拔萃的实力，无往而不利。

由此，抵达"胜和"须有两阶段的过程：一是为达到"先胜后战"的目的所做的前期积淀；二是因积淀造成实力的相对制衡，以此带来的和局，看似旗鼓相当，实则互为佐证，佐证了自己的真实力量。前者是后者的充分条件，后者是前者的必然结果。

观照现实的人类社会，大国之间的博弈正是需要"胜和"的意识，才能屹立于世界之林。大国与大国之间的对抗，要以"和"为"胜"。追求此"和"，要以国力的增强、科技的发达、精神文明的提高为基石，做好前期积淀，否则无法掌握"胜和"的筹码。战争与和平是人类历史的永恒主题，而和平正是"胜和"所展现的"和为贵"的精神。

从作为个体的人的层面，"胜和"更多的是生活上的启迪，不仅是象棋的棋力对抗，在任何竞争环境中，持有"胜和"的观念将使我们更加注重厚积与薄发两个阶段的过程。而急功近利的人恰恰忽略掉厚积的阶段，没有前期积淀，谈何"薄发"？运动员需要体能的积累，翻译员需要语汇的积累，演奏家需要基本功的积累，凡此皆是。这是由象棋和局的"胜和"引发的基于人文主义观照的一点思考。

由"求和"到"弈和"，最后归为"胜和"，将和文化内嵌入象棋之中，由此生发出三重对于"象棋之和"的解读层次，并向社会现实稍作延伸。总的说来，最后的落脚点还要在一"和"字上：真正的和局是以求胜换来的"调和"，以全力索来的"弈和"，以正心赢来的"胜和"。

5

棋的"温情"

朱 红

> 橘中逐鹿消闲日，鸿鹄高飞拜弈秋。
> 慢卷诗书窥棋谱，轻敲棋子心南游。

阅读《棋道·微传播》，感触不少，如果用几个字总结一下，那便是棋，人和情。作者从象棋入手，微言大义地讲述着自己对象棋的思考，与棋友的交流，以及对象棋的热爱之情。

记得每次看到有人下象棋，我总是会挤进去，仔细地打量着棋局，饶有兴趣地看看下棋的人，有时也会瞥一瞥那些看棋的人。你也许会说我喜欢凑热闹，是的，我就是喜欢凑象棋的热闹。而这本书，也让我在"棋道"与"棋文化"以及"棋道与社会"的视野中凑了一回"象棋"的热闹。

"和"为"贵"之温情

在"棋运与兵家智慧"这篇中，象棋对弈，红黑棋子散落棋盘之上，犹如古代战争中两军对垒，棋子化作将官兵卒，东一团人马，西一块阵营，你困住我，我围着你，相互纠缠不清的厮杀着。两方的指挥官必须步步为营，小心谨慎，唯恐稍有差错，就让对手寻得机会进行反击。虽然下棋双方在静静坐着，但心思却早已飞到那烽烟弥漫的战场上，黑云压城角声连营，想象着自己伫立城头，看着来势汹汹的对手，马上部署战斗，沙场点兵，要与对手一决生死。一番厮杀过后，胜负已定，回首战场积尸草木腥。虽然输了，但古语有云："胜败兵家事不期，包羞忍耻是男儿。"不只是男儿，巾帼不让须眉，女将军们在棋局上纵横捭阖，杀伐决断丝毫不逊于男儿。我曾看过一位女棋手的对局，她神情自若，颇有一副胸有成竹的气度，每一步棋让我在心中默默叫好。

兵家的最高境界是不战而屈人之兵，不用兵获得和平。作者提出棋的最高境界是和谐不是冲突，两者有异曲同工之妙。棋战在经历过攻与防，进与退，多与寡等之后，能够达到"和为贵"，是最高境界，因为这种"和"是一种高水平之后的平衡。有人会把"和"狭隘的理解为"你好我好大家好"的妥协，其实不然，平衡是一门艺术，现实纷繁复杂，极强或极弱的马太效应并不少见，"和"之所以"贵"也许是需要全力以赴双方才能旗鼓相当吧。

"助"为"友"之温情

《棋道·微传播》中提到许多关于棋的思考和见解，值得好好阅读。棋是人下的，除了"棋"，"人"不可忽视。前段时间，阿尔法狗对决人类围棋高手，人工智能把高手们一一击败，这让一些人心生感叹人工智能会取代人类。我不知道机器人会不会有一天会真的取代人类，我只知道自己可不愿意面对一台冰冷的机器下棋，因为那样感觉像是上机考试，仅仅是费脑，心里却空落落的，更别提什么享受了。而和别人对局，与对手产生一种建立在棋之中的友情，并成为棋友。许多人刚刚见面，两三盘棋一下，便感觉"相见恨晚"，所谓"白首如新，倾盖如故"，用在棋友身上倒也合适。我曾问过一位象棋爱好者，他为什么喜欢下棋，他脱口而出因为可以和别人交流沟通。许多爱好在生活辗转中渐渐丢失，唯有象棋，他保留下来。在他眼中，看重象棋，更看重与棋友的联系沟通。我想也正是这些棋友让象棋一代代的传承下去，离开了人，棋也死了。古往今来，文人墨客为友人知己留下无数诗篇，不同于诗人之间用诗表达情意，棋友们之间更多的是棋艺上的互相学习，生活中的互帮互助。

民国时期象棋高手如云，其中北京那健庭和孟文轩都是佼佼者，同时他们又是挚友。两人第一次见面便是在棋茶馆中对弈。在第一盘和棋、第二盘和棋的情况下，再弈第三、第四盘，直到弈完十局，孟文轩也仅多胜一局。孟文轩认为那健庭是一个难得的棋才，于是，将他的弈棋心得倾心相授。在孟文轩的指点下，那健庭的棋艺进一步成熟。两人的友情也是情深义重。

1924 年，孟文轩对于单纯依靠弈棋为生感到担忧，那健庭表示可帮他开茶馆。但此时那健庭的家境已不宽裕。为了帮助孟文轩，也为了实践"诺言"，毅然倾其家产相助。

孟文轩和那健庭以棋会友，初见不识，再见如故，也说明了最好的对手也是最好的朋友。民国虽已远去，但"天下棋友一家亲"的情意却未消逝。《棋友》杂志和长三角象棋联谊会等组织成为了棋友更大的家。

"弈"乃"人"之温情

因为情，因为对棋的喜爱之情，对朋友的相惜之情，人因棋结友。棋不仅仅是一项消遣娱乐活动或是体育竞技，更是一种艺术。有人说艺术没有用，不如科学技术实在有用。下棋也成了周围人口中的"无用之事"，说下棋也没有用，做它干什么，还不如背背单词或者睡觉。是哦，生活中"哲学有什么用，能当饭吃？""画画有什么用，又不能卖钱"这样的问题太多了，总是问有没有用。一旦觉得没有用，却还是要坚持下去，便认为那人在浪费时间。现代人喜欢用金钱来衡量事物的价值，但这不是唯一的标准，除了金钱，还有情感。无数人口中的"无用之事"却是其他人的情感支柱。下棋"没有用"，可它是我和我爸之间的情感纽带。父亲爱下棋，他喜欢与我下棋，虽然我的棋艺远远比不上他，但他只想女儿能陪陪他。在外求学，很少回家，每次回去感觉家变小了，父亲也老了。"无用之事"却成为了他最大的快乐。每次和他下完棋，他总是狡黠一笑，说丫头书读了不少，棋却下不过老爸啊！他的眼睛里出现一种光彩，额头的皱纹却加深了。

现代生活匆忙，疲惫，最好能寻个属于自己的时间，和亲人朋友做一些自己喜欢的事，以此慰藉情感。人生总归要有点意思，对生活有"情"的人，想必日子也不会太苦闷。

6

读解象棋：缘·源·渊·愿

刘子婧

一、棋　缘

　　象棋给我的第一个印象是小时候哥哥教我的："马走日，象走田，车走直路，炮翻山，士兵前过楚汉街……"儿时的顺口溜是象棋给我竖下的第一规则，那时我不懂运棋，更不知"借敌发力，秒杀戎首"这些专业术语，心里头只会嘀咕"马走日，象走田"，守着这几些规则和条条框框总被哥哥"将军"得措手不及，屡战屡败，但又陶醉于屡败屡战，久而久之，哥哥嫌我"没个长进"，便不与我玩了，我跟象棋的"缘分"就停留在此了。未曾想到今日提笔谈象棋，竟让我打开了尘封多年的儿时记忆，像一坛老酒开坛，封缕布从坛盖揭下来的那一刻，洒落的细细点点的尘灰在阳光的直射下蜂拥着向四周跳着、蹿着，用手去乎散开尘灰迫不及待地去闻那酒的醇香，这记忆也随之涌现在我的脑海里。

　　关于象棋，就此有了一个难以泯灭的记忆。

　　从文化的角度谈棋，似乎比儿时的记忆更醇香，也更有味！

　　2009年2月25日，据国家体育总局（下简称为"国家体总"）官方网站报道，为促进棋牌运动在世界范围内的普及和推广，同意将"中国象棋"项目名称更改为"象棋"，英文译名采用"Xiangqi"。引用香港陈灵辉先生的一篇文章评论此事，他说："近年，中国象棋界把中国象棋国际化说得震天响，说的人是这样的振振有词，听的人唯有默言不语。把土生土长的东西带出国门，扬威异域，是多么的振奋人心，哪一个炎黄子孙敢有异议呢！"国际象棋冠军卡斯帕罗夫在《棋与人生》中劝谕人们要永远保持怀疑的心：思考一个故事为什么要被讲述的原因，比我们从故事本身得到的要多得多。在振奋鼓舞之后，口号叫完了之后，是否也应该探讨一下：推动中国象棋国际化，丢掉了"中国"两个字，还有它本身的文化意义所在吗？

我是一名学新闻传播学的研究生，新闻追求真实和客观，传播讲求交流和影响，两者结合用象棋来比喻就是：象棋本身既不能丢了它内在的魂，也不能让它没有发展和衍生的生命力。

作为社会的一员，作为一名新闻传播学的学生，作为一名 90 后，我想向新时代的象棋发声，为了更绚丽的中国传统文化的星空！

二、棋　源

象棋在中国的发展源头有好几个版本，现被世人最为祥熟的当是象棋始于先秦的六博，《楚辞·招魂》篇说："蓖蔽象棋，有六博些。分曹并进，遒相迫些。成枭而牟，呼五白些。"昆即玉，六博亦昆蔽象棋，用象棋一词意指六博始见于此。当然，亦有关象棋的来源有众多版本，其中象棋源于中国、印度、埃及、希腊四说最盛。在 20 世纪的 50 年代，苏联象棋史学界认为象棋起源于印度，中国象棋是从印度传入的，而后来这个观点又被几个欧洲的象棋史学家否定，认为象棋是中国人民创造的。国际上一直在争辩象棋的来源，至今也没有个定数，但这似乎并不妨碍棋友们对象棋的热爱，毕竟，这象棋里的棋道之道，就像老子的《道德经》里"道可道，非常道"，老子认为："可以用语言表达的道理，就不是恒常的道理"，借用这一句话我想可以道出：对于象棋而言，三十二粒棋子，十横九竖的棋盘，九十个交叉点足以汇成千言万语，为世人津津乐道。

1956 年国家体委（现国家体育总局）把象棋列入了第一批体育项目之中，当年就在北京举行了我国历史上第一次全国性的象棋比赛——全国象棋锦标赛。[1] 同年，《象棋》杂志出版发行，这一年也标志着象棋从一个"江湖代表"正式向着文化瑰宝"出道"了。虽然现代时期把象棋当作了一项体育项目，同时作为中国传统文化的代表之一，但似乎和象棋本身的精髓相比较，少了点纯粹，少了几番韵味。

1　郭莉萍 . 象棋运动的文化流变［D］. 北京体育大学，2014。

三、棋　渊

中国人都知道"中国象棋"即"象棋","象棋"即"中国象棋",可是对于普及和推广的对象外国人而言,"Xiangqi"是一个完全陌生的"外来词",肯定不如原来的"Chinese Chess"知名度高、更易于接受。每当我们谈到要发扬光大中国传统文化,让中国文化国际化时,何曾想到强大的文化支撑并不是靠外在的包装,内心强大、国人普及,自然而然就会成为文化的代表。

日本将棋是从中国象棋发展而来的,但是其速度却是惊人的。在日本国内将棋已经和相扑一样成为日本的国粹,在日本人民中普及面非常之广,中小学将之设为教学课程,与学分、升级挂钩。中国象棋在改革开放的80年代属于复苏时期,但是现在已经日渐被边缘化,对于中国象棋的发展,有个绝好的参照物——围棋。国之华彩,人文化成,同为中国的文化传承。中国象棋与围棋亦如同文坛的王杨卢骆,各擅其长。但围棋的发展相较于象棋发展势头更好,究其原因有三点:80年代国内媒体把围棋大师聂卫平在围棋界所取得的成绩送上了"热门",在全国掀起了围棋之风;象棋仅在全球华人圈中传播范围广,但对于世界性的传播流通而言不如围棋在中日韩三国之间的赛事举办影响大;象棋赛事举办的媒体影响力以及赞助商力度不如围棋。尽管象棋的现状还未发展成为社会的新风尚,但现今全国象棋锦标赛、全国象棋业余棋王赛、象棋国际名人赛等各大赛事的举办、媒体对赛事的报道和推广、国家对象棋运动的重视,新一轮的"象棋风"我相信在不久的将来重新吹拂大地!

四、棋　愿

厚聚,方能喷薄;源远,方能流广。象棋运动深入社会生活,人无论男女老少,地无论城乡厅幽,形成如今的规模、气势,自有雄浑深厚的历史文化根源。棋愿,当是对象棋发展的美好愿景。象棋有它自身的魂,中国人提到松柏想到常青、挺拔、气概不凡;提到功夫想到正气凛然、打抱不平,时至今日,当我们提到象棋,我们不仅要从中知晓它的运棋,更要懂得象棋教会我们的人生哲理。"1000个读者有1000个哈姆雷特",象棋亦是如此,下棋人心态不同，对待事物的方式不一，笔者试图借鉴老子的《道德经》，从象棋的棋道中读老子之道，从老子之道中品象棋之道，从两道之中品人生之道。今日借古当今，提炼古人精髓与象棋中的博大精深，就像茶叶与适度的水的流动结合，喝一口，当沁人心脾，令人流连忘返。

"以棋会友，其乐无穷"

记不起是什么人曾用优美而充满哲理的语言，对象棋作过高度的评价和赞美："在人们发明的各种游戏中只有这一种游戏，它的胜负不决定于任何刁钻的偶然性，它只给智慧戴上桂冠！"这话说得一点也不为过。象棋确实是一门具有高度思维性、趣味性和战斗性的艺术，是供给智慧者的一种游戏。其中的行兵布阵，难以预料；对弈时的角力对抗，也是不可预测。象棋因为有了子与子之间的直接接触，吃子、捉子、叫杀等等，就有了为了获胜擒王而积极冲锋陷阵，有了"擒贼先擒王"的勇猛，甚至有"宁失一子不失一先"和"弃子攻杀"舍生取义的壮烈，颇有"天行健，君子以自强不息"的气度。

执子下棋，兴趣盎然；以棋会友，其乐无穷。

象棋的对局结果以"将死"对方的"将"或"帅"为"获胜（负）"，在双方均没有将死对方的可能时，为"和"。下棋是双方之间的博弈，称博弈也好，称较量也罢，倘若非要争个胜负也不是棋道的精髓所在。

中国人讲求"和"，是对事物的谦虚，是虚怀若谷，是包含世间的美德。老子说："知常容，容乃公，公乃王，王乃天，天乃道，道乃久，没身不殆。"老子认为你认识了自然规律就能做到胸怀宽广，包容一切。对于棋手来说，在遵循象棋比赛的相应规则下，能够做到以棋会友的心境去下棋，主动提出和棋，不追求名利的得与失，这是棋道的赞缪，更是人生的大满贯。

"棋逢对手"

象棋在中国有着悠久的历史，在古代的时候，象棋被列为士大夫们的修身之艺，现在象棋作为全民适宜的竞技项目，影响力广而远，因此产生了许多关于象棋的术语以及熟语。例如：我们常借"将军"这个象棋术语来比喻给人出难题；常借"棋错一着，满盘皆输"来比喻做事要注意细节，每一步都是事件成败的关键等等。[1] 关于象棋的成语和熟语我们生活中不但运用得多，

1　胡赛皇.中国象棋词语的隐喻研究［D］.湘潭大学，2014。

而且在很多事情上我们同样也从这些成语熟语中感受棋道的蕴涵。都说下棋要棋逢对手，如果双方是老师与学生进行较量并且现在棋局上学生一方明显占优势的情况下，该怎么办呢？学生故意走错棋？故意失误？对于棋手而言，战胜老师其实是一种报师恩的方式，每一个棋手都有最强盛的时期，学生战胜老师只能说明在这个阶段你的棋艺超过了老师，无论胜负，这不足以证明学生的实力一定比老师强，就像教练培养出来的世界冠军并不意味着教练在技术上比学生更胜一筹，而是能够给予学生专业的技能训练以外更加中肯的意见和建议。

老子说："上善若水。"一个人的修养就像水一样，那是最高的境界。尊敬你的对手就是成全了你的对手，师从先生取艺，不是一辈子在师门下且生，一位真正的老师是希望长江后浪推前浪。棋逢对手，乃人生之快事；会棋尊师，站在巨人的肩膀上，你会受益颇多。

"善用逆向思维"

林语堂先生曾在他的《老子的智慧》中翻译了庄子假想孔老会谈的场景和对话，其中有一段是这样写道：孔子曾与老子有过一段对话，孔子回来后他的学生子贡问他，"老师今日见了老子，给了他什么忠告呢！"孔子发表感言："我今日见老子，其犹龙耶！"孔子将老子比喻为云端里一般人都看不见的龙，说老子具有高深的道学思想，就像龙一样高深莫测。在孔子眼里，老子如游龙一般深不可测，高山远瞩。老子在他的道德经里提到："常善救物，故无弃物"。他说圣人很懂得运用各种东西的长处，所以就没有任何可以放弃的东西。有的人把用过的东西当做宝贝，就是善用的一种表现，也是一种创新，使用了与众不同的思维方式。老子提出的逆向思维，是启示人们在思维方式上要有新的突破，不要因循守旧，不要固定一种模式。象棋中每一盘的博弈都是一次智力的比拼，是棋手间的"战争"，用"兵刃相接"形容也不为过，每一场战争的天时地利人和不同，所采用的战术和方法也不同。逆向思维是违背常规思维的方法，当处在"绝境"和不利情况时，学会变通，有时候"弃子舍子"也是一方大略。

孙子云："夫地形者，兵之助也。"象棋排局中两子胜十六子者，古战场"一夫当关，万夫莫开"者，盖地之利也。九十个交叉点均有可能成为兵家必争之地，敌宫中的九点更是"众矢之的"，一点可急剧升值，以致成为致命点、决胜点。不管是"以棋会友，其乐无穷"教会我要以气度得人心，看淡名利角逐；还是"棋逢对手"的别样解读，告诉我们尊敬你每一次的对手就像尊敬象棋的精髓；抑或是在遇到困境的时候，学会"善用逆向思维"等等，这棋道之道，非常人所能述道，今日借老子之道，品棋道之道，在道法中读事理，通人法。

　　儿时与象棋结下的"半生缘"，今日再续前缘，所思所想皆是拜读了《棋道·微传播》这本书后的感想。象棋特级大师胡荣华先生称"棋运是与国运联系在一起的"，今日看棋，作者把棋道与社会联系在一起，实则为新时代的象棋发展打开了新世界的大门，让我们后生之辈不禁感叹学习书本知识当与社会发展脉络联系在一起，"不做只读圣贤书不闻天下事"的书生，而是要心系社会，放眼世界的新时代年轻人！絮絮叨叨这么多，深感象棋的博大精深，试图借鉴《道德经》的经典名句与象棋两者结合理解它内在的魂，此文谨表达我对中国象棋发展的美好愿景，对中国传统文化既仰望星空又脚踏实地诉说情怀。

2017 年 5 月 16 日

7

"吃"为求饱"棋"可解忧

原亚英

中国大陆作家阿城 1984 年发表了处女作《棋王》，1991 年，徐克的电影工作室将阿城的《棋王》与台湾作家张系国的同名小说《棋王》融合成一部电影，由梁家辉主演。

故事发生在"文革"时期，折射出王一生的精妙棋艺和人生态度，以旁观者的所见所闻所感带领观众逐步洞察王一生的内心世界。都说"人生如戏"，而王一生却道"棋如人生"。他被称为"棋呆子"，家境贫寒，但精于棋道。"吃"和"棋"可以说是他一生的追求，"吃"只求吃饱，"棋"只为解忧。阿城笔下的王一生只是当时复杂社会背景的一个小人物，而阿城正是借"棋呆子"下棋之道感悟人生态度、思索精神自由，并从传统文化的风流神韵中汲取养分。

王一生为棋痴狂，一得空变神游于楚河汉界的方寸之间，心中有棋，不谙世事，不近流俗，他的超脱与坦然已构成了对当时社会现实的一种疏离和超越。而在影片后半部分，王一生主动参赛，最终以一敌九，成为新一代"棋王"，打破道家的"无为"思想，转而投靠儒家思想的"积极入世"，将这两种古老的传统文化融会于"棋道"，一方面用棋避开世事纷扰，随遇而安，心无所求，另一方面又执着笃定、积极进取、以一敌九。不得不说，阿城将"棋王"写活了，不大的棋盘上承载的是中国五千年传统文化的积淀，亦是智慧超脱的祖辈们对后人灵魂的馈赠。

如今"棋王"的确不少，不过真正像王一生那样"人棋合一"的恐怕不多，他不只是把象棋当做一种竞技、一个游戏，而是将棋理与传统文化融会贯通，不断修炼自我，超越自我。

　　而在现代社会，象棋中所蕴含的无穷力量对于快节奏生活中的我们来说，亦是一味良剂。"快速""高效""简洁"已经成为当下消费社会的标签，伴随着网络技术的更新换代，时代的步伐也越来越快，四面八方的压力席卷而来。马路上人们停不下来的脚步、放不慢的速度已经司空见惯，一不小心就会陷入了犹如夸父逐日般的"死亡陷阱"。在这个浮躁的年代，人人自危是民众的保护膜，机械的追逐成为生活日常，人们很难能偷闲静下心来，而一方棋盘，一位棋友，一杯茗茶，却能带你远离城市喧嚣，放逐思想于楚河汉界处遨游。象棋所带来的旨趣是超脱物质层面的，能给予精神的满足，真正踏入棋盘，深谙棋理，将其背后的文化了然于胸的人的可称为"棋王"，棋理通人理，于无形中修身养性，磨炼心智，越发浮躁的世界越需再觅"棋王"来拯救心境。

棋盘小，棋道大

——《棋道·微传播》读后

汪海燕

作为一名探求新闻学理、寻找新闻真谛的新闻学者，应该广泛涉猎，兼取养分。包括从我们不熟悉的学科和领域。

这是我作为一个棋道"门外汉"关注了《棋道·微传播》之后的体会。

《棋道·微传播》的作者也是一位新闻学者，但作者能够以新闻人独特的发现视野阐释棋道，并告诉我们棋道关涉了求学之道，做学问、做人的"道"。

棋道不可只重棋艺，必须艺、品、理、规、礼，五者兼备。

最初我对象棋的理解，总觉得印象中这应该是几个年迈的老人在冬日暖阳映照下的公园里，围坐一圈，在某棵参天大树下，煮一壶热茶，消遣日子的老年人活动，和我们年轻人无关。因而结缘的那本《棋道·微传播》从一开始翻了几页以后，便再无更多钻研。直到有一天看到人民网读书频道报道说，新闻学泰斗、中国人民大学荣誉一级教授方汉奇认为本书写的是新闻春秋，它给新闻与传播学的启示是"借棋道，新闻天地宽"。我不曾想，棋道居然还可以和新闻联系在一起，于是便静下心来再次翻阅这本书，想一探究竟，新闻与棋道到底有何联系？

棋盘很小，学问很大

古人能从象棋对弈中悟出治国之道，战场对决有时甚至就在棋艺对决中显现出来。"观棋不语真君子，做人也是如此；举棋三思方落子，做事也是如此。"我不知道在作者多年下棋的那些岁月里，他在无数次对弈中感悟出了多少道理，翻阅了《棋道·微传播》之后，仿佛看到作者像一个行脚僧一样的在传播着棋道，有些道理需要时光的跨越，多年的生活经验才能总结出来，而有些道理学问是从小小的一步步棋子中顿悟而来。下棋讲究谋定而后动，有时甚至一步错，乃至步步错，最后满盘皆输。而这讲的不正是人生中需要做好每一次选择吗？

选择无处不在，需三思而后定，棋道亦如此。人生也是一次次不断选择的旅程，象棋是一步步落子的选择，哪一步着哪一步棋，这是一种智慧也是一种谋略，而选择本身就是需要智慧的。"弃车保帅"，这是一种取舍之道，传递的是人生态度和处事之则，现在的我们习惯了去阅读所谓的"教你成功学"，鸡汤励志文，却很少有人教你如何取舍，如何去谋略。棋盘很小，"楚河""汉界"棋盘只在方寸之间，而在这上面的风云变幻，每一步落子下的智慧，却尽可窥见一斑。

纵横捭阖，心定不躁

水性沉静方能万变，做新闻如此，下棋更是如此。下棋尤为讲究耐性，更讲究得失心。棋步一般环环相扣，每一步都是缜密思维的结果，没有耐心，只计较眼前得失，往往是赢了眼前，丢了全局。学新闻要靠笔杆子吃饭，或许结合棋道，也告诉我们新闻讲究"新"，但更讲究"心"。苏轼曾说："胜固欣然，败亦可喜"，新闻是为读者服务的，不浮不躁，不骄不馁，才能沉下心来去写一些值得传播的报道。同理，从棋文化角度而言，下棋的最终目的不是让人去争胜负的，而是要锻炼耐心，赢有赢的态度，输有输的气度。取势，求常，悟道。

楚河汉界，谁承衣钵

网络直播，竞技手游，各种各样的娱乐活动，无一不充斥在我们的生活当中，博大精深的棋文化谁来传承？

目前，带有文化元素与国粹特质的象棋人口在下降，年轻人对它的喜爱和关注较之以往大大的式微。高校课堂，课程丰富，竟无一门课程是讲究棋道棋理的。日本有剑道、有武士精神，欧美有话剧，有百老汇，我们的棋文化，儒道精神，又将由谁来传承?《棋友》杂志有老一辈的石毅、习仲勋等人竭力传播，《棋道·微传播》由李建新撰著。前辈们对象棋的痴迷，对棋道精神的传播让我们折服，但是也愧于此，作为年轻的一代，心气浮躁的我们竟对棋文化知之甚少。因为我们从小学习的是如何考试，如何考名牌大学，找一份好工作。我们的身边充斥着各种各样的文化，以至于我们无暇去研究古人流传千年的文化，我们很少有去触摸棋子的机会，更别谈从其中去悟道，习艺了。

棋者，弈也。下棋者，艺也。博弈是东方文化生活的重要组成部分，在消遣中还影响和陶冶着人们的道德观念和思维方式。

借棋道，可悟出许多道理，方寸棋盘，谁来执子，棋文化传播又将何去何从？放开大步勇敢的去闯，或许就是一个艳阳天！

棋道的传承，需要你，需要我！

9
对弈与"鸿儒"

李美玲

　　两个人面对面下棋的过程是一个对弈的过程，棋手在这个对弈的过程中所表现出来的眼神的专注，神态的变化，动作的迟缓，就可以窥探他们心理活动和内心世界，探寻他们的品格和情操，而这也可以作为判断他们是否有资格被叫做鸿儒的一个方面。在古代，对弈也成为手谈，有学识和地位的人用来消遣娱乐的工具，同时也锻炼了他们统筹全局的能力，增强了自己的谋略。而鸿儒，是指博学的人。"鸿"是一种体积硕大的鸟，故有"大"的意思；"儒"原为古代从巫、史、祝、卜中分化出来的，熟悉诗书礼乐而为贵族服务的一批知识分子，后来泛指学者、读书人，我们发现这些人通常带有很多美好生活品质和高尚情操，他们或高风亮节，或光明磊落，或高情远致，抑或德厚流光……因此，鸿儒之间的对弈不仅仅是是一种智力游戏的对弈，还是一场情怀情操，道德品格的对弈，这是蕴含在棋与棋道中的一种大雅的文化。我认为，能够通晓棋理，严守棋规，棋品高尚，并且有自成一派的棋风的人，在象棋界也可以被称为鸿儒了。

　　"鸿儒"外不欺人，内不欺己，表现在下棋之中则就是落子无悔。开局大家按照各自的战略思想把棋子布成一定的阵势，中局则是布列后双方棋子接触的阶段，也是进行厮杀的阶段。从纷繁复杂的棋局中一步一步杀出重围并不是一件容易的事情，许多玩家常常在落定后悔棋，要求重新走一步，以为重新走这一步就可以在最后稳操胜券了，以为自己就是最后的赢家了。可是真正赢家的定义又是什么呢？看似对棋局输赢的看中，实则丢掉了自己的信用，也丢到了对手对他的尊重，更丢掉了自身的尊严。而在棋局中不后悔自己的所下的每一步棋，能够坚持每一步棋，完整地完成了这场对弈，不完成了自身的进步和提高。落子无悔，不记得失，办争胜负半悟道的心境怎又能不叫人称之为"鸿儒"呢？

"鸿儒"为淡泊名利，宁静致远，能在"棋"中守住一颗单纯的心。《孟子》里曾经说了一个故事，奕秋是全国最会下棋的人。因此，有人叫奕秋给两个孩子上课，教教他们如何下棋。其中一人专心致志，全程认真听奕秋所讲的方法，而另一个人，听到有鸟飞过来就以为是鸿鹄来了，寻思着哪里找个弓可以将它射下来。结果可想而知，一人学成，一人中道而止了。这则故事告诉我们下棋要专心致志，心无旁骛地做事，才能有所成绩。两个在棋局中对弈的人，一个眼神紧紧注视着棋盘，在此刻除了下棋之外的任何事情都不能打搅到他，而另一人容易被极小的事情左右情绪而导致三心二意不能专注，致使整盘棋都失去了原本的生机与活力。棋通万理，下棋的道理和态度也可以作为道理被万事借用。在棋局中，棋手需要坚定的内心告诉自己好好下棋，要在对弈中分出个胜负来，并且全程保持良好的态度和定力，唯有如此坚持，方能决胜于千里之外。由此来看，象棋能使人静心，磨炼人的心智，是修身养性怡情之物，那么把对弈中的人称为"鸿儒"有何不可呢？

"鸿儒"泰然自若，而镇定处之，棋场环境再嘈杂，我心亦不动。有时候，在民间发现某个棋局往往不是直接看到下棋的人，而是通过周围观棋的人来判断的。一场高水平的较量，往往能够吸引很多的围观者，"观棋不语"是一个好的品质，可市井生活中的人们，并非个个都能做到这样。人们在一旁谈论，有时他们热烈的讨论声连在很远地方的人都能听到，对于下棋人的影响也是显而易见的。人们都说，"下这儿，下这儿，你就赢了"，"你怎么不走那儿，这下完了吧"！有些人慌乱地听从旁边人的建议，心浮气躁，并没有经过自己深思熟虑的思考，就草草落子了，结果或输或赢，都是对棋局不尊重的表现。可也就是有沉着冷静的人充耳不闻这些杂乱的声音，越是在嘈杂的环境中越能够保持自己的节奏和定力，好比是在乱世中坚定的坚持自己一样。这样的对弈者让我想到文天祥，想到了谭嗣同，想到了邵飘萍和林白水。尽管在外界力量很强大很有压迫感的时候，依然能不自乱阵脚，依然能坚持走自己的路，落自己的子。如果不把有这样美好品质的人称为鸿儒，不是一件遗憾的事吗？

总有那么一种人，你看他下棋时，有时没有专业的功底，也没有炫耀的技巧，更没有精妙的布局，可就是有一种朴实和善的力量感染着你，因为他们尊重棋局，尊重对手，就像尊重知识一样，对下棋和棋局充满敬意。这是真实的，有力的，使人敬畏的，令人心悦诚服的。对弈的是一盘棋，也是一颗心，棋与棋的对弈有输赢，可心与心的对弈则无限宽广，处与万物之外，藏与天地之间，这是对弈者彼此心领神会的交流。拥有广博的文化知识的人是鸿儒，能够在棋局中保有高尚的情操和品格，在对弈中陶冶自己，提高自己，磨砺自己心智的人也是当之无愧的鸿儒。

微文"记"世
瞬间永恒

1

回赠石老

八八米翁励后生，
司令溢美动心旌；
细数前辈红家事，
豪展老骥奋蹄情！
《棋友》入史耀万世，
文化传播笔墨精！
诗赋遥寄锦般意，
大助新人搏前程！

《棋道·再传播》定稿后呈送石老指正。石老很快赋诗一首并特地书写之。2017 年 8 月 1 日，快递小哥一大早送来石老从北京寄来的"作品"。期待了多日的墨宝"眼见为实"了，至快至兴，至嗨至荣。

《棋道·再传播》依然在"投石问路"，有了石老的指点，一定会风正帆顺。

石老快件中还包含了一个"中国红色书法家第一人""中国业余棋坛总司令"的画册，其中的许多内容都是传承和学习的楷模。

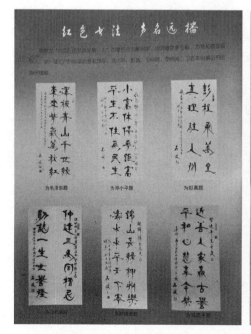

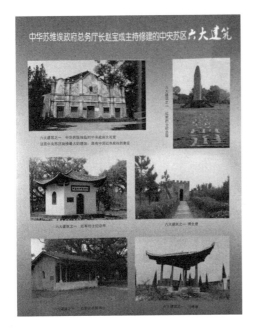

2

复旦大学建校 111 周年

再贺复旦续华年，
"三一"荣领众校先。
初因新闻慕名至，
终结"相辉"数重缘。
名师授我术与道，
"思博"常念在心间。
翰墨大壮学子意，
承往立世谱新篇。

2016 年 9 月 13 日，受邀参加复旦大学建校 111 周年书画篆刻艺术展。

[1] 复旦大学是我的母校之一。2003 至 2005 年，我在复旦大学新闻学院新闻传播学博士后流动站学习研究，合作导师是新闻史学家丁淦林教授。

[2] 相辉堂是复旦标志性的建筑。多年以来，我与复旦保持着多种交往联系，除了经常性的新闻传播学之外，与复旦名手的手谈不断，与复旦书画名家的翰墨缘也有 10 年多的时光，我还是复旦大学博士后联谊会的联络人之一。

[3] "博学而笃志，切问而近思"是复旦的校训。

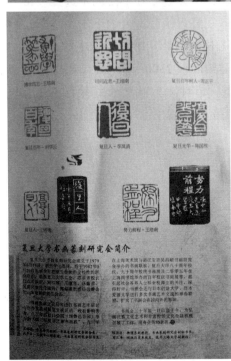

3
二度探寻岳麓书院

岳麓山下文脉深，
书院千年国学精。
两度探寻难尽兴，
避热稍息爱晚亭。

2016 年 8 月 22 日，湖南长沙的最高温度超过了 40℃。的士司机说有43℃。烈日当头的情况下，第二次探寻岳麓书院，据说中国书院是中国高等教育起步与源流的标志之一。湖南大学、湖南师范大学"环居"书院四周。毛泽东题写匾额的爱晚亭在书院的不远处。诗词楹联，碑刻题跋等，无不尽展国学精粹。在将近傍晚，大约下午 5 时许，到橘子洲，第一次伫立在橘子洲头毛泽东雕像前留影。雕像中，毛泽东的肩膀宽硕无比（公开资料介绍，雕塑工程总建筑面积 2300 平方米，雕塑高度为 32 米，基座至肩部高度为 15米，长 83 米，宽 41 米，雕塑采用钢筋混凝土框剪结构，外表材料为花岗岩石材），仿佛是要扛起整个民族的样子。

4
魅力湘西

快步急行扑湘西，
景色晕眩不见"匪"。
黄龙洞中定海针，
武陵源里几忘归。

2016年8月23日，到湘西揽胜。其中，黄龙洞、武陵源是两个留下深刻印象的地方。参加魅力湘西的实景观摩，感知了湘西的文化。湘西土家族等少数民族的传说与传奇，值得研究。

5
争胜拒败和亦乐

棋行天下天地阔，
假日半在楚汉过；
友情助场为棋道，
赤膊上阵也能搏；
车炮打前阵，
将帅帐中喝；
一朝拥有兵百万，
争胜拒败和亦乐。

2016 年 9 月 24 日，周六。代表上海大学参加上海市教育工会象棋团体赛，举办地是上海莘庄中学。赛地位于闵行区，驾车前往很像一次去莘庄的观光。上海大学象棋队获得了团体第三名。

6
上海—天津书法交流展

深耕新传[1]志于道，
博取它知居于德，
善心向徒[2]依于仁，
转益多师游于艺。

2016 年 9 月 26 日，参加上海—天津书法交流展暨开幕式活动。合影照片中男为上海市书协周志高主席，女为李静副主席。

1　指新闻传播学的专业知识及相关的其他知识。
2　包括概念明晰的徒弟和其他所有问道于我的人。

7
上海临港新城文化研讨

临港面视东海滨，
太平洋岸求立本；
乐遣文化做先锋，
全面发展用双轮。

2016 年 10 月 25 日，上海南汇新城镇传统文化与国学研讨。

上海临港新城是"新镇"，是"填"出来的一个现代化小镇。其实，经过十几年的发展，小镇已经不小了。据说，这里将会是上海的一个新的中心。

8

贺《中国新闻传播教育年鉴》首卷出版

《年鉴》添新族，
沈阳首布，
新闻教育百余年，
一卷览无余。
现况大改变，
风骚各具。
前行不忘鉴往昔，
年年回眸！

2016年11月5日，《中国新闻传播教育年鉴》首卷首发仪式在辽宁沈阳举行。

这是凝聚了全国50多位专家的心血与汗水的成果。主编张昆教授表示，今后每年一卷。新闻传播教育迎来了历史的时刻，可喜可贺。能够参与其中，是一个新闻学教师的幸福。本人在其中承担了5个方面的内容撰写。

9
民国新闻史研究新感

年年入金陵，
久之成睦邻；
缘始民国史，
专家二十人；
合力攻重大[1]，
步步新里程；
笔墨有担当，
字字磅千钧。

2016 年 11 月 11 至 12 日在南京师范大学参加"第三届民国新闻史研究高层论坛"。民国新闻史研究的专家齐聚，诸多新老朋友再相逢。白润生、范东升等前辈也见面。

---

1 指国家哲社重大课题《民国新闻史研究》（2013 年）。

开幕现场

与白润生、范东升（范长江之子）合影

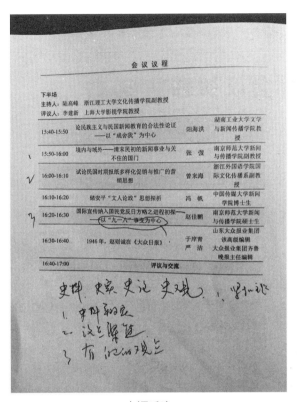

点评手迹

南京师范大学校园小景

10
香港国际会议初感

浦江有寒意，
维港吹暖风；
文宗是一脉，
两地稍不同；
二次来造访，
论文是凭证；
时空已变化，
感觉依旧亲。

2016.12.2—6.香港国际会议初感

11
建议维多利亚港改名

香港三种语，
台湾四个声；
星光已不再，
维港未改名。

香港公交一般用三种语言报站，而台湾是四种；香港维多利亚港湾边的星光大道已经封路了，早年我来香港，看到回归多年的香港更具风采，而一个水湾还是英国的大名，我当时就提出：把维多利亚港，改名为邓小平港，还书面向有关部门谏言。时至今日，名称未变。

12

香港太平山顶

太平山顶暮色浓，
瞰香港，灯满城，
万千楼宇立高林。

信息物流是中心，
通八方，满乾坤，
小河已出溪流中。

夜登香港太平山顶，360度环窥香港。

13
观摩"碧桂园杯全国象棋冠军邀请赛"

凤凰城，百鸟喝，
碧桂园中汇八方；
冠军争位"王中王"，
"奥斯卡"现棋景章，
近观心旌漾！

14

大场棋协 2017 年名流聚会

楚汉疆域阔，
磁吸名流聚；
手高手低杆上现，
荣誉强者属。

棋道立标杆，
规则有还无；
妙着出时天眼开，
今辈应胜古！

　　2017 年 1 月 14 日，宝山大场棋协邀请社会各界名流百余位，话旧迎新，轩乐把酒，以棋"会世界"，受邀传棋道。酒酣兴来，特赋以志。

　　本词下半阕第一时间写就的内容是：

　　　　　红尘多世故，
　　　　　群跳化妆舞，
　　　　　伎俩高者有天地，
　　　　　今时不如古。

　　考虑到是新年聚会，而且是受邀"捧场"，所以就改成了发表时的内容。

　　大场棋协在会上向每一位参会者赠送我的新作《棋道·微传播》，我为每一位棋友都签了名。

15
小年夜迎春笔会

小年夜，
翰墨缘；
挥毫抒胸臆，
颜柳歌世界，
艺道无边！

岁更替，
新起点；
心溯汉唐上，
臂展竹林贤，
慨对天言。

　　2017年1月20日，参加上海市书法家协会迎春笔会涂鸦。21日，崇明岛写对联。22日，康平路的一个"私人"笔会均是写字弄墨。

人在地 地在天 天在道

道法自然

老子语 大智慧 李连柱 书于梅上

从年幕上湿征衣 得糊

特寻芳上雪里好 山好行水流不足与鹅

天朗气清惠风和畅 涂

佛数宇宙之大俯察品类之盛 兰亭禅句

以磨中园梯 征程 李连柱 书

李连柱 书于上海

16

《时间》: 2017 年春节

承往续来系只身，
无始无终有古今；
公平赏与每一位，
肤色性别老少同；
不媚权贵不欺世，
春夏秋冬自从容；
做个法官应最好，
成败得失看年轮。

祝福和问候所有的朋友们新春快乐！
李建新诗并书。上海一打斋。

17
书画精品高端研讨

丁酉初啼第一声，
沪上名家笔墨萌；
传世精品汇一堂，
书画贺岁续年轮。

2017 年 2 月 19 日，上海书画精品研讨交流高端论坛在沪西某画室举行。数十位当代名家的作品荟萃一堂，满室熠熠生辉，二十余位书法家现场文字和悬肘交流，高端大气有收获。

少年恫瘝疚才出志未酬事
堪哀曾罗又束兵百劳逝迴冀
图挽千危持华军功业垂空高节
除气爱骄持千古同惜去沙伤忘
出洞罗　少华娱　毛泽东词　玉昆书

凤雨送春归飞雪迎春到
已是悬崖百丈冰犹有花枝俏
俏也不争春只把春来报
待到山花烂漫时她在丛中笑
毛泽东　咏梅词　玉昆书

江山如此多娇

风景这边独好
甲申　玉昆书

节节九派流中国沉沉一线穿南北
龟蛇锁大江黄鹤知何去剩有游人处
酹酒一心潮逐浪高
毛泽东词一首　甲申夏　玉昆书

莽原六合流中国
老虎九零鬼狐儿
毛泽东词　甲申夏　玉昆书

18

贺石毅先生荣获中国象棋协会荣誉棋协大师称号

人生求道望高峰，
大师修来贯耳名；
更有荣誉缀其首，
至尊殊荣惟司令；
毕生浸棋开疆域，
"棋友加杯"励后生；
棋兴如何昭国兴，
领军还看石老翁。

19
踏青周庄

假日踏青一日还，
水乡周庄筋骨展；
历史照片有记忆，
经商要学沈万三。

　　2017 年 3 月 4 日，自驾周庄。其中一个主要的原因是陪年过和年近八旬的岳父、岳母看看江南的水乡。在周庄古镇里靠近沈厅处，有一个临街的店铺里面，陈列着许多"历史"的报纸。非常吸引眼球，让人感到"意外"。

20
大场兵卒情

大场上大居比邻，

鸡鸣犬吠亦可闻；

雅时品茗话过往，

智处聚仙论卒兵；

不见硝烟鏖战急，

局后把盏皆怡情；

用心调兵遣将处，

国粹之脉续传承。

    2017 年 3 月 8 日，上海大学象棋队造访大场，与上海大场镇象棋队交流比赛，棋道新探。这是上海大学象棋队为了备战 2017 年 4 月 15 日举行的上海市高校教工象棋比赛而进行的热身赛。

    注：大场指上海市宝山区大场镇；上大指上海大学

21
为《棋道》续集擘划美兰湖

文友至，
敞心腹；
擘划《棋道》续，
众筹薪火路。
开创学术新山头，
豪言美兰湖！

国棋运，
百年遇；
盛世龙图腾，
佳期莫辜负。
迎风摇橹赶出海，
春秋大笔书。

2017年3月9日，数位文友和不愿提前曝光的"老板"小聚沪郊美兰湖，誓言在年底续出新版《棋道·微传播》。之所以要出版续集，是因为《棋道·微传播》出版之后，社会反响热烈，特别是新闻传播学界和棋界。人民网、《文汇报》等核心主流媒体进行了报道，实属没有前例。新的续集将会邀请更多的专家提交作品，将会是一次"团体表演"。参加聚会的北上广深台苏浙冀等地的朋友，明显地表达了参与的兴趣。

22

沪京千里一日还

皇城根下有召唤，
沪京千里一日还；
欧陆城中聆教诲，
高人助我越关山。

2017 年 3 月下旬某日，早春时分，上海顾村公园樱花开放暨上海市樱花节开幕之际，本来与家人约好要光临顾村。哪里知道突然间北京一个尊敬的老者来电，要"即可赴京"，不容商榷，于是才有了平生首次一日双飞京沪两地"一日游"。到京后直奔某地中海风情区，老者安排十余位高人见面，有不少"大咖"，指点学术、擘划人生、交流感情、仰望高峰。

23
清明怀祖

无缘回乡泣祖坟，
千里之外深鞠躬；
开门立世厚德在，
代有才俊传家魂；
汗洒黄土不惜力，
舞文弄墨乐清贫；
清明时分祷前辈，
砥砺接续新乾坤！

2017 年清明节，感怀祭奠我的先辈。奶奶在我不到十岁的时候离开了我们，爷爷走得更早，在我父亲三岁的时候。一个贫困的家庭，靠自食其力的奋斗，延续代代香火于晋西北。爷爷是乡里的秀才，能文善书名重一时。父亲 20 世纪 50 年代考取大学，为舞文弄墨的家庭增续了光芒。及至吾辈及吾下辈，也是喜文乐书，清贫有道，翰墨春秋。清明追思，永志千秋。

外一首：

清明时节雨纷纷，
追往惜今守初心；
借问真情何处有，
老少咸表敬祖恩。

《清明怀祖》微传播之后，反响热烈，交流和附者超过 80 人。感慨之余，再涂鸦 4 句，以感谢和回赠点赞的朋友们。

24
乐借平台淡看名

《棋友》根正苗亦红，
习老题字定刊宗[1]；
偶发幽思在其上，
笔墨求救众高人；
兼职沪上文百篇[2]，
新有任命一纸文；[3]
乐借平台传棋道，
珍惜机会淡看名。

《棋友》杂志社文件

棋友[2016]28号

★

干部任职通知

社直各部、室：
　　经《棋友》杂志社2016年12月31日支部会议研究决定，聘任李建新同志为《棋友》杂志社副总编辑。
　　特此通知

2016年12月31日，我兼任《棋友》杂志社副总编辑。消息传开，诸多群友竞相来贺，我感谢之余发感谢与微信红包以回馈。并草拟本诗"言谢、言志"。

2017年4月3日

1　指习仲勋同志为《棋友》题词并拟订办刊方针。

2　2014—2016. 我兼职《棋友》杂志社上海记者站站长，在这一时期，开始比较多的撰写棋道、棋讯、棋文化的文章。

3　2016年12月31日，《棋友》杂志社下文，任命我为《棋友》副总编辑。2017年4月3日初，当《棋友》2017年第一期出版的时候，总编辑石毅同志通过诸多途径把我的"任职"周知了棋友和朋友们。言称是《棋友》的荣誉和对我个人的肯定和鞭策。

25
看 海

大海深处看大海，
海是一切是主宰；
难望尽头心惆怅，
不知底深空感慨！
定力恒大压惊涛，
大船小舰俱承载；
宽广赢得人敬畏，
博大引客去复来！

　　2017年3月16至20日，乘蓝宝石公主号豪华游轮海上漂流5日，远看近瞧神秘莫测的大海，竟一时语塞。无论怎么看，都看不够海的百变与海的情怀，真佩服海的低调与海的憨态……直到快下船的一刻，才有了一些感慨。对海除了膜拜，不敢置半句妄言。但又多少心有不甘，内心的冲动持续掀起波澜，实在是不想"入大海而空归"，于是匆匆动笔，草成"看海"。

26
宁波会议

> 宁波四月丽日天，
> 万里学院集众贤；
> 研讨新闻教育事，
> 新老朋友睿智显；
> "吴门"来了八九个，
> 倩影留在溪口边；
> 一年一卷非易事，
> 成败待有他人言。

2017年4月7至9日，中国新闻传播教育史学会常务理事会暨中国新闻传播教育年鉴2018编撰论证会在浙江宁波召开。同为吴门师兄弟的9个人参会，大家相聚一起，非常高兴开怀。《中国新闻传播教育年鉴》从2016年开始，每年一卷，工作量非常之大，每卷都承担主要的任务，感觉真的有压力，这种压力，不仅来自当今的种种审视，也来自日后大家的评判。

27
雨中赴宁波

虹桥起步疾驰甬，
中雨喜降洗路程；
传媒业态变化快，
专家聚会理分明；
梳理历史知来去，
洞明过往为今用；
编撰年鉴千秋事，
司马法则耀古今。

2017年4月7日，去浙江宁波参加中国新闻传播教育史学会常务理事会暨《中国新闻传播教育年鉴2017》编撰工作会议。中雨相伴上海启程，志强师弟一早打来电话，期待十余师门相聚宁波，G7509已经开始狂奔，仍然希望它能够再快一些。

28
溪口 · 蒋公

丰镐房里出蒋公，
盐商家训育后人；
溪口半日脚步匆，
百年人物百样评。

急行浙江奉化溪口蒋氏故里，匆匆写于返沪车上。

29
走马石泉杯

来去匆匆石泉杯，
留影赛场肖主席。
争取明年早安排，
观赛助兴两相宜。

"上海普陀·石泉杯"第九届长三角地区中国象棋团体邀请赛 2017 年 4 月 15 至 16 日在上海北海中学举行。

在比赛的两个多月前，长三角象棋联谊会主席肖福根与我商谈"进入组委会"的事宜。我当时就知道这个时间与上海市教育工会比赛的时间冲突而婉谢了。

但本次团体邀请赛云集长三角地区的各路高手，计有 21 支上海的棋队和 15 支其他地区的棋队参加，水平非常了得。加上有不少的朋友和棋友相聚，特别是有外地的棋友来沪，不"露脸"有点说不过去。

于是，16 日上午 9:20 赶到赛场，表达"歉意"和"团拜"，11:30 离开，赶回家准备周一"新闻传播与当代中国"的课。在赛场的时间只有短短的 130 分钟。故名"走马石泉杯"。

30
咏 棋

复兴送棋归，
盛世迎棋到，
接力传承棋文化，
棋者容颜俏。
俏因醉心棋，
同时鼓棋号；
待到棋学创世时，
人棋同欢笑。

　　现场写于 2017 年 4 月 15 日，2017 年上海市教职工中国象棋团体赛。在同济大学宽敞的新体育馆大厅，感受并感动于象棋运动的巨大魅力，似乎是"棋构与思绪双飞，动手与动脑同局"。第一局比赛结束之后，很快就完成写作并"微传播"。回来之后，根据实际情况和朋友们的"指导"，进行了改动。

上海大学全家福

与本次比赛裁判长、
象棋大师葛慧莹合影

上海大学的荣誉

31
"新文"运动

陋喻新闻为"新文",
要旨追求大不同；
传媒时代信息多,
笔有魔力字千钧；
"忧"见学辈文苦涩,
"灾"是教者自拙笨；
花拳绣腿使不得,
千秋难改文字魂。

2017年4月24日,为上海大学本科生的课程"新闻传播与当代中国",特地进行了一次"传播·状写·社会"的专题讲座,讲座重点强调"文字功底"的重要性和文字的力量,要求同学们无论如何要过"文字关",以"新文"运动的方式恒定地持续地提高自己的文字能力。

1 个人最新的思考认为,"新闻"可以理解为"发现+表述","发现"是对任何新情况、新事物、新变化等的敏锐感知;"表述"就是精准的、让受众满意接受的、最经济的文字表达。

2 不少人是信息时代的"落榜生""搅局者"。一些新闻人以及靠文字吃饭谋生的"文字工作者",转变不成"文人",思维枯竭、文字干瘪,一篇像样的、完整的新闻稿也写不了。

3 我已经多次、在多种场合与新闻传播教育界的同仁们交流、交换过这个看法。教师自身就不是一个"合格的新闻工作者",让这些人来完成对新闻学子的培养,缘木求鱼,奢望!

4 可悲的是,新闻传播教育界的一些人,除了自身没有一定的文字基本功，也难以"靠文字言情达意"之外，花拳绣腿的招数不少：剽窃、打小报告、占用学生的研究成果、拼凑"职称文章"、转发别人的信息、靠官位抬高自己、利用各种场合"大喊大叫"、活念"拼""奴""脱""贿"字诀，等等。

5 无论社会、传播环境如何变化，文字是传播的核心，是传播的灵魂、是传播价值终极体现的根本要素，永远不可能改变。

是为"新文"运动之一解。

32
夜话李来群

浏览微信晚，

凌晨夜话；

五一问候争先送，

快乐小长假！

忽现"智多星"，

来群特大；

初心不改创伟业，

再棋行天下！

2017 年 4 月 30 日凌晨时分，习惯"夜生活"的我浏览微信群，想对朋友们写几句"五一"祝福的话，突然"一颗""智多星"出现在"五一"小长假来临之前的夜空（李来群在棋界有智多星之雅号）。

来群特大回复了我稍早前发他的信息，在兄弟般的交流中，感觉他虽然已经另有他求，但真的难舍棋的初心。

有《棋行天下》的特级大师的存在，人们有理由相信中国象棋，中国文化的发展一定会"棋行天下"。

33
2017 年上海大学留学生嘉年华

十五时光不寻常，
外国客，
频亮相，
上海大学摆"战场"，
"挑战杯"上哪家强？
来者有荣光！

往昔我们赴他乡，
影单只，
多彷徨；
如今国强全球瞩，
世界学子聚东方，
和谐黑白黄。

2017 年 4 月 26 日，第十五届"挑战杯"来华留学生科技创新嘉年华、第五届上海大学国际文化节开幕式暨第十一届国际文化风情展在上海大学图书馆前举行。上海大学国际交流学院院长姚喜明学长和国际事务处崔巍副处长现场指挥参与。感慨世界各国的留学生展示他们的才华于上海大学的舞台。这个源自国外的嘉年华，来上海大学已经十多年，深得师生喜欢。

34
奔波劳形为哪般？

奔波劳形为哪般？
竟然过时误大餐！
翰墨池中魔力大，
择时参展补缺憾。

"人文松江"全国书法名家作品邀请展 2017 年 5 月 5 日上午 10 点在上海图书馆开幕。上海市书法家协会、中共松江区委宣传部特地发来邀请函。我 5 月 7 日才在报箱中看到了书展邀请，因此失去了参加开幕式以及与诸多名家见面学习的机会。

书法之美，书法之魅力之于我，不可抗拒。因此决定，无论什么情况，都计划在展览期间去上海图书馆览芳探宝。

2017 年以来，"流年匆匆"，奔波劳形，不亦乐乎。自己最喜欢的事情，竟然会错过，难免会有遗憾。赋之以醒警不要错失下一次。

35

致敬前辈黄少龙

七九翁，
八十庆！
贺寿依习俗，
文脉是根本；
四方朋友津门聚，
缘牵纹枰！

德艺馨，
天下闻！
毕生棋相伴，
专著高等身；
棋道棋艺两相精，
永葆青春！

2017 年 5 月 13 日，南开大学象棋文化暨黄少龙推广象棋教育 50 周年座谈会将在天津南开大学八里台校区举行，这个座谈会是"2017 南开大学象棋文化系列活动"中"2017 南开大学师生校友象棋团体赛""南开大学象棋文化暨黄少龙推广象棋教育 50 周年座谈会""象棋世界冠军徐天红 1 对 10 车轮战表演"等三项活动中比较有特殊意义的一项。特殊之处在于根据我国传统习俗为 79 岁的象棋前辈黄少龙教授庆祝"80 生日"。

笔者荣誉受邀，但因故无法前往，于是声先于形，电话问候、祝福、请教黄老，并快递专呈拙作《棋道·微传播》以求前辈点拨。黄老很快回复，并寄来"传世珍藏本"《象棋大师黄少龙论棋道》的签名本，很是让我受教和感动。故草拟此作，专致祝贺和谢忱。

36
《大风歌》

"达美"落兮情飞扬，
留美儿子兮归故乡；
浦东机场兮转场忙，
盼多时日兮话暖凉！

　　2017.05.10.19:15，儿子硕博美国假期回来。浦东机场刹那之间转换了由离愁到欢聚的"背景"。

　　刘邦《大风歌》突然出现，吟出来却已是父子情深的景象。

37

日本长崎观弈

中华街边闻棋声，

耳熟景热吸眼睛；

轻敲盘面两老弈，

周边看客静无声；

疑是中国公园里，

实乃日本长崎汀；

将棋撩得手发痒，

管它棋法懂不懂。

2017 年 3 月 16 至 20 日，乘蓝宝石公主号豪华游轮作韩日 5 日游。18 日在日本长崎观光。在长崎"长崎新地中华街"闲散的时候，从正门到尽头 500 米左右，到了尽头是一条马路。马路的对面是一个小的街心公园，几个亭子下，有几群人围在那里下棋。棋子敲击棋盘的声音格外勾魂。

这个在中国许多公园里常见的情景，一下子吸引了我。走上前去观瞧，才发现是日本人在下日本将棋。

我当时真的想下下试试，最后还是没有"下手"，但见棋手痒的感觉真的是有！

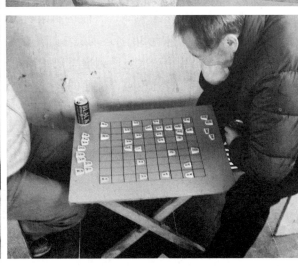

38
"华万杯"上海市老年象棋团体邀请赛

浦东竹园,

三度光临;

走向社会,

乐在棋中;

一人力小,

人多势众;

普及传承,

崇高使命。

2017年5月16日,"华万杯"上海市老年象棋团体赛在浦东新区潍坊社区竹园休闲中心举行。我以特邀嘉宾身份"捧场"和"助兴"。

比赛计有潍坊社区象棋队、长宁区象棋队、巾帼象棋队、宝山区象棋队、上海大学象棋队、普陀区石泉街道象棋队、大场镇象棋队、宝钢集团象棋队等8个队近50名运动员参加。

这是我第三次应邀到这里现场感知象棋灵魂的脉动。

走出高校的校园,外面的天空一片湛蓝。

开幕式在主席台上

比赛现场

比赛交流

赞助方

39
生 日

望糕兴叹认命苦，
自我觅食自我足；
幸有腿脚尚可动，
粗茶淡饭能饱腹！

2017年5月16日（农历四月二十一，我农历生日）清晨6时刚过，兄长发来山西代县人过生日时必吃的"油糕"照片，"让我多吃几个"，而且一定是"红糖馅的"，祝我54岁生日快乐！

大概10岁之前，放学之后回到姥姥家（小时候在姥姥家住到13岁），一碗热腾腾、香扑扑的面条，代替了往日的小米稀饭加玉米面窝窝头，中午的主食是"油糕"，再听到一句姥姥祝贺的话语"今天俺娃过生日"，我才知道我过生日，知道自己又长一岁了。之前我没有任何过生日的信息，不像现在的孩子们早几天就知道自己过生日，知道该如何向父母提"要求"，可以有"如何过"的选择。

离开姥姥家，那个让我一生也无法忘记的小山村之后，"生日"逐渐的淡化了。吃过不少生日蛋糕，属于我的确实不多。

自知"命苦"，只好勤奋甚至是不顾劳形地觅食，早些时候为自己，成家之后为家庭，二十几年前开始，为孩子。

"生日"有感，难以结清的"旧账"，无法量化的"预算"！

40
上海大学新闻教育 30 年

新闻教育三十春，
"科技""上大"两时空；
学研双进有华章，
纵横传媒再修功！

2017 年 5 月 22 日，上海大学新闻传播系系庆 30 周年书画展在嘉定校区大礼堂举行。21 日上午，我才接到了展览负责人，创系系主任黄炜老师的电话邀请。由于"时间的关系"，我来上海大学之后，黄老师已经退休了，因此此前双方并没有见过面。也是巧合，21 日黄老师在微信群里看到了我给别人的"涂鸦"书法，"立刻萌生了请我写作品的想法"。

上海大学的新闻传播教育起步于原上海科技大学，1987 年 6 月正式建立新闻系，后于 1994 年合并到了上海大学的新闻教育之中。

在这个"纪念"书画展举办前后，国内一些院校以举办创立 15 周年、120 周年等为由头"凝心聚力""继往开来"和"刷存在感"，而上海大学的这个展览还不是"官方的"，由此也是真实客观的上海大学新闻教育的现状。

41
高考日

高考首日赴杨浦，
助臂书画心坦舒；
一路祝福给学子，
万家竞望出翘楚；
唯有答卷写纸上，
方可凭据论有无；
人生如画常走笔，
倾情与否天地殊！

2017年6月7日，全国高考首日，恰巧复旦大学杨浦区书画联展开幕。

这一校一区是我首次"光临"上海的第一站，有长达两年的欢愉。与复旦书画社的结缘从2003年九月开始一直到今。2005年复旦百年校庆，我的书法作品获得复旦百年校庆书画展二等奖，进一步加强了与复旦书画名家和同好者们的墨缘。

今天在去"担任开幕嘉宾"的路上，上海交通广播一直播送祝福高考的节目。我想，高考与书画、职场、荣辱、人生的答卷一样，都要用心一笔一笔的去书写。专注与投入与否，将会是导致结果差异的主要因素。

在高考日，我发一个有关高考的附加题，祝福正在高考、已经高考和将来要参加高考的所有朋友们！（图片选自复旦大学杨浦区书画联展）

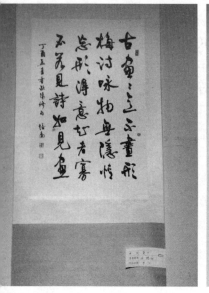

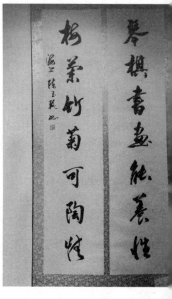

42

天净沙·"棋思"

文化、传播、棋道，
民族、世界、自豪，
认知、传承、创造。
荟萃研讨，
"棋学"立在今朝！

2017年6月16至17日，首届"文化—传播—棋道"学术研讨会在上海浦东川沙举行。80余位国内外嘉宾出席。根据近几年棋道"学术研究"的成果，它的发展趋势以及社会的期待看，我认为尽快创立"棋学"，并尽早的让这个"学科"登堂入室，是当代"责任人"应该且坚决的责任担当。

创立"棋学"的主题发言和观点，得到了与会者的热烈响应，也引发了线上线下的关注与交流讨论。

43

浦水"棋学"流

> "东方明珠"胜"之珠",
> 外滩景致举世无;
> 浦江潮涌天地外,
> "棋学"论初盼急鼓!

2017年6月17日,首届文化—传播—棋道学术研讨会结束暨川沙杯象棋公开赛结束第一个比赛日的比赛之后,陪同外地来沪的嘉宾夜游黄浦江。

在研讨会的主题演讲中,我首提并论及了创设"棋学"的观点,两天来应者犹如奔腾不息的黄浦江之水。乘船揽胜之余,竟然还是念念不忘"棋学"之念想,盼望能够有创设"棋学"的急鼓奏响,期望有关"棋学"的理论,能够像黄浦江一样,奔向远洋,走向世界。随船拍摄的黄浦江两岸的景致,真的感觉是美不胜收。

前辈范大立的回应是一个代表:

> 棋学概念的提出对中国象棋及三项棋类的发展具有里程碑意义。棋学的发展一旦完善成熟起来,必将与其他各领域学科并驾齐驱。棋人要紧跟棋学的创始者、披荆斩棘的引路人李建新教授共同开发棋学学问。坚冰已经打破,道路已经开通,棋学的前途是广阔光明灿烂的,祝棋学研究会早日成立并发扬光大。
>
> 九友群棋艺主任范大立

44
书画名家黄福霆

双笔戏墨艳世功，
倒书成章播远名[1]；
军营练就英雄胆，
艺坛建树书画魂！
"荷、棋、韵"里寓大意，
楷臂"新文"道法深[2]；
棋学幸有贤哲助，
业兢定敬酒一樽！

2017年7月6日，与书画名家黄福霆小酌。黄大师自带酒五粮液并送上了祝贺我《棋道·再传播》出版的书画作品，我回赠大师2006年采访全国两会的首日封两枚。

---

1 黄大师可以同时双手作书画，还可以倒书，曾经在许多场合表演，为推动中华文化的发展进行了努力和探索。

2 大师赠我的画作，取名"荷、棋、韵"，并在酒间细解了三个字的三个意味和所附载于画面之中的文化嘱托和棋学期待；大师特意书写了我的一首诗，实乃再传播的一种新声音！

45

首次到云南

数度梦入滇，
赏南国风景万千；
雪山石林戏孔雀，
象舞翩跹！

今朝立高原，
喜天上人间可见；
百味尝过舌尖忆，
过桥米线！

2017年7月7日，几番"进军"大西南"旅战"中，首次挺进云南。家人已经多次从云南"一线"旅回。对云南其实已经不太陌生了。

经此一旅，祖国版图只剩下小的个位数。

46
云南石林

"阿黑"一日赏石林，
慨叹自然神斧功！
两亿年前是海底，
如今群峰入苍穹。
半日雨下半日晴，
喀斯特缝急穿行。
"唐僧"慕名到此游，
荧屏是幻这是真！

2017 年 7 月 9 日，雨中游石林。在 2.7 亿年前的海底穿行。《西游记》中的许多背景取于此，不来无法想象，看过超乎想象。

较之天工造各种各样的草木之林，活脱脱造一个石头的"林"，而且"林"的特质非常鲜明，委实是自然伟大，我们要向大自然学习。

在石林的所在地云南彝族自治县，善良正派的男子一律称阿黑哥（称阿白、阿黄多有贬义），漂亮贞善的女子一律称阿诗玛。

我从踏上旅游大巴开始，就"改名""阿黑"，直至与导游"阿诗玛"告别。

47
仰拜西南联大

联合到边陲，
大师齐协力。
八千精英育此地，
教育救国担道义！

探寻仰慕地，
物是人已非！
疾首当下羡往昔，
盼救亡歌声再起！

兴国先兴教，
人才需出辈！
除弊清污再上路，
春风一定能唤回。

2017 年 7 月 10 日，在即将返沪的大清早，6 点起床，花 2 个小时的时间专程到西南联合大学旧址寻找中国高等教育的荣誉与往昔。对比之中发现，我们今日的教育似乎到了要发出"救亡"的时候了！

历史这面镜子，告诉了我们关于教育的许多和许多。

最初微文的题目是"幽思西南联大"，感觉不好但一时语枯。最后一段也是后加的。

48
滇 池

滇池有鸟有风景，
毗邻海埂藏球经；
海鸥依时就会来，
不见当年喂鸟人！

49

热"会""睦邻杯"

七月十三似笼蒸，
"两宝"棋协发邀请；
冒暑前往赛五轮，
不为名次为睦邻。

2017 年 7 月 13 日，应宝山、宝钢"两宝"棋协的邀请，参加"睦邻杯"中国象棋个人邀请赛。5 轮比赛 7 分，在 40 位参赛选手中位列第 8。上海大学梁志雄、高瑾、杨志勇也参加了比赛。

当天的气温高达 38.5℃，室外就是桑拿房。因为近年来我们与"两宝"关系铁，所以无论是桑拿房还是蒸笼，为了睦邻，必须前往。

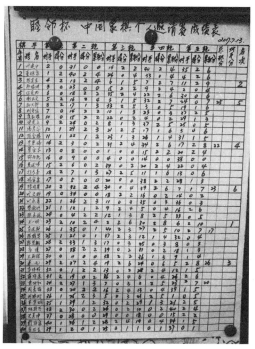

50
棋学・大暑・陆家

大暑不阻昆山路，
棋与天气比热度！
基层基础基本功，
棋道棋学棋新步！

2017 年 7 月 22 日，农历大暑。上海气温 145 年最高，40.5℃。应全
国百强江苏昆山陆家镇棋类协会邀请去"讲讲棋道"。能够在历史最高温
的"大暑"之日，在最接地气的基层从事一件有意义的事情，大学教授与小
学生面对面，也算是来了个"夏练三伏"！会上重点论述的创建"棋学"的
"几个性"。

期间，蒙主人好意，花 2 个小时的时间，参观了位于陆家镇的中国 4A
景区——千灯。昆曲发源地、石板街、顾炎武故居等景点一一饱览。

51

上海川沙杯：战高温，升棋温

川沙古镇热浪涌，
蒸笼迎宾朋！
邀来团队二十八，
战高温！

噼噼啪啪车马炮，
斗智且劳形。
大伙心往一处使，
升棋温！

2017 年 7 月 29 日，2017 年第五届"上海·川沙杯"区、局、行象棋团体邀请赛在上海浦东川沙古镇举行。是日，天气预报 39℃，上海持续高温近月余，创下了历史之最，橙色高温预警也已经持续了 18 天。

28 个队受邀"战"高温。各参赛队以认真负责的态度，对待每一场、每一句、每一着，体现了对象棋的尊重。

2017 年 6 月 15 日，在相同的赛地我提出了创建"棋学"的概念以来，到 29 日的比赛为止，川沙已经举办了大型规模的赛事三次，以实实在在的行动为象棋升温、为"棋学"厚基。

本次比赛荣邀上海大学参赛。出于对组委会和各参赛队负责的考虑，经与组委会协商，我们组建了上海大学、复旦大学、上海交通大学共同参与的"上海大学联合代表队"与"虎狼"争雄。最后位列 25 名，打破了"肯定是最后一位"的"科学"预言。

四位棋手是鞠浩杰（交大）、卫群（复旦）、邢守信（上大）、李建新

（上大）。

　　闵行石头棋社队、黄浦区打浦桥队、嘉定区队获得前三名。

（原文发广东象棋网：2017-7-30）

本次比赛裁判长涂福强
先生、组委会主任肖福
根先生、原上海棋院党
支部书记尹钟佐先生、
李建新在开幕现场

前三名领奖

52
夜观文峰桥

民国民史民新闻,
徽人徽菜徽酒浓!
摸黑"黄院"附近走,
文峰桥上有风景!

2017 年 8 月 10 日,到黄山学院参加国家哲社重大课题"中华民国新闻史"课题组会议。主人的"接风"酒会之后,已经是晚上 8:30。

听说住地阳光大酒店附近有一个"文峰桥",10 分钟步行可达。于是独自前往。

文峰桥横跨新安江,夜晚的江边有不少人在江边垂钓,有至少三组市民在桥头"歌声悠扬"。

夜色中能看到桥的轮廓,四周朦胧的灯火。在离开黄山的当天,起了个大早,补拍了文峰桥及周边风景。

会议全家福

黄山脚下文峰桥

新安江边

53

屯溪两晚

前世虽修憾不够,
未生徽州顾徽州。
屯溪黎阳两老街,
《徽韵》述说皖南秋。
进京徽班乐皇家,
民间艺术上层楼。
黄梅旧曲换新调,
董永不再有离愁!

黄山市古称屯溪。2017 年 8 月 11、12 日两个晚上,走黎阳、屯溪老街,观看大型现代歌舞《徽韵》。

《徽韵》中有"前世不修,生在徽州;十三四岁,往外一丢"的说法。《徽韵》讲述徽州的故事、徽州文化历史等,场面大、入点细、艺术性高。

54
篁岭顿悟

今日到篁岭，
归来触感深！
名联两句话，
灌顶迷路人。
天造地可设，
四时此地明；
晒秋本原始，
竟成大风景！

2017年8月13日，游览中国最美乡村符号——江西婺源篁岭景区。在浸醉原始自然之美的同时，为景区的一副对联"唤醒"：立身苦被浮名累，涉世无如本色难！对联由启功先生书写，更加重了我的敬重之情。

篁岭的晒秋本是当地人的一种生活，现在已经与艺术结缘了。

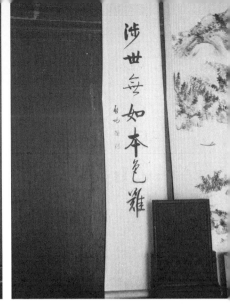

55
雨中游黄山

甫下缆车暴雨倾，
松石沐浴迎宾朋；
雾里仙境有幸览，
欲观云海觅无踪；
脚颤心慌山顶立，
飞来石上最惊魂；
后山一日也知足，
从此黄山入梦萦。

2017年8月14日，与导师吴廷俊教授及师母等9人一同游览黄山。黄山有前山、后山两条入山线路。我们从后山入，"巡山"一天整。一入山，即大雨倾盆，披上雨披，在时断时续的雨雾中上下穿行。

奇松、怪石、云海、温泉是黄山"四特"。因为下雨，"几特"不再原样呈现了，天气给了我们另外一个"面试"黄山的机会。

与导师在飞来石上。中国传媒大学艾红红教授帮助摄影。飞来石悬在半空中，下面即是万丈深渊。腿脚哆嗦，呼吸紧张，祈求平安，是那一刻真实的心境

56

浦东“离愁”（两首）

之一

去年逢秋出浦东，
男儿挺胸只身行；
今岁续由此门过，
高空万里问前程！

之二

去年秋日此门里，
把手相送泪沾衣；
初登陌路勤问道，
再展羽翼恨天低！

2016年8月15日，在“离愁之地”浦东机场送儿子留学美国。

一年后，2017年8月22日，在上海浦东国际机场再送儿子返美接续“硕博大业”。孩子留学苦读一年，感觉成长路上迈上了一个大的台阶。

天下父母心，爱子胜爱己；孩子上高速，甘心做路基。

Poling　　　　　　　　　　　　　　星期一 20:32

父母之爱就是渐渐学会放手，我希望自己成为孩子的守望者，守住她的健康快乐，望向她想要的方向未来。[微笑]

★ 精选留言

57
深秋顾杭州

深秋轻履顾杭州，
景致依然不胜收。
钱塘鱼跃搏浪起，
之江开怀臂温柔；
故交笑脸喜乐见，
文化峰会大咖稠，
棋文就是后花园，
西子湖畔兴步走！

2017 年 10 月 13 日，第五届中国杭州国际棋文化峰会。下榻天元大厦 1817 房间。直面钱塘江。系列活动在新老朋友之间展开。第一次感受杭州天元大厦的独特魅力，在想象之外。

据悉，天元大厦是全世界独一无二的以"棋文化"为主题的综合性五星酒店。

与原浙江省委常委、杭州市委书记，现任中国棋院杭州分院领导小组组长王国平先生合影

58
天元大厦 34 楼 "巡视" 杭州

西湖小，钱塘大；
湖围周遭难拓域，
江无羁绊任潇洒，
最销魂，
天海一家！

2017 年 10 月 14、15 两日，连续 2 天早餐时刻在杭州天元大厦 34 楼旋转餐厅，360 度 "巡视" 美丽的杭州。

这个旋转餐厅可以 360 度无死角地观看杭州远、中、近景。在环顾的时候我突然对 "巡视" 一词有了特别的理解。

59
创设棋学演讲之后

棋学创建意初显，
钱江潮涌瀚无边；
愿做兵卒拱小步，
臻善还赖众士贤；
楚河不是指尖艺，
研究能开大世界；
服务社会有担当，
成败功名淡如烟。

2017 年 10 月 15 日，在第五届（2017）中国杭州国际棋文化峰会上，应邀做"创设棋学的几点思考"的演讲，讲出了自己的观点，也唤起了许多共鸣的声音。

会前与国家体育总局棋牌运动管理中心
主任兼党委书记罗超毅先生合影

会前与中国围棋协会主席王汝南先生合影

60
锦江 "履新"

记协组织有来头，
一九三七创于沪；
新闻精英聚麾下，
刀笔文章存史秋！

记者授徒双轨走，
名家聚首探有无；
新就理事新担当，
新的使命新的路。

2017年9月25日，上海市新闻工作者协会第七届理事会在锦江小礼堂举行。曾经做过记者、正在培养记者的我参加会议，并当选理事。多了一个喜欢的组织，有了一份崇高的使命。

市委书记韩正等四套班子领导到会祝贺，韩正书记发表了"知心讲话"。上海新闻工作的目标：世界范围的话语权和影响力。

61
庆祝中国第 18 个记者节

十八初长成，
因文而娇艳；
激浊扬清千钧力，
求速求新鲜！

信息满世界，
笔头辨忠奸；
为留清史百年后，
"法则"是"真言"。

2017 年 11 月 8 日，参加上海市委宣传部、市记协等组织的庆祝记者节大会及系列活动。在信息时代从事新闻与信息的生产与传播，现身说法地培养新闻记者，天天都在过节！

62
祝贺导师钱文霖先生八十寿辰

精研学理著导扬，
瑜珈山下布道场；
善为良师育桃李，
乐享人生百岁长。

钱文霖先生是我的硕士导师。他首开科技编辑方法论研究之先河，其学术专著和代表作《科技编辑方法论研究导扬》在学界影响很大，获得过国家奖。2017年11月17日，先生八十大寿。我无法赶到武汉给先生祝寿，写了一条书法作品提前祝贺。记忆中在华中科技大学攻读硕士学位的时候，曾经与同学们给先生过过一次生日，还与其对弈数局。先生围棋、象棋兼善，棋艺精湛。

63

2017 "周庄杯" 全国象棋公开赛

不是猛龙不过江，
不是高手不登场，
周庄棋王赛，
好汉来四方，
水之韵，
惊天浪！

我求佳绩我亮掌，
管它家乡和异乡，
取胜一条道，
不甘"和为上"，
分高下，
王侯相。

为棋所动为棋狂，
各界出力造市场，
比赛有胜负
友谊万年长。
今别后，
梦周庄！

2017 年 11 月 12 日至 13 日两天，观摩 2017 "周庄杯" 中国象棋公开赛，现场学习、感受 "中国第一水乡" 江苏昆山周庄古镇举办的全国象棋公开赛。

　　全国各地的130多名好手，为了王者和超越自我的荣誉，全力搏杀，赛场内外故事多多，真的再次让我感受到了象棋和其他项目的不一样，而且在许多地方，我再次感觉到了"棋道"是正道。

　　与前辈名家合影：左二著名棋手朱永康，左一文化学者陈日旭，右一上海书店出版社副总编辑杨柏伟。三位都是棋界有影响力的人物，是对象棋运动、象棋事业做出过贡献，并依然在做贡献的人。

64
赴海南道中

海南浩渺椰树高，
中东西沙诸群岛；
法理属我系祖产，
时因抢占掀恶涛！
守疆天兵致天涯，
护水舰达海之角；
此去琼州弄笔墨，
年鉴修撰亦堪豪！

2017 年 11 月 24 日，赴海南海口参加中国新闻传播教育史研究委员会会议，会议重点研究《中国新闻传播教育年鉴》2018 版编撰事宜。《中国新闻传播教育年鉴》2016、2017 两版，已经以一种特别的方式永久留存于中国新闻传播教育的历史之中。本次会议在总结经验的基础上，对 2018 版将提出新设想、新规划、新要求。

一个松散型的、群众性的学术组织，能够有如此大的手笔，也是中国新闻传播教育中值得记载的"历史大事件"。

65
海口赏绿

绿茵茵，
绿茵茵，
海口草木多，
四处皆绿茵！
"古"有原生态，
根深冠遮荫；
"今"有人工林，
茂密还"整容"！
绿茵茵，
绿茵茵，
海口绿色多，
热带的"大馈赠"！

2017 年 11 月 24 日，抵达海口的当日，利用傍晚时分 2 个小时左右可以利用的"日照时间"，在下榻的康年皇冠假日酒店附近热身，在"红色娘子军"的节奏中发现了海口的"绿"。

66
泣"五公"

悲悯泣"五公",
有才济苍穹!
皆被奴才妒,
逐贬到琼中。
官场恶斗激,
清官难保身。
平生功与过,
立祠正乾坤。

　　五公祠是海南人民,也可以说是全国人民敬仰、缅怀、感恩、追思、效法五位历史人物的"杰作"。五位响当当的国之良臣,因为被奴才所害,被贬海南。在海南的日子了,他们分别做了对海南非常有益的事情,所以,人们在海口立了"五公祠"来永远地纪念他们。

　　2017年11月25日午后参拜海口五公祠的时候,非常感慨为什么历史上许多类似五公的忠良才俊总是被奸臣所害。

　　时代变迁,历史的悲剧不再上演了吗?

67

"独访"海口美贯村

火山脚下一小村，
百十余户千把人；
火山石里藏春秋，
农耕特色分外明；
一大水缸村中立，
石磨石墙石雕型；
独家目睹"石世界"，
伫立乡村泪沾襟。

2017年11月26日下午4时许，我的师弟、海南师范大学新闻学院院长卿志军教授开车带我一人"独家"造访海口市火山口脚下一个尚不为外界普遍知晓的，遮掩得严严实实，确也是大美不外露，万千风韵的小村，名字很好听——美贯村。

美贯村离海口市雷琼联合国教科文组织世界地质公园——雷琼世界地质公园不远，大约10分钟的车程。火山石"建筑"了全部的老美贯，石头在这里有了生命和灵魂。中国乡村万万千，美贯有不雷同的"石"之魅力。在短短3个小时的造访中，美贯村勾连了我许多关于农村的记忆和回忆，并以其非常有别于北方农村的独特的呈现，成就了我新的"近乡情怯"。

68
别海口

候鸟三日别海口，
冷热双感在心头；
天涯不再存梦里，
期盼它日顾琼州！

　　2017年11月27日，参加完中国新闻传播教育年鉴编撰会议，与学界朋友们交流问候之后，离开海口回上海。点点滴滴的海口片段，成为了一种美好的记忆。

69
观赛第六届"碧桂园杯"

> 不羡羊城小蛮腰，
> 独喜凤凰聚众骄；
> 象棋有了奥斯卡，
> 棋学奔上康庄道！

2017年12月1至4日，应邀参加第六届"碧桂园杯"象棋冠军邀请赛的现场观摩活动。本次比赛除继续特邀全国各地代表性的人士观赛之外，首次邀请冠军们的教练到场，一时尖叫声失控。连续两次观赛碧桂园，且是高校唯一代表，过程和事实值得珍惜。

现场"逮着"了特级大师王嘉良，大大的想不到。

70
贺王天一"碧桂园杯"首胜

天一棋高气凌空，
京城侠客为棋生；
引来多少崇拜者，
今朝退败洪智兵。

　　碧桂园杯首轮，王天一特级大师对阵洪智，在一度少5子（1马4兵）的情况下，惊天逆转洪智，阵阵引爆观赛现场的尖叫和惊呼，连现场解说的象棋大师都为其叫好。中午见到天一，心情不错的他计划到酒店附近转转，在大堂门前，简单聊了聊他对本局的看法。

71

参观南湖革命纪念馆

从来未曾忘初心，

南湖水面托巨轮；

红船精神换天地，

召唤新辈新使命。

2017年12月16日浙江嘉兴南湖革命纪念馆参观，参加党组织的党建活动。在整个参观学习的过程中，深深地为中国共产党人为了探索民族的解放、为了谋求人们的幸福而奋斗的精神和事迹所感动，确实有了"新辈新使命"的荣誉感和责任感。

红船精神永远是我们工作和事业取得胜利的法宝。

开天辟地、敢为人先的首创精神；

坚定理想、百折不挠的奋斗精神；

立党为公、忠诚为民的奉献精神。

一条小船，诞生一个大党，"红船精神"同井冈山精神、长征精神、延安精神、西柏坡精神等一起，伴随中国革命的光辉历程，共同构成党在前进道路上战胜各种困难和风险、不断夺取新胜利的强大精神力量和宝贵精神财富，蕴含着极其丰富和博大精深的内涵。

红船精神

开天辟地、敢为人先的首创精神;

坚定理想、百折不挠的奋斗精神;

立党为公、忠诚为民的奉献精神。

——习近平

72
《芳华》观后

海 口

实景之地顾四周

求天佑

芳华不要匆匆去

青春无忧

赏 戏

荧幕催我泪横流

叹《芳华》

委实可逝亦可留

各有其路

人 生

百年光阴比劣优

长与短

舞台之外竞风流

成败自求

2017年11月25日，在海口参观冯小刚电影公司和《芳华》实景拍摄地，影片公映前提前了解感知《芳华》拍摄的故事和拍摄过程中的一些趣事，其中还与一位出镜最多的群众演员一路聊《芳华》。

2017年12月23日20时，在上海大地影院观看《芳华》，突然发现纸巾带少了。

媒体关注　大众点评

1

《棋道·微传播》出版：看似聚焦"棋道"实则关注社会

2017 年 01 月 03 日 10:18　来源：人民网—读书频道

　　人民网北京 1 月 3 日电　广受学界、业界赞誉的《棋道·微传播》2016 年底由中国出版集团、世界图书出版公司出版。作者李建新认为，"棋道不仅仅是棋道，它还可以广而大之地成为求艺之道、求学之道、为官之道、为政之道、为商之道，还可以普世、普适地成为做人之道、生活之道、臻善至美之道等等"；因此，专著中的论述，看似聚焦"棋道"，实则关注社会，是"写风云、写世态、写法则、写应对"。

　　诸多学界泰斗对本书予以了高度评价。棋坛泰斗、特级大师胡荣华认为本书写的是棋里棋外，认为"棋通万物　道行天下"，书中的文章"立意高、观点新、笔法老辣、说服力强，堪称是中华文化传播的一朵艳丽的奇葩"。新闻学泰斗、中国人民大学荣誉一级教授方汉奇认为本书写的是新闻春秋，它给新闻与传播学的启示是"借棋道，新闻天地宽"。

（责编：陈苑、李岩）

2

洞悉棋道的"借用法则"，棋理都是生活经验

李建新　2017-02-04　文汇 APP

　　棋道是竞技之道，也是国学之道，还可能是人们谋求理想的社会生存与理想的个性化发展之道。洞悉棋道、思忖棋道，它还可以为社会提供一些"借用法则"。

借用法则之一：冠军是输出来的

　　这是一个既浅显又深刻的哲理。不赢棋怎么能够得冠军？殊不知，为了冠军这一荣耀时刻的到来，棋手不知道要在下面用多少功，投入多大的体力、财力、智力，还可能要借助团队的力量和科技的力量、不知道要经历多少次输棋的痛苦经历等等。在一个棋手的成长过程中，输棋是必然的，交各

种各样的学费也是必然的，从输棋的对局中找到赢棋的着法，无疑是一个棋手成长的历练，也是一个棋手登顶的必由之路。

　　社会生活中能够从失败起步，善于在输的过程中站立起来，要像棋手一样，不怕输，甚至通过各种途径寻找能够打败自己的人挑战，有承受输棋的心理准备，有不畏输的斗志，有扭转输的系列妙手，最终，你就是一个无敌的冠军。

一人坐而远视，手执棋子，志在必胜；一人俯身苦思，似处下风

借用法则之二：赢棋要堂堂正正

　　不少人喜欢象棋，是因为它是一项在公开条件下的公平竞技，所有的棋子都清清楚楚的摆在那里，棋手的每一步棋都是明明白白的出招，双方比的是实力、比的是智谋、比的是能够证明实力的综合能力。有靠阴招、盘外招取胜的例子，但那样的胜利往往为人所不齿。

　　当今社会的"潜规则"是与棋道背道而驰的，笔者曾怒斥学界和学术研究中"靠造假蒙世界、靠剽窃发文章、靠抄袭出专著、靠投机拿文凭、靠取巧近领导、靠妄言骗学生、靠公关立学科、靠拉帮占山头、靠行贿拿课题、靠学生做研究、靠卑鄙谋官位、靠伎俩升职称、靠讨好求荣誉、靠卖身得实惠、靠谗言贬他人、靠自诩夸自己"等阴暗、龌龊的行为。我们借用棋道法则，事实上也是在寻求公开、呼唤透明、追求一种在阳光下的生活。

明明白白出招　堂堂正正对弈

借用法则之三：执事贵在艺术创造

棋理有很多，仅就对弈而言，棋理就是探求赢棋的道理，其中，把握好开局、中局、残局的每一个阶段，走好每一步，把每个棋子都协调调动起来，使它们的功效最大化是努力的方向和目标。在这个过程中，追求并实现艺术创造是一个必然的选择。

棋界有"精雕细刻一盘棋"之说。雕刻的过程就是艺术家对一件艺术品的加工过程！艺术创造就是深究棋理并把它用在实战上。为了取胜对方，你没有比对手更多的创造性的布局、创造性的运兵、创造性的谋篇与夺势，焉能胜之？棋手喜欢"飞刀"，其实"飞刀"就是一个由棋手独家打造的带有秘笈性质的"艺术品"。

纵观象棋发展的历史，前人给我们留下的"艺术品"不计其数，不全面细究那些有代表性的"艺术品"，仅看其名称，如《橘中秘》《梅花谱》《适情雅趣》以及"七星聚会""四郎探母""燕子摆尾""马跳檀溪""仙人指路""双鹤亮翅"等等这些开、对、残局的名字，就会知道前人们在棋里棋外的"艺术思维与创造"，就可以感知到他们不仅仅是为了胜负、为了娱乐，他们对象棋倾注的心血和在象棋方面的再造，是一座又一座的艺术高峰。

当今中国象棋的水平目前已经达到了一个很高的高度，再加上有各种象棋软件可以"借助"，国内一流棋手之间的水平与差距越来越不明显，因此在比赛中和棋的概率越来越大，取胜的几率越来越低。但也不乏王天一等

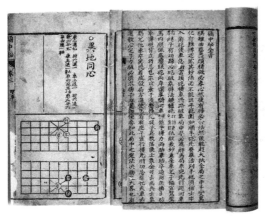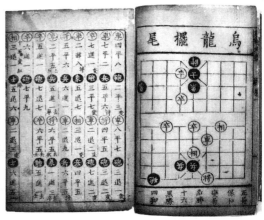

前人们对残局棋谱倾注心血，"精雕细刻"再造

顶尖高手的成绩非常突出。王特大缘何能够取得如此高的胜率？答案是在于他对象棋的艺术性的领悟，在于他每每在关键时刻能够使出置对手于死地的"飞刀"。没有匠心独具的艺术构思，没有创新求变的战术素养，没有不落窠臼的艺术思维，没有妙至玄密的深谋远虑，没有大气开阔的宏观把握等等，是难成其就的。"世事如棋局局新"，新字当头，可能就是胜利之门开启的重要而关键的一步。

借用法则之四：善战者先胜然后求战

象棋与兵法、战略有着紧密的联系。纹枰上的隔河对战，明显地带有"战争"的意味。把从象棋的发明到现在的历史理解为延绵几千年的战争，是棋手间的战争，是智力的比拼，是兵战的沙盘路演，是一点也不为过的。棋战接受、借鉴了兵战的智慧与谋略并在一定程度上光大了它，形成了对世界智力运动的贡献。

象棋十诀"不得贪胜、入界宜缓、攻彼顾我、弃子争先、舍小就大、逢危须弃、慎勿轻速、动须相应、彼强自保、势孤取和"等，明显是汲取了中国兵战的至高宝典《孙子兵法》的精髓。

棋的最高境界不是冲突而是和谐，中国文化也是以和谐为最高宗旨的。棋战在经过对局者先与后、攻与守、弃与取、局部与整体等若干环节的比拼之后，能够"和为贵"，是双赢，是大家乐见的局面，这个"和"是双方都

果不
顾宜得
兹缓贪
弃攻胜
子彼入

先
舍
危
须
就
大

逢
危
须
动
临

勿
轻
速
强
自

相
应
彼
孤
取
和

保
势
孤
取
和

象棋十诀，明显是汲取了中国兵战至高宝典《孙子兵法》的精髓

达到了一种高水平、高竞技之后的一种平衡，是双方激战而难分轩轾之后的"高度妥协"，并不是讲情面、搞交易、分赃式的"你好我好"。为了战时的"和"，棋手需要在平时的训练中付出非常大的努力，要把自己的功力提升至能够和对方提和的水平。"和"之"贵"大概也是倡导为了某种事业而全身心的投入和全力以赴的追求。

"胜兵先胜而后求战，败兵先战而后求胜"，就是说，胜兵是确保有了胜利的把握、胜利的准备、胜利的资本、胜利的信心等之后才去战斗，而败兵则是在不考虑能否胜利的情况下去贸然的开战。这是孙子的一句话，也是给棋手指出胜利之路的训诫，当然，它也是当今社会人为了胜利而可以借助的法则。

人生如棋，需要的是精彩！芸芸众生如何才能走赢人生的棋局？不妨借助一下棋道的法则，信心满满地对人生进行一个美好的设计并展开一次富有个性化色彩的艺术创造之旅！

本文首发于 2015 年 10 月 16 日《新华每日电讯》

3

新闻学泰斗方汉奇祝贺《棋道·微传播》出版

借棋道，新闻天地宽（中国象棋大师网：2016-12-11）

　　《棋道·微传播》的作者李建新，博士期间师从吴廷俊教授做中国新闻教育史的研究，吴教授带他来北京专程拜访我。那个时候李建新兼职在北京的一家有"中国"字头的媒体耍笔杆子，有比较多的时间待在北京，隔三差五的光临寒舍请教于我，比较有特殊纪念意义的日子是当时的国务委员陈至立在教师节期间来人大看望我的时候，李建新正好在场。因此，有许多人认为他是我的弟子。其实当初我答应的是给吴老师"敲敲边鼓"，要说弟子，也应该是"偏门弟子"一类。

　　我的教育理念是有教无类。所以对这个"偏门弟子"，我一点也没有"偏门"对待。我们之间一直保持着比较频密的联系，至少他在北京的几年时间里是这样。

　　2006年，李建新作为著名的新闻史专家丁淦林教授的最后一个博士后从复旦大学新闻传播学博士后流动站出站后留在了上海工作。

　　从2006年至今，时间过去了整整10年。10年来，我关注到他在学术研究领域的不断精进，新闻作品、学术论文、学术专著、出国访学等成果丰硕，但难记其祥。如果他能够把他这10年之中的成果列一个清单出来，"公示"给大家，让大家感知到他是如何"十年练剑"的，当可以使我们明白他的"人生中重要的10年"是如何走过来的，既可以为后学者范，也可以告慰所有关注、关心他成长的老师和朋友们。

　　《棋道·微传播》是李建新在学术研究的道路上放出的"冷箭"，他自己言称是用"棋道"和"微传播"做了一个"拼盘",但我看后感觉是一道大餐,一道可以为新闻传播学者们提供新的思维与视野的大餐,可以为新闻业务的实操与提高提供参考的厚重之作。

"借棋道,新闻天地宽"是我看过书稿后的第一反应。象棋是中华民族的瑰宝,是国粹,是承载了文化、历史、军事、心理、体育、新闻、传播、社会等元素的、中华民族特有的"非物质文化遗产",理应关注和重视。

几年前我就和我的弟子们和学界同仁有约:不再进行为任何人的作品写序等文字工作了,事实上,近年来为了应付各种场合的需要,我也是"只动口,不动手"。

李建新颇为执着且言之恳切地"请我为他的书提点意见",我知道他是在向我"将军"!

在我尚能舞动一支秃笔的时候,给国学助力、给新闻传播学的跨界努力鼓气,给一个富有开拓精神的学者应有的鼓励,我是非常乐意的,况且,《棋道·微传播》带给我的阅读快感特别多,所以我很开心为这部著作的出版而破戒。

方汉奇

2016 年 7 月 3 日

(注:方汉奇先生是新闻学泰斗,著名新闻史学家,中国人民大学荣誉一级教授、中国新闻史学会创会会长。本文是方汉奇先生给《棋道·微传播》所写的序言。)

4

特级大师胡荣华祝贺《棋道·微传播》出版

棋通万物　道行天下（中国象棋大师网发布时间：2016-12-11）

我是个一辈子以棋为生的人，也是个一辈子都在寻求棋道的人。

经过对象棋的思考与审局之后我认为：棋与万物相通，得道可行天下。

其实，这个由象棋引发出来的道理，放在社会任何一个领域都是可以的，都有醒世、教育、借鉴、活用的意义。

在楚河汉界的隔岸对峙中，有相、象存于两边。取"象"为其名，包含了我们祖先的寄望和高于象棋本身的理念：因为"象"在古代有物象、天象、气象、形象、想象、象征等意义，运筹、驾驭"象"，就代表了对万事万物的驾驭与把控。因此在某种意义上可以说，象棋之"象"，就是万物之"象"。

棋通万物的另一个含义，应该是说，象棋、棋文化、棋道、专业的棋手、业余的象棋爱好者、象棋运动的推广者、传播者等组成的"圈子"，通达了社会的许多方面，"象"之所存，就是"世"之所存、"道"之所存、"法"之所存、"理"之所存等。象棋能够作为一种"介质"存在，是以象棋所固有的"象道"而运行与发展的结果。

老子说：人法地、地法天、天法道、道法自然。"道"是一种带有普适性的东西，虽然它玄之又玄，但是人们不得不效法与遵循"道"的法则，按照"道"的规律行事，也就是按照自然的规律行事，就是顺应万事万物发展变化的规律行事。"半壁江山半攻守、半争胜负半悟道"的棋，就是对"道"

的一个"科学"解释。

《棋道·微传播》在探求棋道方面进行了卓有成效的努力，一些文章在棋道的挖掘与理析方面颇有见地，能够把棋道与社会关联起来，提炼出象棋的精神产品的附加值并把它享诸社会，是对象棋文化的进一步发展，是对棋界的贡献，如"棋道与社会"10篇，几乎每一篇都阐述出了深刻的社会哲理，读后让人拍手称妙、心胸顿开。

李建新教授以记者的身份"突然"闯入我的世界是在早年的一次比赛中，我记得是在上海的卢湾体育馆举行的一个全国性的象棋比赛中，他见缝插针地现场采访我，并很快有文章发表。从那以后，我开始关注他的有关象棋的文章，很欣赏他文章中非同一般的道学、儒学、法学、文化、哲学等方面的特质，很享受他独特的发现与创造，很惬意他娴熟地操弄文字的技巧。

进一步的了解之后我才知道，原来他是个高学历的"秀才"，复旦大学新闻传播学的博士后、教育学的博士、哲学硕士等，难怪他的文章总能写的不一般，能够比较普遍地受到棋界的欢迎和肯定。徐天红等特级大师还曾经专门向国家有关部门推荐过他的文章。

棋运是与国运联系在一起的。近年来，象棋界非常热闹，真的是让人欣喜万分。我想，我们象棋界把该做的事做好了，把"棋道与社会""象棋是社会的稳定器""象棋就是艺术创造""体道·悟道·传道""该做的事，就值得做好"等问题解决好了，象棋的社会地位和受到社会认可和尊重的问题就会迎刃而解，象棋向上突破的空间就会无限地打开，象棋新的生命力就会爆发出来。

解决象棋发展的问题，离不开媒体的支持、也需要借助人文社会科学甚至自然科学领域的诸多知识。而《棋道·微传播》兼具以上两个方面的特质，而且它在棋文化的"本体论"中也已经走在了相关研究的前列，因此我很支持《棋道·微传播》这部专著的出版。

李建新教授有关象棋的文章，立意高、观点新、笔法老辣、说服力强，堪称是中华文化传播的一朵艳丽的奇葩。一个新闻学的教授肯"借脑"给我们棋界，为丰富、提高象棋的社会影响力、拓展棋文化、弘扬国粹做出了贡献，象棋、文化、新闻与传播界应该感谢和记住这样的付出、努力和成果。

从新闻要服务于社会这个角度看，能够有专业水平地服务社会，是每一个新闻工作者应该努力的方向。李建新教授的新闻作品以及他的研究成果昭示了一个新闻界"特级大师"的存在，是人文社会科学服务于社会的一个很好的标杆与示范。这样的专家越多，我们的社会就会越有文化、文明的气息，就会越来越有和谐和美感。

上海的象棋在全国占有重要的一席之地，上海的棋文化、棋道、棋学、棋讯传播等也应该走在全国的前列。

借《棋道·微传播》出版之机，我也希望、盼望着上海的"棋道·微传播"及相关系列的研究能够在全国保持"先手"。

棋界有"等闲识得军情事，一着功成见太平"之谚。《棋道·微传播》是状写象棋的"一着"，也是很见"太平"功力的一个"妙手"。对这样的"妙手"，我不仅赞赏，也继续期待。

胡荣华

2016 年 7 月 20 日

（注：胡荣华，象棋特级大师。1960 年至 1979 年连续 10 次蝉联全国象棋个人冠军。1983 年、1985 年、1997 年、2000 年又先后 4 次夺得全国个人赛冠军。是棋界响当当的"胡司令"，有"一代宗师""旷代棋王"之美誉。本文是胡荣华为《棋道·微传播》写的序。）

5

红色书法家石毅祝贺《棋道·微传播》出版

为中国棋道微传播第一人点赞（中国象棋大师网　发布时间：2016-12-14）

1988 年 7 月 15 日，看到著名国画家、被誉为中国革命领袖画家第一人的中央美术学院教授李琦画的一幅惟妙惟肖的胡荣华肖像，不由我连声称赞：好像哟，简直像极了。

我和李琦是世交了。他的父亲李舜琴和我的父亲赵宝成都是 1924 年加入中国共产党的老一辈革命家。他们同在北京大学读书，又同回太原做党的地下工作。李琦的母亲闫林民和我的母亲石澹峰是结拜姊妹，同在太原女师读书。1926 年我父亲介绍闫林民入党，1927 年闫林民又介绍我母亲入党，并介绍我母亲与父亲结婚，就凭我们的深情厚谊，李琦在首届棋友杯全国象棋大奖赛 1988 年在丹东举办期间，作为贵宾应邀来到丹东。

李琦应邀来丹后，一下火车就对我说："你看要我为赛会做点什么？"我说："你的贺词已经装裱，你的周恩来画像已悬挂在赛会大厅，这就很不错了，还能再麻烦你么！"他说："不，我还想画一幅棋坛人物肖像。"我只好感激地应允。

机会终于来了。7月4日晚上，中国象棋特级大师胡荣华为赛会做蒙目车轮战表演。李琦说："我就来画胡大师肖像，你给我安排个合适座位。"我请他在前排中间就坐，可是他并未动笔，说是距离稍远，看不清楚。我请他到台上一侧就座，他说侧面不行，没有上去。次日午餐，李琦要我安排他坐在胡荣华的对面，但仍未见他动笔，我想，吃饭时自然不能画。可是，直到李琦乘飞机回北京了，也没有见他动笔，我以为他不画了。不料，7月15日忽接李琦北京来信，信中竟寄来胡荣华画像，才知是李琦在回京后默画的。这种强记功能，神奇之笔，简直是与胡荣华的蒙目车轮战异曲同工，相映生辉，令人惊叹不已。

李琦的绘画艺术，我早就知道。而他的默画奇技，却未曾注意。记得早年在收到他为我画的《出笼图》国画后，曾写诗赞扬他说："李成不在郭熙死[1]，何期今朝降龙兄[2]。江山自有能人绘，神女当惊夺天工。"而李琦却十分谦恭地回复说："万紫千红满园春，虽为小花不逗人，悲哀莫甚名过实，先贤叮嘱贵自明。"尽管李琦20世纪60年代的国画《主席走遍全国》已经驰名中外，但多年来却仍是勤奋笔耕，并连续创作出艺术价值极高的马克思、鲁迅画像。特别是1988年初又创作出周恩来画像，从而受到邓颖超大姐的称赞："我就喜欢李琦同志画的这一幅。"这种"贵自明"而奋发不已的精神，实在值得我们棋人好好学习。

李琦为胡荣华画像之后，尽管又相继画出了孙中山、邓小平、江泽民、胡锦涛等革命领袖以及张思德、雷锋、焦裕禄、孔繁森等革命榜样人物的肖像，整日价忙得不可开交。但仍然应我之邀，强挤时间，先后为支持丹东经济发展和棋友杯赛的香港爱国企业家、全国政协委员庄永竞和支持两岸交流，祖国和平统一的台湾医生、亚洲象棋联合会名誉主席刘宝仁默画肖像。可说是对全国象棋界的最大支持！也是全国棋类运动乃至全国体育界的最大光荣！

借此机会，我对这位功在棋坛，已在2009年8月26日辞世的李琦教授，表示由衷地感谢和深深地怀念。

其次，再说说我个人。应该说，我不是棋界人士，充其量不过是一个爱好象棋、或者说象棋下得比较好的机关干部。要说我成功较大的当数书法、

1　这一句引自宋黄庭坚《过桂州》诗。全诗是："桂岭环城如雁荡，平地苍玉忽嶒峨。李成不在郭熙死，奈此百嶂千峰何。"李、郭是北宋时代的大画家。

2　李琦出生于1928年，属龙，小名龙儿，我称龙兄。

篆刻、诗词、音乐。只是在 1958 年的辽宁省全运会象棋运动员选拔赛，结识了辽宁棋界的知名人士；1962 年全国棋艺锦标赛，结识了全国棋界的知名人士。复在 1983 年经辽宁省象棋队运动员兼教练孟立国的提议，共同为创办《棋友》杂志做了必要的筹备工作。更由于各种复杂的原因，1986 年接下了已经停刊一年多的《棋友》在丹东复刊，并在 1988 年在国家体委主任李梦华、运动四司副司长陈祖德的支持下，在丹东首次举办了有四个全国象棋团体冠军队、149 名全国各地的业余棋手参加的首届棋友杯全国象棋大奖赛，并连续举办了二十届、二十九次。因而被棋界人士和广大象棋爱好者誉为"业余棋坛总司令"。而究其根本原因，还是因为凭着我的烈士之子的红色背景，1989 年取得了老一辈革命家习仲勋亲笔为《棋友》杂志题写刊名。

说了这么些似是题外却并非题外的话，轮到李建新了。我认为，李琦之所以受到棋界人士的敬重，是因为他顶着画"中国革命领袖画家第一人"的桂冠，却为宣传象棋三次默画象棋名人肖像。而我石毅之所以受到象棋界人士尊重，并不因我是象棋大师或象棋高手，而是我作为"中国红色书法家第一人"，却为广大象棋爱好者创造了一个可以崭露头角、施展棋艺的平台——棋友杯全国象棋大奖赛，而且一办就是二十届！而李建新呢，可贵的是他本是一个卓有成就的年轻新闻学教授、博士生导师，本来有很多蒸蒸日上、名利双收的事情可以去做，却甘愿呕心沥血，披星戴月，无私奉献，为并无什么回报的象棋运动竭尽劳瘁。因此，我不揣冒昧，不自量力地为李建新教授送上一个雅号："中国新闻学教授棋道微传播第一人！"至于为什么？自有德高望重的导师的导师方汉奇先生，自有棋界权威胡荣华特级大师、徐天红特级大师的序言为证。特别是有本书字字珠玑的篇篇文章为证。想大家定能接受。最后，李建新教授要我写几个字，补补本书的空页，我便写了一比李建新的签名楹联：建述微传播棋道，新闻教授第一人。李教授还要我为本书写个序，我看就把本文奉上。不知能否交卷。

石　毅
2016 年 7 月 17 日于北京

（注：石毅，参加过解放战争、抗美援朝战争的离休老干部。经毛泽东主席唯一亲自作证批示追认的中华著名烈士赵宝成和女红军石澹峰之子。有"中国红色书法家第一人""中国业余棋坛总司令"之美誉。本文是石毅先生给李建新的专著《棋道·微传播》写的序。）

6

特级大师、江苏棋院副院长徐天红祝贺《棋道·微传播》出版

"布局新颖 着法精妙"（中国象棋大师网 发布时间：2016-12-14）

　　2016年7月8日晚，"上海川沙杯象棋国际公开赛"开赛前夕的川沙古镇的夜晚特别闷热，而此刻中国南方大地正在遭受暴雨的侵袭和肆虐，人类与自然的"博弈"再次成为了一个放大了的话题。

　　此刻，我与上海大学新闻传播学的教授、博士生导师李建新沿着川沙的新川路一边散步一边谈着"天气"，一边听他讲他即将完成的书稿《棋道·微传播》，很是为这部其实我早前就知道他正在创作的书稿"吊胃口"。

　　比较荣幸地看到他发来的电子版后，我真的感叹这是一部"布局新颖、着法精妙"的、描写棋道自出机杼、探究微传播匠心独具的、近年来难得一见的作品。

　　作为一个职业棋手，我关注各种布局、各种变化、各种变化的新变；关注电脑等高科技产品可能给象棋带来的冲击以及我们该如何应对；关注"阿尔法狗"是不是会在未来的某一天会把我们的职业棋手杀的片甲不留；关注电脑软件带来的冲击，也带来的机会；当然我也关注诸多职业棋手的特点和象棋如何提高、象棋运动的社会功能以及象棋在社会中的地位等问题。比较欠缺关注的是"棋道"，而且，老实说，就是关注了，限于水平，也不易厘清，总感觉有些难以概括、难以理析它的"大意"，难以把它与诸多的社会问题用哲学的思维关联起来进行抽丝剥茧、丝丝入扣般"入局"的解读。

　　《棋道·微传播》之对于棋道的论述鞭辟入里，具有比较精深的文化的

味道。作者作为一个非职业棋手，在棋道的问题上是"旁观者清"，而且清得高雅、清得透明、清得让人眼界拓展、清得让人认识提升、清得使人醍醐灌顶、清得使人如沐春风。它写出了棋的灵魂、棋的筋骨、棋的生命。它给棋以新的社会定位和社会功能，发掘出了高大上的象棋文化。写棋道的文章能够在《新华每日电讯》等这样的国家级媒体发表，能够得到诸多象棋高手的肯定，就是一个很好的例证。每一个象棋人都应给这样的尝试、这样的努力、这样的成果"点赞"！

在与作者认识以后的几年来，感知了他的"微传播"的魅力！每每有他的微传播过来，总是几幅自拍的照片并配以即兴创作的诗或者词，而即兴的作品又总是那么的有品位、有嚼头、有生活、有感慨。我很喜欢这样的原创。

与我相识的新闻界的朋友不在少数，但能够像李教授这样原创的人还真的很少。当许多人不断转发微信、大家都在炒熟饭的时候，真的希望我们的微传播能够多一些原创作品，至少，搞新闻的人能够多一些原创，因为我知道，新闻姓"新"，"新"与"真"是新闻的生命。

把"棋道"与"微传播"组合在一起，是一个精妙的布局，完全是推陈出新、不落窠臼的表现，也是当今社会不断的走向融合的一个特征与体现。也是作者近年来在这两个方面优秀成果的展示。我为这部作品所陶醉，所以推荐给朋友们分赏。

2016 年 7 月 8 日晚的川沙之夜非常闷热，与李建新教授散步并交流了《棋道·微传播》之后的内心感受是：凉风徐来，浑身爽快！

徐天红

2016 年 7 月 15 日

（注：本文是徐天红特级大师给李建新的专著《棋道·微传播》写的序）

7

长三角象棋联谊会祝贺《棋道·微传播》出版

探究"棋道"、深耕"棋道"、传播"棋道"（中国象棋大师网发布时间：2016-12-18）

长三角象棋联谊会主席肖福根与《棋道·微传播》
作者李建新在"碧桂园杯"比赛现场

在一定意义上讲，长三角地区是《棋道·微传播》的"发源地"。作者浸淫于长三角地区的这片象棋的热土，把星期天、节假日和一些可以"喝咖啡"的业余时间"打发"在了棋文化的研究与传播之中，探究"棋道"、深耕"棋道"、传播"棋道"是作者棋文化研究的三个核心要旨，并且取得了值得肯定的成绩。

作为长三角象棋联谊会的成员，作者利用工作便利取材长三角的内容很多，源于生活的体验、观察、思考给《棋道·微传播》发出高于生活的总结、感慨、认识等提供了便利，也为长三角象棋联谊会的发展壮大提供了传播方面的支持。

长三角象棋联谊会于 2015 年 9 月 3 日在浙江杭州正式成立，当时是借举办杭州"宋城杯"第七届长三角城市象棋大联赛之际举行了长三角象棋联谊会成立大会。长三角象棋联谊会机构全体成员共有 72 位，来自于苏浙皖沪各省会、各地级市象棋协会的主席、会长、秘书长以及省市级棋院院长，其中有相当大一部分都是中国棋坛各省市的重量级人物。有象棋特级大师、象棋大师、国际特级裁判、国际级、国家级以及一级象棋裁判、象棋排局家、组织家、活动家等。还有大学教授、网络名人等。长三角象棋联谊会自成立以来，受到了三省一市体育界和象棋界有关领导和广大棋友的关注和支持，中国象棋协会秘书长郭莉萍在江苏棋类运动会调研时，江苏省棋院副院长江苏省棋类运动管理中心副主任、长三角象棋联谊会名誉顾问、象棋特级大师徐天红在汇报工作时提及到，在国务院【2014】46 号文件的精神鼓舞下，全民健身开展得红红火火，在长三角地区成立了长三角象棋联谊会，郭莉萍秘书长高度赞扬，她说："象棋根在民间，近年来长三角地区象棋搞得很好！长三角是一块沃土。"充分说明长三角象棋联谊会这一平台得到了有关部门的认可和广大棋友的拥护。

近年来长三角地区遇有大型象棋比赛，多数邀请长三角联谊会代表参与或协办。如 2015 年 10 月 5 日受邀参加江苏常熟市棋协副主席、长三角象棋联谊会副秘书长王学东筹建"亨时特·悦达杯"象棋赛。2015 年 12 月 1 至 5 日，广州碧桂园全国冠军赛特别邀请长三角象棋联谊会代表观摩；2015 年 12 月 12 日，由江苏苏锡常象棋特色学校交流协会秘书长谢根元筹建的长三角三省一市象棋特色学校"棋会"少儿象棋赛，由江苏省棋类运动会主办、长三角象棋联谊会协办；2016 年 1 月 9 日应邀参加了江苏南通市棋类协会季本涵、石岩主办的第五届"新群杯"象棋争霸赛；2016 年 1 月 22 日应邀参加了浙江省湖州市体育总会、棋类协会主办、长三角象棋联谊会协办的"体彩杯"环太湖城市象棋团体赛；2016 年 2 月 24 日，在江苏淮安举办的国际智力运动联盟智力运动精英赛特别邀请长三角象棋联谊会班子成员观摩；2016

年5月应邀参加江苏省棋类运动会主办、常熟市棋协承办的纪念惠颂祥先生诞辰100周年象棋邀请赛；2016年4月23—24日由上海市普陀区老体协秘书长、长三角象棋联谊会副主席筹建、上海市普陀区体育局石泉街道主办长三角象棋联谊会协办的"石泉杯"长三角城市象棋团体赛；2016年6月4日应邀参加江苏省棋类运动会仪征市主办的"西凤酒业杯"象棋国际公开赛；2016年7月9—11日由上海浦东新区体育局主办，川沙人民政府、精福体育健身服务中心承办，长三角象棋联谊会协办的"上海·川沙杯"象棋国际公开赛。接下来将在2016年10月份左右，在上海临港新城举办一场由南汇新城镇人民政府主办、长三角象棋联谊会协办的华东六省一市象棋团体赛。

为了响应政府号召，切实把全民健身落实到实处，通过政府购买，发展绿色体育产业，为广大象棋爱好者搭建平台，于2016年6月16日成立了上海精福体育健身服务中心（有限公司性质），其宗旨：发展体育产业，促进全民健身，弘扬国粹文化，打造国际一流。经营范围：体育健身赛事活动组织策划、文化交流活动组织策划。

8 《棋友》杂志特别祝贺《棋道·微传播》出版

《棋友》《棋道》扮美象棋世界（中国象棋大师网 发布时间：2016-12-18）

石　毅　《棋友》总编辑

2016年深冬，象棋界值得关注的事情是上海大学新闻学教授、博士生导师李建新的《棋道·微传播》的出版。

与每年大大小小的棋赛无数不同，这本以研究象棋文化和传播为核心内容的专著，是象棋界许多年以来所没有的，也是能够为广大棋友带来阅读享受的，更能够为棋文化的弘扬、象棋社会地位的提升提供"理论"支持的，所以值得特别祝贺。

在披览了本书初稿之后，我即挥毫，赞誉李建新教授为"建述微传播棋道、新闻教授第一人"，从该书出版以后各界的反映来看，这个"结论"还是有充分的"理论依据"的。

《棋道·微传播》的出版是象棋与传播界值得关注的事件。为此，《棋友》杂志谨致特别的祝福。并特别授权老一辈革命家习仲勋为《棋友》杂志的题词、《棋友》及"棋友杯"的相关介绍，以期共同为即将迎来蔚为壮观的"棋道""微传播"两个动人心魄的大潮推波助澜。

9
中国象棋大师网特别祝贺《棋道·微传播》出版

（中国象棋大师网　发布时间：2016-12-11）

编者按：2016年初冬，棋界一个具有非常特别意义的专著《棋道·微传播》由中国出版集团、世界图书出版广东有限公司出版。

这本书高度理析学理，分别从社会学、道学、兵学、法学、哲学、管理学、艺术学、教育学等的角度，为"棋道"寻找了新的定位，为深化、拓展国粹与国学文化进行了非常有益的探索与尝试。是具有创新意义和创新价值的一部厚重之作。

《棋道·微传播》的出版和传播，将会为转型发展中的社会以及象棋运动的发展和传统文化与当代社会的对接起到很好的作用，也会为媒介融合背景之下的诸多文化消费者以及棋友、棋迷提供文化大餐，也一定会为伟大的中国梦的实现提供正能量。

为此，《中国象棋大师网》特别祝贺《棋道·微传播》的出版。

《棋道·微传播》的作者李建新教授与中国象棋大师网有着天然的"棋缘"和"笔墨缘"——大约是2008至2009年间，我们收到了他报道基层象棋活动的报道，赞赏他的文风及作品的格调，对他的稿件我们几乎是"不改一词"，有时候也是感觉"难改一词"。

中国象棋大师网很喜欢和这样的作者"过招"。及至后来，我们对他的文章产生了高度的信赖，感觉象棋专业网站需要在报道内涵的提升、象棋历史、象棋文化的开掘、对受众最大限度的满足等方面需要全面加强。因此，我们乐见并支持了李建新教授诸多棋道的文章在中国象棋大师网首发。文章发表之后，棋界普遍点赞、影响及达社会。他的这些文章，使得楚汉对弈的硝烟之外有了渔舟唱晚的恬淡和白云野鹤的超然。他的这些努力，为提升象棋的社会地位做了非常有益的工作。

有鉴于此，中国象棋大师网特聘他为中国象棋大师网的首页编辑，给了他更加广阔的天空。

《棋道·微传播》的绝大多数内容就是他在这片天空中的尽情挥洒。其中的许多文章引起了社会的广泛共鸣和关注，棋界知名人士曾经向国家应该部门推荐过其中有"社会价值、社会意义"的文章，旷代棋王胡荣华对一些文章击节赞叹高度认可，新华社有感于这些文章的立意和高度，为配合全国智力运动会的举行还特约他撰写相关的文章，文章被转摘和"微传播"的力度也非常之大。

《棋道·微传播》，是李建新教授在他的专业新闻与传播研究之外的一个"冷门布局"，也是很有杀伤力的"飞刀"。中国象棋大师网见证、伴随了这个过程，因此，对《棋道·微传播》的出版，我们表示由衷的祝贺和一种溢满成就感的欣喜。

中国象棋大师网（www.zgxqds.com）创办于 2006 年，得到了当时棋界众多名士的大力支恃，曾最早以网络直播的形式实时直播国内外顶级赛事，在象棋圈产生了极大的反响。后又陆续开发了网络象棋课堂、网络在线对弈、象棋博客等功能，免费为棋友们提供交流学习的平台，目前拥有 45 万注册会员，每日数万棋友浏览使用大师网的各项功能，网站本着立足象棋、弘杨国粹、服务社会的宗旨推广传播中华文化，为广大棋友创造一片属于自己的天空。

10
1 + 15 位全国冠军、特级大师祝贺《棋道·微传播》出版

15 位全国冠军每人一本《棋道·微传播》与作者合影。
前排左 1 是成欣欣女士、左 6 是长三角象棋联谊会主席肖福根。

2016 年第五届"碧桂园杯"全国象棋冠军邀请赛，于 12 月 7 日至 13 日在广州碧桂园凤凰城酒店隆重举行。

我作为观赛嘉宾应邀现场观赛，是于 2016 年 12 月 6 日从香港开会结束以后坐香港九龙塘至广州东的直达火车赶到广州的，这样的经历与现场观摩碧桂园杯一样，是人生的第一次。

　　之所以火急火燎地赶过来，是因为"特邀"机会得来殊为不易。另外，我的《棋道·微传播》定于 2016 年 12 月初出版，我要求出版社务必在 12 月 6 日把 70 本书送到广州碧桂园凤凰城酒店。

　　事情的进展非常顺利，一切都按照事先的计划进行。在观赛期间我与 15 位全国冠军、特级大师住同一个酒店，早餐在同一个餐厅，有几次中餐和晚餐也坐在了一个桌子上。感情交流上了台阶。其中，他们中间的大多数是熟悉的朋友，所以朋友相见其乐融融。

　　12 月 8 日，主办方及比赛负责人成欣欣女士安排了一次我给 15 位特级大师的"一堂课"，我讲课的内容和主题是：除"完胜"，复何求？从继续追求个人的"完胜"、全面助力象棋的"完胜"、寻找文化的"完胜"等三个方面与他们进行了交流探讨。

　　讲课结束后，送每位特级大师一本我刚刚出版的《棋道·微传播》。

　　本文的题目是"1 + 15 位全国冠军、特级大师祝贺《棋道·微传播》出版"，其中的另外一位特级大师是"旷代棋王"胡荣华。

　　胡荣华这次没有来广州，但就"支持"而言，在本书写作的过程中也多

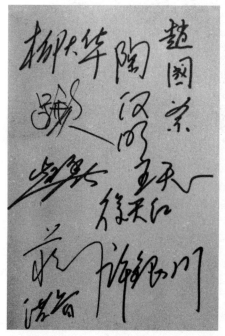
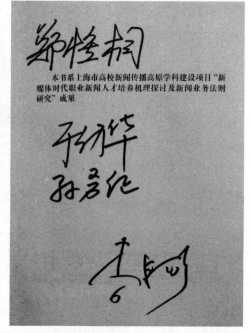

冠军们给《棋道·微传播》的祝贺签名。

有请教他，更为让人开心、激动和引以为无上荣誉的是，特级大师胡荣华给本书写了序，以更为实际的行动表达了对《棋道·微传播》的支持！

我委托孙勇征特大带了一本我的签名本给胡荣华特级大师。

在比赛间隙，我与15位特级大师进行了棋道、棋文化等方面的交流，他们很是赞同和欣赏我的"学术观点"，夸赞《棋道·微传播》的出版。

在比赛主办方和成欣欣女士的"精心安排"下，我们又集中了15本书，让他们签名。他们非常爽快地答应并以签名的具体方式完成了对《棋道·微传播》出版的支持与祝贺。

图书在版编目(CIP)数据

棋道·再传播/李建新著. —上海:上海书店出版社,2019.9
ISBN 978-7-5458-1818-5

Ⅰ.①棋… Ⅱ.①李… Ⅲ.①中国象棋-体育文化-研究 Ⅳ.①G891.2

中国版本图书馆 CIP 数据核字(2019)第 112856 号

责任编辑 杨柏伟 何人越
特约编辑 陈 鉴
封面设计 汪 昊

棋道·再传播
李建新 著

出 版 上海书店出版社
(200001 上海福建中路 193 号)
发 行 上海人民出版社发行中心
印 刷 苏州市越洋印刷有限公司
开 本 710×1000 1/16
印 张 29
版 次 2019 年 9 月第 1 版
印 次 2019 年 9 月第 1 次印刷
ISBN 978-7-5458-1818-5/G·147
定 价 75.00 元